Ich war erst 13

Dieses Buch widme ich

*meinen beiden Schwestern
Ying und Sai,
die niemals wie ich Sextouristen
treffen mussten,*

*und meinem Vater,
dem einzigen Menschen,
der mich wirklich
geliebt hat.*

Julia Manzanares und Derek Kent

Ich war erst 13

Die wahre Geschichte von Lon

Aus dem Amerikanischen von Louis Anschel

Schwarzkopf & Schwarzkopf

Inhalt

Vorwort
Ja, ich habe Glück gehabt! 7

Einleitung
Boontahs Familie. 9

Erstes Kapitel
Thailand und mein Dorf im Isan 17

Zweites Kapitel
Bangkok – mein neues Zuhause 39

Drittes Kapitel
Familienwerte im Isan: Ein Widerspruch in sich 57

Viertes Kapitel
Arbeit in Bangkok................................. 65

Fünftes Kapitel
Dorfleben in Armut................................ 89

Sechstes Kapitel
Pattaya: Ein Paradies für Sextouristen................ 101

Siebentes Kapitel
Bildung: Nur Jungen, Mädchen unerwünscht 129

Achtes Kapitel
18 Regenzeiten 137

NEUNTES KAPITEL
Die ungeschminkte Wahrheit...................... 143

ZEHNTES KAPITEL
Cedrik und die Schweiz........................... 163

ELFTES KAPITEL
Tourismus und Sextourismus...................... 177

ZWÖLFTES KAPITEL
Erweiterung meines Horizonts 189

DREIZEHNTES KAPITEL
So viele Bewerber, so wenig Zeit 205

VIERZEHNTES KAPITEL
Endlich Schweden............................... 219

FÜNFZEHNTES KAPITEL
Home Sweet Home?............................. 237

SECHZEHNTES KAPITEL
Verirrte Ehe.................................... 249

SIEBZEHNTES KAPITEL
Ein Jahrzehnt nach meinem Einstieg in die Sexindustrie .. 275

Glossar 282
Quellen 284
Hilfsorganisationen............................. 285

*»Mädchen aus dem Isan sind arm. Touristen sind reich.
Ich habe eine Brücke geschlagen.«*
LON

*»Der Schwächere wird immer das Opfer des Stärkeren sein.
Es ist unser aller Pflicht, unsere Augen offen zu halten und
Diskriminierung, körperliche Gewalt und alle Formen von
Missbrauch der Schwächeren, nämlich Kinder und Frauen,
die in der thailändischen Gesellschaft als gefährdet gelten,
zu verhindern.«*
PAVENA HONGSAKUL, PAVENA FOUNDATION

»Pavena ist meine Heldin.«
LON

VORWORT

Ja, ich habe Glück gehabt!

Auf den nachfolgenden Seiten will ich meine Geschichte und die Zehntausender anderer Frauen und Kinder erzählen, die denselben Weg wie ich gehen mussten – auch wenn es nicht ihr eigener Fehler war. Es ist ein Weg, den viele Frauen aus meiner Gegend seit Jahrhunderten einschlagen.

Ich will Sie auf eine Reise durch mein Land mitnehmen und die Einfachheit der thailändischen Wirtschaft erklären, aber auch die Komplexität der Kultur des Isan, Letztere durchtränkt von der Tradition, den Sitten und der Armut Nordost-Thailands. Sie beeinflussen nicht nur mein Leben, sondern das jeder mittellosen jungen Frau in Thailand. Ich will erklären, weshalb die Dinge so sind, wie sie sind, und auch weshalb ich glaube, dass sich nie etwas ändern wird. Wir werden zusammen aus meinem verarmten Dorf in die Rotlichtviertel Thailands reisen, und schließlich werden Sie an meinen verschiedenen Versuchen teilhaben, ein neues Leben in Europa zu beginnen, von wo aus ich meine Geschichte erzähle.

Dies ist keine schöne Geschichte, weil ich beschreiben werde, welche Rolle mein Land, das »Land des Lächelns«, im Menschenhandel spielt, und wie in Thailand sexuelle Sklaverei ermöglicht wird. (Pattaya, Phuket und Chiang Mai sind Paradiese für Pädophile.) Sie werden feststellen, dass ich das Wort »tragisch« in diesem Buch häufig benutze, denn es gibt kein anderes Wort, das unser Leid besser beschreiben kann. Das Leid, das wir erleben mussten, nur weil wir das Pech hatten, als Töchter extrem armer Familien in der Dritten Welt geboren worden zu sein. Es wird immer jemanden geben, der seinen Reichtum, seinen Rang oder seine

Macht auf Kosten der Armen und Ohnmächtigen ausnutzt. Das ist die Wahrheit über mein Land, in dem die meisten jungen Frauen, die aus dem Isan stammen, niemals gewinnen können. Die Chancen stehen immer gegen uns – wegen unserer Erziehung und der Politik unserer Regierung.

Aber ich habe letztlich gewonnen – auch wenn es mehr als ein Jahrzehnt gedauert hat. Ich will alle, die schon einmal den tiefsten Abgrund des Lebens kennengelernt haben, wissen lassen, dass auch sie gewinnen können. Wir müssen zu der Einsicht gelangen, dass sich tief in unserer Seele wertvolle Schätze befinden, auch wenn wir es nicht so empfinden und es auf den ersten Blick nicht so erscheint.

Wir haben einen Wert und haben die Möglichkeit, uns gegenüber und dem Rest der Welt dieses Zugeständnis zu machen. Wenn wir Glück haben, selbst dann, wenn wir nur ein einziges Mal Glück haben, und wir an uns selbst glauben und nicht darauf hören, was andere über uns sagen, dann können wir das Spiel des Lebens gewinnen.

Ich gehöre zu denjenigen, die Glück gehabt haben! Ja, ich bin eine der Glücklichen!

Lon

EINFÜHRUNG

BOONTAHS FAMILIE

GROSSVATER

Boontahs[1] Großvater mütterlicherseits wurde in einer Familie des Mittelstandes, die ein großes Stück Land und viele Büffel besaß, in Chiang Mai, der größten Stadt in Nordthailand, geboren. Seine Familie hatte viele Nachkommen, sein Vater mehr als eine Frau. Als der Reichtum unter all den Kindern aufgeteilt wurde, blieb nur wenig für den Einzelnen übrig. Nachdem der Großvater seine Erbschaft erhalten hatte, zog er nach Ubon und heiratete eine arme Analphabetin, die Boontahs Großmutter werden sollte. Sie gebar neun Kinder. Das Aufziehen der neun Kinder reduzierte die wenigen Dinge, die der Großvater mitgebracht hatte, weiter, und nun lebte auch er in Armut. Obwohl er einige Grundkenntnisse in Lesen und Schreiben besaß, verbrachte er sein Leben in seinem Zimmer und sprach mit den Göttern der Karen.

GROSSMUTTER

Boontah spricht wenig über ihre Großmutter mütterlicherseits, weil sie verantwortlich dafür war, dass ihre kleine Enkelin im ersten Jahrzehnt ihres jungen Lebens mit einem Stock geschlagen wurde. Wenig ist über sie bekannt, außer dass sie eine kaltherzige Frau zu

---

[1] *Lon wurde als »Boontah« geboren. Sie spricht von sich selbst und ihrer Familie in der Einführung in der dritten Person.*

sein schien, die jede Chance nutzte, ihre Enkelkinder physisch und verbal anzugreifen, und ihnen jede Möglichkeit des Glücks nahm – insbesondere Boontah.

Mutter: Bootsah

Es mag daran liegen, dass Bootsah nur wenig über Liebe wusste, weil sie in einem lieblosen Heim aufgewachsen war. Als sie geboren wurde, war ihr Vater bettelarm. Materieller Besitz, Geld und Liebe gab es nicht. Sie war die älteste Tochter. Es ist Tradition in der thailändischen Kultur, dass die älteste Tochter sich um ihre jüngeren Geschwister kümmert, und da ihre Eltern nicht mehr die Jüngsten waren, kümmerte sie sich letztendlich auch um diese. Als sie 15 Jahre alt war, heiratete sie Somphan, den sie kaum kannte und – wichtiger – nicht liebte. Ihre mütterlichen Fähigkeiten erlaubten es, dass sie sich um Sai kümmern konnte, das Kind ihrer Schwester.

Vater: Somphan

Als verantwortlicher, netter und liebender Mann schien er der Einzige zu sein, der seine älteste Tochter liebte, verstand und sich um sie kümmerte. Er nahm jede Arbeit an, egal wie schwer oder wie weit weg, nur damit er die Bedürfnisse seiner Familie befriedigen konnte. Wenn er in Bangkok arbeitete, schrieb er oft an Boontah, da er genau wusste, wie sehr sie ihn liebte.

Onkel: Sakda

Der jüngste Sohn ihrer Großmutter: Als Boontah elf Jahre alt war, war es Sakda, der herausfand, dass sie ständig ihren Bruder bestahl, und als Strafe schlug er sie häufig mit einem Stock. Mit jeder

Prügelstrafe wurde Boontah deutlicher, dass sie weglaufen musste, um ihren Vater in Bangkok zu suchen.

Geschwister

Ihre »Zwillings«schwestern Ying und Sai sind vier Jahre jünger als Boontah, ihr Bruder Banya zwei Jahre älter.

Ying

»Ying« bedeutet »Frau« – kein anderer thailändischer Name hätte perfekter sein können. Ying war immer ein sehr eitles Kind. Bereits mit sechs befürchtete sie, zu dick zu werden. Sie verbrachte viel Zeit damit, im Badezimmer zu tanzen – als sie später ein Haus mit einem Badezimmer hatte. Tanzen lag der Familie wohl im Blut, da Boontah letztendlich ebenfalls Tänzerin wurde. Sai und Boontah schlichen oft um Ying herum und beobachteten sie beim Tanzen. Ying wollte auch schönes langes Haar haben. Sie band ein Handtuch um ihre kurzen Haare, damit sie länger aussahen, und gab dann vor, eine Prinzessin zu sein. Sie las lieber Bücher, anstatt draußen spielen zu gehen. Ying hatte auch nie etwas für Tiere übrig. Was sie betraf, waren Tiere schmutzig, und der Gedanke, sie zu berühren, erschreckte Ying.

Ying sprach kaum, als sie klein war. Aber wenn sie es tat, lachte jeder. Ihre Zwillingsschwester war das genaue Gegenteil, ein wahres Sprachtalent, und Ying wurde darüber sehr böse. Yings schlimmster Charakterzug war ihr Jähzorn, der immer dann ausbrach, wenn sie ihren Kopf nicht durchsetzen konnte. Alle Familienmitglieder waren hiervon betroffen. Wenn die Kinder miteinander spielten, wollte Ying immer die Prinzessin sein. Sie weigerte sich, eine »böse« Rolle zu übernehmen, diese blieb Sai vorbehalten. Zwar waren sie nie im Kino gewesen, doch hatten Bücher auf die Kinder einen starken Einfluss. In der thailändischen Folklore und den Mythen spielen jeweils gute und böse Charaktere eine Rolle – diese Rollen werden ins wahre Leben eines jeden Dorfes und sogar in jede Familie übertragen.

Ying machte sich noch mit sechs Jahren in die Hosen. Von ihrer Großmutter wurde sie daher regelmäßig mit dem Stock geschlagen, auch wenn sie nicht so oft wie Boontah unter der Prügel zu leiden hatte. Ying lernte gerne. Bereits mit fünf Jahren ging sie zusammen mit ihrer älteren Schwester zur Schule.

Ying war eine talentierte Tänzerin, die ihrem Alter voraus war. Sie zeigte Anmut und Haltung. Boontah lehrte sie Gesang, und Ying lernte schnell. Ihr Talent gab ihr sehr früh die Möglichkeit, auf Dorffesten zu singen und zu tanzen – als Belohnung bekam sie Essen und Süßigkeiten. Sie liebte es, Röcke zu tragen. Sie lieh sich Sachen von ihrer Mutter und Großmutter in der Hoffnung, dass sie so ihre eigene abgetragene und einfache Kleidung aufwerten könnte. Im Gegensatz zu Sai spielte sie gern mit Puppen, gleichzeitig hasste sie die meisten Sportarten – außer Rennen und Volleyball. Anders als ihre Schwestern bestand sie auf einem abendlichen Gute-Nacht-Kuss.

Ying wurde in der Schule für Schreiben, Malen, Rennen, Volleyball, Gesang und thailändischen Tanz ausgezeichnet. Wegen ihrer guten Teilnahme am Unterricht erkannten ihre Lehrer bald ihre Fähigkeiten. Ying machte sich in der Schule gut, ihre Familie war stolz auf sie. Bei Boontah und Sai war das nicht der Fall.

Genau wie ihre ältere Schwester Boontah liebte Ying ihren Vater mehr als ihre Mutter, und sie hatte immer ein Bild von ihm bei sich. Wenn der Vater aus Bangkok nach Ubon zurückkehrte, verkaufte er Süßigkeiten. Unter dem Vorwand, ihm helfen zu wollen, begleitete sie ihn abends. Aber er wusste ganz genau, dass sie nur auf die Süßigkeiten aus war. Sie war ein anmutiges kleines Mädchen und bedankte sich für jedes Geschenk ihres Vaters mit den Worten »wunderbar« oder »schön« – egal wie unaufrichtig das gemeint sein mochte. Ihr Verhalten stand im starken Kontrast zu dem ihrer Schwestern.

Sai

Sais wirkliche Mutter war Bootsahs Schwester. Ihrer Pflegemutter wurde Sai anvertraut, als sie gerade einmal drei Monate alt war. Da sie kaum drei Monate jünger als Ying war, wurde sie wie deren Zwillingsschwester aufgezogen. Ein Jahr nachdem die Mutter Sai verlassen hatte, kehrte sie zurück und versuchte, die Tochter zu töten. Glücklicherweise war Bootsah zur Stelle und konnte die leibliche Mutter von der Tat abhalten. Weshalb Sais Mutter diesen Mordversuch unternahm, konnte nie geklärt werden.

Sai war ein gesprächiges kleines Mädchen, das beim Erzählen kaum Atem holte. Sie war ganz anders als Ying, eher jungenhaft. Sai gefiel es besser, mit Jungen zu spielen, Frösche zu fangen oder Fische, Krebse und Süßwasserkrabben. Sie liebte Kung Fu und spielte oft Ball. Noch vor Ying lernte sie schwimmen und motorradfahren. Sie standen in ständiger Konkurrenz. Sai gefiel es außerordentlich, im Sport besser zu sein als ihr Bruder und ihre Schwestern. Die Schule interessierte sie nicht besonders, sie wollte einfach nur Spaß haben. Sie beschwerte sich darüber, dass alle neun Familienmitglieder in einer Hütte wohnten, die nur über einen einzigen Raum verfügte – so aber war das Leben in einem armen Dorf. Sie wollte unbedingt ihr eigenes Zimmer – ein unerfüllbarer Traum zur damaligen Zeit.

Als Sai älter wurde, ging sie mit Boontah oft zur Wasserpumpe. Nachts begleitete sie die größere Schwester ab und zu, wenn der Büffel zur Weide gebracht wurde. Je nach Laune des Büffels wanderten die beiden dabei manchmal zehn Kilometer herum. Sai war ein eifersüchtiges kleines Mädchen. Sie sehnte sich nach der Aufmerksamkeit, die Banya zu Hause und Ying in der Schule zuteil wurde. So wie Boontah wollte sie anerkannt werden. Doch keiner von beiden wurde dieses Glück zuteil.

Als Sai zehn war, kam ihre Mutter und wollte sie zurück, aber Boontahs Mutter weigerte sich, Sai aufzugeben. Sie traute ihrer Schwester nicht zu, sich um das Kind zu kümmern, das Bootsah seit einem Jahrzehnt aufgezogen hatte. Das war der Moment, in dem Sai und ihre »Schwestern« erfuhren, dass sie nicht Schwestern, sondern Cousinen waren. Die Tatsache, dass ihre Mutter sie nicht genug geliebt hatte, um sie aufzuziehen, ließ Sai verzweifeln. Ihr normales kindliches Verhalten änderte sich schlagartig. Sie wurde jähzornig und unausstehlich, später sollte sie das mit dem Gesetz in Konflikt bringen.

Banya

»Banya« bedeutet auf Thai »Gehirn«, das ist aber keine sonderlich treffende Beschreibung für Boontahs Bruders. Er hat zu Hause nie viel geholfen, es sei denn, er fürchtete den Stock seiner Großmutter. Mit Absicht verletzt hat er Boontah nie, auch wenn sie ihn häufig in Schwierigkeiten brachte. Tatsächlich stellten sich Boontah, Ying und Sai immer gegen ihn. Banya wird absichtlich als Letzter im Familienstammbaum beschrieben. Wenn die Familie sich etwas leisten konnte, und das war wenig genug, bekam er es – und das immer auf Kosten seiner Geschwister. Mit 13 Jahren bekam er ein

Fahrrad, während die Mädchen weiterhin laufen mussten. Das Fahrrad ermöglichte es ihm beispielsweise, am Straßenrand Obst oder Weintrauben zu pflücken. Doch es wäre ihm nicht im Traum eingefallen, seinen Geschwistern etwas mitzubringen.

Wie Boontah brachte Banya den Büffel auf die Weide. Es gefiel ihm, Frösche und Fische im Teich zu fangen oder Chili von den Feldern zu ernten. Er war kein besonders guter Schüler, aber ein glückliches Kind. Als er 13 war, wollten ihn seine Großeltern auf eine weiterführende Schule schicken, doch er hatte andere Pläne. Immerhin besuchte er erst die achte Klasse. Mit 15 Jahren hörte er auf, zur Schule zu gehen. Er fuhr nach Chiang Mai, um seine Großeltern mütterlicherseits zu besuchen. Er blieb mehrere Monate dort, wo er ein junges Mädchen vom Stamm der Karen kennenlernte. Sie war erst 16 – ein Jahr älter als er. Es dauerte nicht lange und sie heirateten. Es dauerte ebenfalls nicht lange, bis sie zur Hütte der Familie in Ban Jonejalurn zurückkehrten. Obwohl er bereits verheiratet war, achtete seine Mutter darauf, dass seine Bedürfnisse zuerst befriedigt wurden, egal wie dringend der Rest der Familie etwas benötigte – das galt auch für die Schulausbildung seiner Schwestern.

Boontahs Hund

Boontahs Hund war ihr bester Freund, und sie konnte immer auf ihn zählen, wenn sie verängstigt davonrannte. Eines Tages glaubte ihre Mutter, der Hund habe Tollwut. Gemäß einem alten Brauch schnitt sie ihm ein Ohr ab, weil sie meinte, er würde so wieder gesund werden. Das konnte Boontah ihrer Mutter nie verzeihen, geschweige denn vergessen.

Ein Nachbarskind (links) mit Sai (8 Jahre) und Boontah (10 Jahre)

Karte von Thailand. Die Provinz Ubon Ratchathani befindet sich an den Grenzen zu Laos und Kambodscha. Quelle: wikipedia.de

ERSTES KAPITEL

THAILAND UND MEIN DORF IM ISAN

Wo alles begann

Lon wurde unter dem Namen »Boontah« als Tochter einer außerordentlich armen Familie geboren, die in einem kleinen verschlafenen Dorf im Isan lebte.[1] Genauer gesagt in Ban Jonejalurn, Tamboon Nongsanooh, Amphur Boontalik, in der Provinz Ubon Ratchathani. Im Westen hätte man ihr Zuhause nicht nur als heruntergekommen, sondern als primitiv bezeichnet. Es gab kaum mehr als vier Wände, einen vergammelten Fußboden und ein löchriges Dach. Die Löcher waren so groß, dass man nachts die Sterne sehen konnte und bei Regen nass wurde. Diese aus einem Raum bestehende Holzhütte mit baufälligen Wänden konnte kaum vor der brennenden Sonne, der erstickenden Feuchtigkeit und dem tropischen Monsun schützen.

Außer ein paar kaputten Rattanmöbeln gab es nur noch Kopfkissen. Ein Loch im Boden hinter dem Haus diente als Toilette, geschützt von vier zersplitterten Holzwänden. Die »Dusche« war ein gefülltes Becken, in dem eine Schüssel schwamm, mit der man das Wasser über seine Schulter schüttete. Wie alle armen Dörfer in diesem Teil der Welt hat Ban Jonejalurn schmutzige Straßen, wenig Infrastruktur, ein schlechtes Schulsystem und keine Spiel-

---

[1] *Weil diese Vergangenheit – ihre Kindheit – für Lon sehr weit weg ist, spricht sie in diesem ersten Kapitel von sich selbst in der dritten Person.*

plätze. Das Dorf befindet sich in einer der ärmsten Provinzen im Nordosten Thailands, besser bekannt als Isan.

Einer der Unterschiede zwischen Ban Jonejalurn und dem Rest Thailands besteht darin, dass der gesamte Isan normalerweise trockener ist. Die Ernten fallen unterdurchschnittlich aus, zu viel Regen führt zu Überschwemmungen, zu wenig zu Dürreperioden. Obwohl die meisten Dorfstraßen im Isan aus braunem Staub bestehen und die Bewohner von der unbarmherzigen tropischen Sonne geplagt werden, sind sie auch der für die Tropen typischen Feuchtigkeit ausgesetzt. Im Gegensatz hierzu liegen die Dörfer Zentralthailands in einer üppigen immergrünen Landschaft.

Nur wenig hat sich im Isan geändert, seitdem Boontah vor gut zwanzig Jahren geboren wurde. Jungen, die zehn Jahre alt sind, fahren nach wie vor Motorräder, die doppelt so alt sind wie sie selbst. Die Motorräder werden von rostigem Draht, Klebeband und ölverschmierten Teilen ausgeschlachteter, noch älterer Maschinen zusammengehalten. Die jüngeren Geschwister sitzen vorne oder hinten und versuchen, sich mit ihren kleinen Händchen wo auch immer festzuklammern. Den ständigen Krach der Motorräder hört man überall – oft transportiert eine Maschine ganze Familien mit Hund, während dunkler Rauch aus dem Auspuff steigt. Ein anderes ständiges Geräusch, wenn auch nicht so auffällig, ist das der Tuk-Tuks – ein langnasiges vierrädriges Vehikel mit einer Ladefläche, die über den Hinterrädern angebracht ist. Diese moderne Variante des Büffels sieht man überall auf den meist nicht asphaltierten Straßen. Als Kombination aus Traktor und Familienkutsche kann es Reis und andere Produkte der Felder zu den Märkten bringen und schließlich als Transportmittel der Familie dienen, wenn die Arbeit getan ist.

Der Gemeine Büffel, Symbol des Isan und einst das wertvollste aller Tiere auf der Farm, ist immer noch zu sehen, wenn er die Straßen entlanggeht oder hochgewachsenes grünes Gras frisst, das die Reisfelder weiter hinten abteilt. Er ist nicht mehr Teil einer Herde,

Das ehrwürdige Tuk-Tuk

er arbeitet alleine. Dieses kräftige Tier, das Rückgrat der Landwirtschaft, wurde durch Maschinen ersetzt. Der Gestank nach Diesel, vermischt mit dem Geruch von Tieren, durchdringt die Luft.

BOONTAHS FRÜHES LEBEN

In den ländlichen Gebieten Thailands ist es Brauch, dass ein Elternteil oder Vater und Mutter in die Großstädte Bangkok oder Chiang Mai ziehen, um Arbeit zu suchen. Die Kinder bleiben bei der Familie – meist der Großmutter. Boontahs Eltern bildeten da keine Ausnahme. Sie gingen nach Bangkok, während die Kinder gezwungen waren, mit ihren Großeltern mütterlicherseits in dem einen Zimmer der Holzhütte zu bleiben, das alle miteinander teilten. Boontahs Vater hatte keine andere Wahl. Arbeit in der Nähe des kleinen Dorfes war immer knapp, und es hatten sich ziemlich hohe Schulden angesammelt. Ein Jahr zuvor hatten sie recht erfolgreich Wassermelonen angebaut. Im Jahr darauf borgte der Vater Geld für Insektizide und Dünger, damit er seine Plantage

vergrößern konnte. Aber durch eine Missernte verlor er alles. Wegen der unvorhersehbaren klimatischen Gegebenheiten im Isan ist es nicht ungewöhnlich, wenn Bauern unter Ernteausfällen leiden, die zu finanziellen Verpflichtungen führen, von denen sie sich nie mehr befreien können. Oft bedeuten diese Missernten den Ruin von Familien.

Als Boontah klein war, lebten und arbeiteten ihre Eltern in Bangkok. Sie sah sie nicht sehr oft, denn die Kosten und die 800 Kilometer weite Reise verboten es, dass sie zurückkehrten, es sei denn zu Feiertagen oder in Notfällen. Abgesehen von ihrem Vater, fühlte sie sich von der Familie ungeliebt und ungewollt, da sie ständig ausgenutzt wurde. Wenn sie besonders traurig war, schrieb sie ihrem Vater. Er war der einzige Mensch, dem sie sich anvertrauen konnte und der Einzige, der auf sie und ihre Fähigkeiten stolz war.

Einmal, als Somphan allein nach Bangkok fuhr, schlief er einige Nächte auf dem Busbahnhof, während er Arbeit suchte. Nach einigen Tagen wurde er von einer Metallfabrik in der Nähe des Hafens angestellt. Nach nur zwei Tagen Arbeit verlor er bei einem Arbeitsunfall einen Finger. Er fuhr sofort ins Krankenhaus, aber dort konnte man den Finger nicht mehr annähen, und selbst wenn, hätte Somphan die Kosten hierfür nicht tragen können. Nachdem er die Krankenhausrechnung beglichen hatte, teilte die Firma ihm mit, dass man ihm die Kosten hierfür erstatten würde. Man versprach auch, ihm den Lohn für den verlorenen Tag zu zahlen. Aber wie es nach wie vor Sitte in Thailand ist, wurden trotz des Versprechens weder die Arztkosten getragen noch der Lohn für den eintägigen Arbeitsausfall bezahlt.

Weil seine Familie dringend Geld brauchte, sah Somphan keine andere Möglichkeit, als die Tätigkeit in der Metallfabrik wieder aufzunehmen. Seine tragische Geschichte ist nicht anders als die von Millionen Männern und Frauen, Jungen und Mädchen – manche erst zwölf Jahre alt –, die das Zuhause ihrer armen Familien verlassen, um ein besseres Leben in der Stadt zu führen. Weit weg von zu Hause suchen sie eine Arbeit, um ihren Lebensstandard und den ihrer Familien zu verbessern. Bangkok zieht mehr Arbeiter aus den ländlichen Gebieten an als Chiang Mai oder die attraktiven und verführerischen Touristenorte, weil es dort die meisten Aufstiegschancen gibt. Somphan blieb mit seiner Familie in Kontakt, indem er Briefe schrieb. Im Dorf gab es kein einziges Telefon. Und selbst wenn es eines gegeben hätte, hätte Somphan wegen Geldmangels nicht anrufen können.

Boontahs Vater war ein freundlicher Mensch, der seine Familie sehr liebte. Niemals lehnte er eine Anstellung ab. Als er das erste Mal nach Bangkok ging, weinte Boontah, weil ihr der Abschied fast das Herz brach. Ob sie als schwieriges Kind geboren wurde oder eines wurde, weil man sie ständig schlug, soll dahingestellt bleiben.

Die Arbeit beginnt früh und endet niemals

Boontah wachte jeden Morgen um 5 Uhr auf, wenn die Hähne krähten. Möglicherweise spielt sich das Erwachen amerikanischer Kinder auf einer Farm nicht anders ab, aber bereits hier enden die Gemeinsamkeiten. Boontahs Haus, das auf Stelzen stand, hatte einen gebrochenen Holzboden, durch dessen Löcher sie die Hühner sehen und hören konnte, die genau unter dem Zimmer gackerten, in dem sie, ihr Bruder und ihre Schwestern schliefen. Kurz nach dem Aufwachen machte sie sich an die Arbeit – und das vor der Schule.

Manchmal begleitete sie ihren Großvater auf die Jagd in den Bergen. Sie bauten genug Reis an, um nicht hungern zu müssen, züchteten Hühner, die das Essen nahrhafter machten, und besaßen einen Büffel. Boontah arbeitete hart – mit nur geringer Unterstützung ihres Bruders. Ihre täglichen Aufgaben bestanden darin, sich um das kleine Stück Land und die Tiere zu kümmern. Wie die meisten Kinder der Gegend hatte sie wenige Spielsachen. Da sie von der »großen Stadt« und der modernen Gesellschaft relativ isoliert lebten, hatte sie niemals viele Spielsachen gesehen. Sie hatte auch nur wenig Zeit zum Spielen, da die Liste mit ihren Pflichten unerschöpflich schien. Pflichten, die meist auf den schmalen Schultern der ältesten Tochter lasteten.

An einem typischen Wochenende bestanden Boontahs Arbeiten aus dem Sammeln von Feuerholz, Bambus, Chili und dem Weiden des Büffels. Da ihre Geschwister zu klein waren, um zu helfen, ging sie meistens allein. Manchmal kamen Banya oder Sai mit, aber niemals Ying, die regelmäßig Arbeiten vermied, bei denen sie sich die Hände hätte schmutzig machen können. Die einzige Aufgabe, die Banya jemals übertragen wurde, bestand darin, den Handkarren zur Pumpe zu ziehen und Wasser für die Familie zu holen. Auf dem Rückweg, wenn der Tank voll war, schob Banya den Wagen, auf dem Boontah saß. Einmal zerbrachen sie den Tank, und ihre Großmutter verprügelte sie mit dem Stock. Niemals bekamen sie etwas für ihre Knochenarbeit. Wenn etwas mit dem Tank passierte, war es immer ihre Schuld. Und es war stets Boontah, die am härtesten bestraft wurde.

Ständige Probleme

Boontah hatte immer etwas zu tun, und wollte nie irgendetwas liegen lassen. So oft wie möglich ging sie mit mehreren Freundinnen zum Tempel, wo sie Mangos von den Bäumen pflückten. Mangos sind eine Spezialität im Isan, besonders wenn sie mit etwas Chili, Salz und Zucker serviert werden. Da Boontah am beweglichsten war, kletterte immer sie auf die Bäume, während die anderen unten standen, und die Mönche im Blick behielten. Eines Tages, als sie oben im Baum saß, kurz davor, die leckeren Früchte zu erreichen, kam ein Mönch und verjagte ihre Freunde mit einem Stock in der Hand. Glücklicherweise bemerkte der Mönch Boontah nicht. Er hätte senkrecht nach oben sehen müssen, um sie zu entdecken. Sie wartete und wartete, ihr Herz klopfte jede Sekunde schneller. Einige Augenblicke später verschwand der Mönch Richtung Tempel. Boontah nahm daraufhin ihren Schatz und rannte davon. Boontah war nicht bereit, ohne Mangos nach Hause zurückzukehren, denn immerhin hatte sie für die leckeren, scharfen, apfelgrünen Früchte Prügel und möglicherweise auch ihr Leben riskiert.

In einem ihrer einsamen Momente wollte Boontah die Schildkröte ihres Vaters von Mönchen segnen lassen. Die wenigsten Dorfbewohner besaßen Schildkröten, und noch viel weniger ließen sie segnen. In diesem Augenblick schien es ihr jedoch eine gute Idee. Also packte sie die Schildkröte und machte sich auf den Weg zum Tempel. Nach der Segnung setzte Boontah die Schildkröte in einen Wassergraben, der den Tempel umgab, weil sie dachte, die Schildkröte wolle im Wasser spielen. Später fand sie das Tier tot auf der Oberfläche treibend. »Das haben die Mönche prima gemacht«, dachte Boontah. »Das Wasser muss so dreckig gewesen sein, dass sie starb.« Ihrer Familie erzählte sie, dass die Schildkröte weggekrabbelt sei und wohl nie wieder zurückkehren würde.

Mit sechs Jahren wurde Boontah eingeschult. An Wochentagen ging sie etwa drei Kilometer zu Fuß – das dauerte rund 40 Minuten. Nach der Schule spielte sie ein wenig mit ihren Freunden und ging dann nach Hause. Der Schulbus konnte sie nicht fahren, denn der Weg zu ihrem Haus war nicht asphaltiert. Die Kinder der Ärmsten der Armen – diejenigen, die an primitiven Straßen wohnten – mussten laufen. Es war nicht ungewöhnlich, dass eine Schule bis zu sieben oder acht Kilometer vom Haus entfernt war. Auf dem Heimweg, ob im strömenden tropischen Wolkenbruch oder unter der sengenden Sonne, pflückte sie eine Mango, Banane oder Papaya, damit ihre Schwestern etwas zum Naschen hatten. Sie hatten nur wenig Geld, um Lebensmittel in einem Geschäft zu kaufen. Obwohl erst drei Jahre alt, rannten die Geschwister immer aus dem Haus und riefen »Boontah, Boontah«. Sie konnten kaum abwarten, die Naschereien zu verschlingen und jubelten dabei vor Freude.

Boontah mochte die Schule gern und bekam gute Noten, auch dann, wenn sie in Schwierigkeiten geriet. Ihre Lehrerin sagte ihr einmal, sie solle auf der Schule bleiben, weil sie eine gute Schülerin sei. Unglücklicherweise hatte Boontahs Mutter andere Pläne. Man konnte es sich nur leisten, dem Bruder eine anständige Schulausbildung zu gewähren. Boontah und ihre Schwester hatten nicht so viel Glück. Boontah musste arbeiten. Nicht nur, um die Mutter zu unterstützen, sondern auch, um den Geschwistern den Schulbesuch zu ermöglichen. Jungen kommen im Isan immer zuerst. Wenn es um finanzielle Dinge wie Ausbildung oder Geschenke geht, so sind die Jungen meist die einzigen Nutznießer – so wie mit Banyas Fahrrad. Mädchen wird Hilfe – in welcher Form auch immer – meist verweigert. Das ist schlicht eine Tatsache in der thailändischen Gesellschaft, besonders in der Provinz.

Als Boontah etwa acht Jahre alt war, sagte sie ihrer Mutter, sie brauche neue Schuhe. Ihr einziges Paar war zu klein, voller Löcher und schmerzte an ihren Füßen. Ihre Mutter erwiderte: »Das ist nicht mein Problem.« Ihre Mutter hatte zwar Geld, dem Bruder neue Schuhe zu kaufen, aber Boontah ging leer aus. Sie war noch zu klein, um zu verstehen, dass sie als Tochter für die Mutter kaum Wert hatte.

Wenn Jungen in der Schule die Mädchen schlecht behandelten, schlug Boontah die Jungen und rannte dann so schnell sie konnte weg. Man konnte oft beobachten, dass sie Schwächere verteidigte. Auch wenn die Mädchen froh waren, dass ihnen geholfen wurde, gewann Boontah dadurch keine neuen Freundinnen. Die Lehrer wussten, dass sie Ärger machte und »außer Kontrolle« schien. Sie verstanden nicht, weshalb Boontah solch ein problematisches Kind war. Sie wussten nicht, wie sie damit umgehen oder ihr helfen sollten.

Eines Tages, als Boontah knapp zehn Jahre alt war, fuhren ihre Eltern nach Bangkok. Sie war eine gute Schülerin, aber ohne ihren Vater musste sie ohne Schutz vor den Erwachsenen in ihrer Familie zurechtkommen. Ihr Leben, schwierig genug in dieser Armut, verschlimmerte sich zusehends. Ihre Probleme in der Schule waren ein sicherer Indikator für den Schmerz, den sie zu Hause erleiden musste.

Boontahs Onkel schlug sie bereits aus geringfügigem Anlass. Den Erwachsenen in ihrer Familie gefiel es offenbar, sie auszunutzen oder mit dem Stock zu schlagen. Je öfter sie geschlagen wurde, desto öfter »drehte sie durch«, sie stahl und machte Banyas Sachen kaputt. Sie war wahnsinnig eifersüchtig auf ihren Bruder.

Boontah wurde als »Freie Seele« geboren, aber in Wahrheit gab es in ihrer Familie keinen Platz für eine freie Seele. Es gab nie einen Platz für Boontah in ihrer Familie, auch dann nicht, wenn sie alles getan hatte, was ihr aufgetragen wurde. Sie versuchte vergeblich, alles richtig zu machen. Nun begann sie, ihre Wut an Schwächeren auszulassen. Die Tochter der Lehrerin war ein leichtes Ziel. Boontah stahl ihre Bücher und zerstörte ihre Zeichnungen. Eine andere sollte spüren, wie schlecht sie sich in jedem wachen Moment ihres Lebens fühlte.

Ein Musiklehrer

Boontah war erst elf Jahre alt, als sie begann, Apeechaet zu treffen, einen Lehrer, der Gitarre spielen und singen konnte. Jeden Abend gegen 20 Uhr schlich sie aus dem Haus. Ihre Eltern waren in Bangkok, ihre Großmutter schlief und ihr Großvater sprach mit den Göttern der Karen. Apeechaet wohnte im Erdgeschoss eines für Lehrer bestimmten Komplexes. Die Türen der Häuser bestanden aus lückenhaften Holzlatten, so dass Boontah ihren Lehrer von draußen sehen und auch mit ihm sprechen konnte. Die Tür konnte er für sie nicht öffnen, denn er ahnte, was für ein Tratsch daraus resultieren würde. Sie hörte ihm gern beim Singen zu und betrachtete ihn dabei durch die Holzlatten. Viele Monate lang schlich sie zu seinem Haus – bis sie ihr Geheimnis nicht länger für sich behalten wollte.

In einer ruhigen Nacht nahm Boontah eine Freundin mit zu Apeechaet, um seinen Melodien zu lauschen. Am nächsten Tag erzählte es die Freundin in der Schule. Boontah war sehr böse darüber – sie wusste, dass sie nun wieder einmal Ärger bekommen würde. Es war ihr Geheimnis gewesen, und ein Geheimnis zu hüten war für sie in diesem Alter wichtig wie »Leben und Tod«. Als der Schuldirektor von den Treffen erfuhr, wurde Boontah vom Unterricht ausgeschlossen, Apeechaet gefeuert oder versetzt. Boontah erfuhr nicht, welche Strafe er bekam. Sie hörte ihn nie wieder singen. Er wurde von der Schule entfernt, weil einige Dorfbewohner befürchteten, er hätte eine sexuelle Affäre mit Boontah begonnen. Fragen wurden nicht gestellt, eine Anhörung gab es nicht. Ignoranz und Kleingeistigkeit beherrschen das Verhalten der ungebildeten Leute in der thailändischen Provinz.

Die Hälfte der Lehrer an Boontahs Schule glaubte, sie habe den Ärger verursacht, die andere Hälfte, Apeechaet sei das Problem. Niemand kam auf den Gedanken, dass überhaupt kein Problem vorlag oder die Treffen völlig harmlos gewesen waren. Niemand ahnte, dass ein kunstinteressiertes kleines Mädchen einfach nur den Gesang ihres Musiklehrers hatte hören wollen. Und selbst wenn jemand insgeheim so etwas dachte, hätte er es aus Angst, sich lächerlich zu machen, nie zugegeben. So sah die Lehrerschaft in Boontah ein verdorbenes kleines Mädchen, dessen weiteres Leben entsprechend verlaufen würde. Sie war diejenige, die in der Dorfgemeinschaft als Hexe angesehen wurde – ein beliebtes Thema in thailändischen Spielfilmen. Wenn Boontah in ein Geschäft ging, schrien die Besitzer sie an: »Du bist erst elf Jahre alt und willst schon einen Freund, mit dem du Sex haben kannst, du kleine Hure!«

Boontah verlor ihre wenigen Freunde, weil deren Eltern den Umgang mit ihr verboten. Dorfbewohner können gemein sein, eine Grausamkeit, die aus Ignoranz und Aberglauben resultiert. Boontah hört in ihren Alpträumen noch immer die schmerzlichen Beschimpfungen. Aber wenn sie ihre Augen schließt und ihren Gedanken freien Lauf lässt, kehrt sie zu einigen schönen Augenblicken ihrer Kindheit zurück. Dann hört sie Apeechaets hübsche Stimme. Sie erinnert sich daran, wie er thailändische Melodien singt und sanft seine Gitarre spielt, während sie auf der anderen Seite der zersplitterten Holzlatten sitzt.

Ausgeschlossen

Nachdem sie vom Unterricht ausgeschlossen worden war, hatte ihr Großvater genug. Er schrieb ihren Eltern in Bangkok, dass er es leid war, sich um die Probleme zu kümmern, die Boontah verursachte. Er wollte keine Verantwortung mehr übernehmen. Doch ihr Vater wusste, dass sie von jedem in der Familie schlecht behandelt wurde. Er wusste auch, dass er der Einzige war, der sie beschützen konnte. Er holte sie nach Bangkok, wo er und seine Frau arbeiteten. Nachdem sie ein paar Monate bei ihren Eltern verbracht hatte, schien es, als ob Boontahs Leben einen anderen Verlauf nehmen sollte: Sie könnte möglicherweise eine richtige Kindheit durchleben – eine, die es erlaubte, dass sie sich wie ein »kleines Mädchen« benehmen durfte. Der Schuldirektor hatte einer Rückkehr in die Schule zugestimmt. Sie kehrte ins Dorf zurück und ging wieder zur Schule. Dort lernte sie tanzen – ein Omen für ihre Zukunft.

Rückkehr zur Schule

Nachdem Boontah nach Ubon zurückgekehrt war, begann sie mit anderen Mädchen in Shows aufzutreten, die durch die Nachbardörfer tingelten. Sie verdiente bis zu 50 Baht (etwa 1,00 Euro) für zwei Stunden Arbeit pro Nacht und trat zwei- oder dreimal in der Woche auf. Das war eine Menge Geld für eine Elfjährige – Geld, das sie mit ihren Geschwistern teilte. Für eine kurze Weile war sie sehr glücklich über ihre Arbeit – und unabhängig. Sie unterrichtete Ying sogar im traditionellen thailändischen Tanz. Die Großmutter konnte Boontahs Tanzen nichts abgewinnen, denn Boontah trug einen sehr kurzen Rock und tanzte auf einer Bühne. Beides galt auf dem Land als ziemlich provokativ.

Zum selben Zeitpunkt wurde das Dorf an das Stromnetz angeschlossen und Wasserleitungen wurden verlegt. Der Großvater dachte, dieser zivilisatorische Fortschritt sei von den Geistern geschickte Zauberei. Er konnte sich einfach nicht vorstellen, dass etwas so Wunderbares in dem ärmlichen Dorf passierte. Auch wenn die Großmutter mit Strom und Wasser sehr zufrieden war, konnte sie doch nicht viel damit anfangen, geschweige denn ahnen, welche Möglichkeiten damit offen standen.

Sie verbot Musik im Haus, die sie als Stromverschwendung anprangerte. Die Mädchen lernten daher in der Stille tanzen. Es gibt in Thailand ein bekanntes Musikvideo, das eine ähnliche Geschichte erzählt. Eine Vierzehnjährige tritt in Shows auf und wird von ihrem Lehrer schroff abgewiesen, bis er endlich zugibt, dass ihr Tanz und ihre Kleidung gesellschaftlich akzeptabel seien. So viel Glück hatte Boontah nicht.

Boontah kam schließlich mit ihrer Großmutter überein, dass sie zwar kein Geld mit Tanzen verdienen durfte, jedoch einen Reinigungsjob in Dae Udom annehmen konnte. Dae Udom lag nur zwanzig Minuten entfernt, wenn sie auf einem alten Kleintransporter der Nachbarn mitfuhr. Die Großmutter erklärte sich einverstanden. Kurz nachdem sie die Arbeit begonnen hatte, erklärte Boontah der Großmutter, sie wolle auch die Mittelschule in Dae Udom besuchen. Boontah brauchte keine fremde Hilfe mehr, um das Schulgeld zu bezahlen, sie konnte es selbst aufbringen. Die Großmutter verweigerte dennoch ihre Zustimmung. Sie meinte, Boontah müsse nicht weiter zur Schule gehen. Bald darauf verbot sie ihrer Enkelin, weiterhin in Dae Udom zu arbeiten.

Boontah war fassungslos und bestürzt. Sie konnte nicht verstehen, weshalb ihre Großmutter jedem ihrer Vorschläge derart abgeneigt gegenüberstand. Und zwar immer dann, wenn es um Unabhängigkeit, Geld und – am wichtigsten – Glück ging. Ihr Großvater hatte sie weggeschickt, die Schule sie vom Unterricht ausgeschlossen. Als sie wieder auf die Schule ging, erlaubte ihr die Großmutter nicht, mit anderen Mädchen zu tanzen und damit Geld zu verdienen. Und nun wollte ihr die Großmutter auch die Arbeit

Mit zehn Jahren malte Boontah das glückliche Zuhause, das sie immer wollte

als Putzkraft verbieten – ebenso den Besuch einer weiterführenden Schule, obwohl sie selbst für die Kosten aufkommen konnte. Die Großmutter stellte sich ihrem Leben als normales glückliches Kind immer in den Weg. Boontah kam sich vor wie eine Gefangene, und die Großmutter war die Aufseherin. Wie alle Gefängnisinsassen kannte Boontah nur noch einen Gedanken: Flucht.

Weggelaufen

Mit elf Jahren lief Boontah das erste Mal weg, und begann zu Fuß eine 800 Kilometer lange Reise nach Bangkok. Auf dem Weg dorthin traf sie ein siebzehnjähriges Mädchen, das Boontah vor den Gefahren des Weglaufens warnte. Sie lud Boontah zu sich nach Hause ein. Drei Tage später sah Boontah nach dem Aufstehen die Mutter des Mädchens mit Boontahs Familie sprechen. Sie nahmen Boontah mit nach Hause. Wie zu erwarten war, schlug Onkel Sakda sie wieder und wieder. Boontah weigerte sich, mit jemandem zu

sprechen oder zur Schule zu gehen. Die einzige Aktivität, zu der sie sich bewegen konnte, war das Verfassen von Briefen an ihren Vater.

Irgendwann ging sie wieder zur Schule, aber dort war sie inzwischen eher berüchtigt als berühmt. Boontah war ein Kind mit ernsten Problemen, und der Schmerz, der tief in ihr saß, suchte sich manchmal in unkontrollierbaren Wutausbrüchen ein Ventil. Niemand mochte sie. Nicht ihre Klassenkameraden, nicht die Lehrer. Eines Tages kam einer ihrer Lehrer zu ihr nach Hause und erklärte ihrem Großvater, dass sie nicht länger zur Schule gehen könne. Sie war schwierig und eine Belastung. Boontah wurde der Schule verwiesen.

Boontah läuft ein zweites Mal davon

Immer noch elf Jahre alt, flüchtete sie nach Chiang Mai in Nordthailand. Sie hatte nur das Geld, das sie als Tänzerin und Putzhilfe angespart hatte, aber es war genug, um von ihrer Familie wegzukommen – so weit wie möglich. Als sie in Chiang Mai ankam, sah sie eine Stellenanzeige, mit der eine Kellnerin gesucht wurde. Sie traf den Inhaber des Restaurants, der sofort erkannte, dass sie noch sehr jung und ohne Familie in der Stadt war. Anstatt ihr den Job zu geben, rief er die Polizei, die Boontah nach Hause bringen sollte. Drei Offiziere erschienen, die viele Fragen stellten. Aber Boontah sagte nicht, wie sie hieß, und auch nicht, wo sie wohnte. Sie wollten auch herausfinden, was sich in ihrer Tasche befand, aber Boontah ließ das nicht zu. Nach einem zwanzigminütigen Verhör wurde Boontah schließlich in eine Klinik für psychisch Kranke gebracht. Im Krankenhaus sprach sie mit einer Sozialarbeiterin. Ihr erzählte sie, sie wolle nie wieder zurück nach Hause. Die Sozialarbeiterin versprach, sich nach einer neuen Bleibe für Boontah umzusehen.

Einen Monat später war Boontah immer noch in Chiang Mai. Das Versprechen über ein neues Zuhause war nicht eingelöst worden. Sie hasste es, in dem Krankenhaus zu leben. Die Umgebung war feindselig, die Patienten schienen gefährlich, das Essen ungenießbar. Im Krankenhaus hatte sie sich den Namen Kumai gegeben. Als sie einsehen musste, dass die Sozialarbeiterin ihr nicht helfen würde, schrieb sie einen Brief an eine Krankenschwester, in dem sie ihren richtigen Namen und ihren Wohnort offenbarte. Nachdem die Krankenschwester den Brief erhalten hatte, rief sie Boontahs Vater in Bangkok an. Als er in das Krankenhaus kam, umarmte Boontah ihn und weinte unkontrolliert. Er gab zu, dass er wisse, dass es zu Hause einige Probleme gebe, aber dennoch musste sie ihm versprechen, nie wieder wegzulaufen. Zusammen kehrten sie schließlich nach Ban Jonejalurn in die Holzhütte zurück, die sich die Familie teilte.

Bei ihrer Ankunft sah sich Boontah dem Zorn der gesamten Familie ausgesetzt. Alle schrien sie an und warfen ihr vor, sie sei nicht nur der Grund all ihrer Probleme, man schämte sich auch für sie. Boontahs Vater musste einsehen, dass Boontah unvermeidlich in neue Schwierigkeiten geraten würde, wenn er sie zu Hause nicht beschützte. Daher musste er seine Arbeit in Bangkok aufgeben und ins Dorf zurückkehren – egal um welchen Preis. So konnte er es sich zunächst nicht leisten, Boontah zur Schule zu schicken. Er versuchte einen Job auf einer Baustelle in Ubon zu bekommen, aber dort zahlte man nicht genug, so dass er seine Familie nur unzureichend unterstützen konnte. Also lieh er Geld von seinen Nachbarn, um sein eigenes Geschäft zu gründen: ein Handwagen, mit dem er Süßigkeiten verkaufte, während Boontahs Mutter Nudeln anbot. Sie trug das Essen mittels eines Gestells auf ihren Schultern.

In Ubon mieteten sie ein Zimmer für 680 Baht (etwa 15 Euro) pro Monat. Die ganze Familie, auch die Großeltern, wohnten in diesem einen Zimmer, das weder über fließend Wasser noch über Strom verfügte. Sie holten Wasser aus einem öffentlichen Brunnen, nutzten tagsüber das Sonnenlicht und zündeten nachts Kerzen an. Mit diesem Umzug hatte die Familien einen großen Schritt zurück getan. Erneut lebten sie in einem Zimmer ohne Errungenschaften der Zivilisation wie Strom und Wasser. Es muss nicht weiter ausgeführt werden, dass Boontah auch dafür verantwortlich gemacht wurde.

Boontahs Mutter brüllte ständig Ehemann und Kinder an. Boontahs Vater war ein ruhiger Mensch, der nur Frieden mit seiner Familie wollte und genug Geld verdienen, um sie unterstützen zu können. Boontah ertrug es nicht, wie schlecht ihr Vater von ihrer Mutter und Großmutter behandelt wurde. Der Schmerz war für ein Kind in ihrem Alter unerträglich. Sie entschloss sich, erneut wegzulaufen. Sie stahl 200 Baht (etwa 4 Euro) aus Yings Sparschwein – angespartes Taschengeld, das ihr Vater ihr im Laufe eines Jahres gegeben hatte. Die jüngeren Geschwister konnten sparen, weil Boontah ihr Geld für sie ausgegeben hatte.

Und wieder weggelaufen

Als Boontah diesmal weglief, ging es wieder Richtung Bangkok. Sie war zwölf Jahre alt, als sie sich zum Busbahnhof in Ubon aufmachte. Sie stellte sich immer wieder ihren Vater vor, wie er sagte, sie täte das Richtige. Sie wollte ein neues Leben beginnen und sie würde alles riskieren, um diese Chance zu bekommen. Die gestohlenen 200 Baht in ihrer Tasche waren ihre einzige Hoffnung. Im Bus beschwor sie sich immer wieder, stark zu sein.

Auf dem Weg nach Bangkok kam sie mit einem Mann ins Gespräch, der neben ihr saß. Er sagte ihr, er könne ihr einen Job in einem chinesischen Laden besorgen. Boontah erklärte sich sofort einverstanden. Ihr Gehalt: 1.500 Baht, ganze 30 Euro – im Monat. Sie arbeitete von 5 Uhr morgens bis 19 Uhr, 14 Stunden pro Tag an sieben Tagen der Woche. Am Ende ihres Arbeitstages durfte sie das Geschäft nicht verlassen. Wieder einmal fühlte sie sich wie eine Gefangene. Sie wurde unbarmherzig ausgenutzt. Illegale Kinderarbeit ist in Thailand an der Tagesordnung, auch heute noch. Boontah kündigte.

Während sie beim Chinesen gearbeitet hatte, konnte sie etwa 400 Baht sparen, wusste nun aber nicht, was sie tun oder wohin sie gehen sollte. Als sie in der Stadt herumstreunte, wurde sie hungrig und müde. An einem Nudelstand aß sie etwas. Nit, die Besitzerin des Nudelladens, sah die Plastiktüte in Boontahs Hand, in der sich ihr gesamter Besitz befand. Neugierig fragte sie das kleine Mädchen, ob sie einen Job suche und bot ihr einen in ihrer Garküche an. Boontah nahm sofort an. Als sie an diesem Abend zu der Frau nach Hause gingen, wollte Nits Ehemann nicht, dass Boontah für sie arbeitete. Er, ein Polizist, brachte Boontah aufs Polizeirevier und sperrte sie in eine Arrestzelle. Dann rief er einen Sozialarbeiter, der Boontah abholen sollte.

Boontah wurde in ein Kinderheim gebracht, in dem sie ständig in Schwierigkeiten geriet. Der einzige Unterschied zu ihrem Zuhause bestand darin, dass ihr im Heim unter anderem gezeigt wurde, wie man Papierblumen herstellt, Haare schneidet, Kleidung näht. Eines Tages begann eines der Mädchen andere Heimbewohner zu mobben. Boontah schlug zu. Sie hatte bereits in jungen Jahren derartig viel Gewalt erlebt, dass sie nun alles tat, um diese zu unterbinden. Allerdings kannte sie keinen anderen Weg, als selbst physische Gewalt anzuwenden.

Boontah sollte zu ihrem Verhalten Stellung nehmen, denn immer schien sie die Schlägereien zu beginnen. Sie erfand Ausflüchte, die die Wahrheit verschleierten. Tatsache aber war, dass sie Gewalt nicht mit ansehen konnte, sich aber nicht schuldig fühlte, wenn sie selbst eine Schlägerei begann. Es wurde entschieden, sie nach Ban Kunwitiying in Patumtani zu bringen. Dort gab es eine geschlossene Anstalt für Frauen jeden Alters, die unter psychischen Störungen litten. Wenn niemand kommt, um die Frauen dort abzuholen, bleiben sie bis zu ihrem Tod dort. Boontahs Überführung fand am 7. September 1993 statt. Die Sozialarbeiter wussten nicht, dass dies Boontahs 13. Geburtstag war.

In der Anstalt bemühte sich Boontah, mit den anderen Patienten und den Wärterinnen zu kooperieren. Das erste Mal in ihrem Leben hatte sie das Gefühl, von anderen geliebt zu werden. Sie erzählte viel und brachte die Leute zum Lachen. Eine der Wärterinnen erlaubte ihr, bei ihr im Zimmer zu wohnen. Das Zimmer hatte im Gegensatz zu dem von Boontah viele Annehmlichkeiten: eine Matratze, einen Ventilator, Kissen und Laken. Eines Abends, als die Wärterin einschlief, stahl Boontah ihren Schlüssel und rannte aus der Klinik. Doch als sie an eine Mauer gelangte, die das Gelände umgab, musste sie feststellen, dass sie viel zu hoch war, um darüberzuklettern. Es war bereits Alarm ausgelöst worden. Scheinwerfer blendeten Boontah, Sirenen ertönten. Sie war erwischt worden. In dieser Nacht würde sie ihre Freiheit nicht zurückerlangen.

Für den Fluchtversuch wurde Boontah hart bestraft. Sie musste Ketten tragen und wurde in eine Einzelzelle ohne Essen gesteckt. Noch heute kann man die Narben an ihren Fußgelenken sehen, die die Ketten hinterlassen haben. Ein paar Tage später durfte sie die Zelle verlassen und die Ketten ablegen. Nun war sie gewarnt: Bei einem weiteren Fluchtversuch würde sie noch härter bestraft werden.

Nach einem siebenstündigen Schlaf erwachte Boontah. Überrascht beobachtete sie, wie andere Patienten immer wieder in ein nahegelegenes Zimmer spähten. Neugierig riskierte Boontah einen Blick, um zu sehen, was alle so interessant fanden. Eine ältere Frau, die in der Nacht zuvor gestorben war, lag auf einem Bett. Die Chefin der Anstalt bog in diesem Augenblick um die Ecke und fragte nach vier Freiwilligen, da die Leiche in ein Fahrzeug verladen werden sollte. Viele meldeten sich, unter ihnen auch Boontah. Nachdem der Leichnam weggebracht worden war, betete Boontah für die Seele der Frau. Sie hoffte, dass sie es dort, wo sie jetzt war, besser als in der Anstalt hatte, und sie, falls sie als Geist zurückkehren sollte, Boontah bei ihrer Flucht aus dieser unangenehmen Situation behilflich sein würde.

Nur wenige Tage später wurde Boontah aus der geschlossenen Station entlassen. Sie beteiligte sich an allen Aktivitäten im frei zugänglichen Bereich der Anstalt, ohne weiter aufzufallen. Eines Tages, als alle in einer Sitzung waren, stahl Boontah die Straßenkleidung einer Angestellten. Sie rollte Ärmel und Hosenbeine hoch, damit es schien, als seien es ihre Sachen. Die Wärterin öffnete ihr die Tür, ohne sie genauer anzusehen. Ohne sich noch einmal umzusehen, spazierte Boontah in aller Ruhe hinaus.

Boontah war wütend auf den Polizisten, der sie in die psychiatrische Anstalt hatte einweisen lassen. Mit ihren 13 Jahren dachte sie nicht länger nach und suchte ihn im Polizeirevier, um ihn zur Rede zu stellen. Während sie auf ihn wartete, kümmerte sich ein anderer Beamter namens Kak um sie. Er bot Boontah etwas zu essen an. Als sie zugab, hungrig zu sein, nahm Kak sie mit zu sich nach Hause. Kak war Moslem und hatte zwei Ehefrauen. Er schlug vor, dass sie dabei helfen könne, Essen zu verkaufen. Boontah glaubte, sie hätte nun ein neues Zuhause und Kak sei der Retter in ihrer Not.

Knapp einen Monat hatte sie für ihn gearbeitet, als er eines Nachts in ihr Zimmer schlich und versuchte, sie zu vergewaltigen. Eine seiner Frauen hörte Boontahs Schreie und kam ihr zu Hilfe.

Die beiden Ehefrauen waren sofort mit Kaks Vorschlag einverstanden, Boontah wegzuschicken, denn sie glaubten, das Mädchen hätte die versuchte Vergewaltigung provoziert. Man gab ihr 1.000 Baht, damit sie auf der Straße überleben konnte. Auch wenn sie sie nicht im Haus haben wollten, machten sie sich doch Sorgen um das Mädchen. Einerseits wollten sie nicht, dass ihr etwas zustieß und andererseits wünschten sie sie weit weg – von ihrem Ehemann.

Boontah war noch nicht weit gekommen, als Kak auf einem Motorrad neben ihr hielt. Er sagte ihr, dass er sie sehr liebe und ein Plätzchen für sie finden würde, wo sie bleiben könne. Boontah war so naiv, ihm zu glauben und setzte sich auf den Sozius. Kak brachte sie in ein Hotel, von dem Boontah glaubte, es sei ihr neues Zuhause. Kaum waren sie auf dem Zimmer, versuchte Kak erneut, sie zu vergewaltigen. Boontah schrie so laut sie konnte. Glücklicherweise wurde sie von der Empfangsdame gehört, die ihr zu Hilfe kam. Kak flüchtete.

Boontah wurde erklärt, dass dies häufig mit kleinen Mädchen geschah, die ausgerissen waren. Jeder im Hotel empfahl Boontah, nach Hause zurückzukehren. Alle glaubten, sie hätte eine liebenswerte Familie, die sich Sorgen um sie machte, und wollten Geld spenden, um Boontahs Rückkehr zu ermöglichen. Sie kehrte tatsächlich heim, wenn auch ängstlich, was sie dort erwarten würde.

Drei Monate war es inzwischen her, dass Boontah weggelaufen war. Gleich bei ihrer Ankunft zu Hause stellte sie fest, dass sie höchst unwillkommen war. Das war keine Überraschung. Doch die Nachricht, dass ihr Vater bei einem Autounfall ums Leben gekommen war, traf sie völlig unvorbereitet. Er war gestorben, während er nach ihr gesucht hatte. Es brach ihr das Herz. Sie litt großen Kummer und fühlte sich schuldig. Ihr Schmerz und ihre Seelenqual verstärkten sich noch, als auch die Familie sie für den Tod des Vaters verantwortlich machte. Sie wusste, dass es nur eine Möglichkeit gab: Sie musste wieder weggehen.

Bangkok schien die einzige Chance zu sein, die sie hatte. Sie hatte sich immer ungewollt gefühlt, doch ihre Familie ließ sie nun deutlich spüren, wie sehr sie Boontah hassten. Boontah bat ihre Mutter um Geld. Diese gab ihr 300 Baht (etwa 6 Euro) und sagte, sie solle nie mehr zurückkommen, denn sie wollte nie wieder das Gesicht der Tochter sehen. Diese 300 Baht waren das größte »Geschenk«, das Boontah jemals von ihrer Mutter erhalten hat. Die Geschwister, die Boontah als Einzige begrüßt hatten, waren auch die Einzigen, die sich von ihrer Schwester verabschiedeten.

Boontah war nun wirklich eine Waise. Ihr Vater war ums Leben gekommen, während er seine geliebte Tochter suchte, und ihre Mutter hatte sie aus ihrem Leben verbannt. Boontah konnte niemals zurückkehren, es sei denn, sie machte den Tod ihres Vaters wieder gut. Boontah litt sehr, sie musste einen Weg finden, um wieder ein Mitglied der Familie zu werden, egal wie ungerecht die Familienmitglieder sich verhielten. Thais sind nicht wie Europäer oder Amerikaner, die mit dem Alleinsein nicht nur zurechtkommen, sondern auch gerne allein sind. Thais sind familienorientiert und brauchen die Zugehörigkeit und Gesellschaft. Für Thais bedeutet Alleinsein Schmerz und Einsamkeit.

Boontahs Kindheit war vorbei, als sie von dem Tod ihres Vaters erfuhr, nun fehlte ihr jeglicher Rückhalt. Auf der Suche nach einem besseren Leben ging sie nach Bangkok. Sie war schon mehrfach von zu Hause ausgerissen, um ein Leben ohne Schläge und Belastung zu führen, doch hatte sie immer gewusst, sie würde eines Tages zurückkehren können. Nun war sie verstoßen und verbannt und musste einen Weg finden, um die Liebe ihrer Mutter zurückzugewinnen, egal zu welchem Preis.

Boontah war erst 13 Jahre alt. Die Sextouristen erwarteten sie mit offenen Armen. Ihr Leben als Lon begann. Mein Leben als Lon begann.

THAILAND UND MEIN DORF IM ISAN

Boontah, 13 Jahre alt

ZWEITES KAPITEL

BANGKOK – MEIN NEUES ZUHAUSE

Meine Ankunft

Als ich 13 Jahre alt war, kannte ich nur Haushalts- und Feldarbeit. Ich hatte keine Ahnung, was ich in Bangkok tun sollte und sehr, sehr viel Angst. Ich wusste nicht, was vor mir lag, aber ich hatte bereits entschieden, dass ich nicht weiter in Armut leben wollte.

Auch wenn ich noch sehr jung war, wollte ich nicht, dass mir die Ignoranz und die Vorurteile meiner Mutter im Wege standen. Ich wusste, irgendwo tief in mir hatte ich Leistungsvermögen. Ich wusste, ich könnte ein besseres Leben führen als das einer armen Bäuerin in meinem Dorf. Meine Mutter kümmerte sich nur um meinen Bruder und versuchte, ihm jede Chance auf ein besseres Leben zu geben, während sie gleichzeitig verlangte, dass meine Schwestern und ich zu Hause blieben, um uns um die Tiere und unser kleines Stück Land zu kümmern. Die schwere Arbeit sowie der physische und emotionale Missbrauch zwangen mich, ein letztes Mal wegzurennen. Ich würde nicht mein ganzes Leben lang das ausgenutzte kleine Mädchen in Ubon sein. Ich wurde nicht geboren, um eine Bäuerin zu sein, schon gar nicht, um geschlagen und unterdrückt zu werden.

Ich kaufte das billigste Ticket, das es gab, zu 100 Baht für eine zehnstündige Busfahrt ohne Klimaanlage. Einen klimatisierten Bus wollte ich mir nicht leisten. Überhaupt war es selten, dass ich in den Genuss einer Klimaanlage gekommen bin, und zwar immer dann, wenn ich durch einige wenige Geschäfte gebummelt bin, deren Waren ich mir sowieso nicht kaufen konnte. Ich hatte sehr wenig Geld, und jeder Baht war für mich so wertvoll wie Gold.

Meine Mutter hatte mir 300 Baht – 6 Euro – mitgegeben und mir verboten, jemals wieder zurückzukehren. Jeder warf mir vor, am Tod meines Vaters schuld zu sein. Ich hatte nicht vor, nach Hause zu gehen – zumindest nicht zu den gleichen schrecklichen Zuständen, vor denen ich mehrere Male zuvor weggelaufen war. Was mich anging, verdiente ich die kärgliche Summe, die sie mir gab – und viel mehr. Ich hatte zu arbeiten angefangen, bevor ich die Schule besuchte. Ich konnte mich nicht daran erinnern, jemals nicht gearbeitet zu haben, und wollte in jedem Fall sicherstellen, nicht den Rest meines Lebens in Ubon leben zu müssen. Niemand hatte irgendeine nennenswerte Zukunft in Ubon. Wichtiger noch: Ich hatte keine Zukunft in Ubon.

Abends traf ich mit 200 Baht in der Tasche in Bangkok ein. Diese Summe trennte mich vom Hunger. Meine paar Baht konnte ich nicht für ein billiges Zimmer ausgeben. In der ersten Nacht schlief ich daher auf dem Busbahnhof. Die Mücken, die um mich herumschwirrten, waren meine einzigen Freunde. Ich aß übrig gebliebenes Essen und trank Wasser aus Flaschen, die ich in Mülleimern fand. Ich wusste nicht, wohin ich sollte und kannte niemanden. Ein kleines Mädchen, allein und verloren in der sehr großen, geschäftigen, vollen und kosmopolitischen Stadt Bangkok – eine Stadt, die die Sexmetropole der Welt war, wie ich bald lernen sollte. Es dauerte nicht lange und die Stadt wurde meine neue Heimat.

Bis zu meiner Ankunft in Bangkok hatte ich nie einen Fahrstuhl gesehen und war noch nie mit einer Rolltreppe gefahren. Die Kaufhäuser und Bürogebäude waren die größten, die ich je gesehen hatte. Die Straßen waren gefüllt mit Tausenden von Autos, Kleintransportern, roten Bussen ohne und blauen Bussen mit Klimaanlagen, alle Stoßstange an Stoßstange. Es herrschte Chaos. Graue und schwarze Auspuffgase verpesteten die Luft, während das markerschütternde Geräusch unzähliger Hupen meine Trommelfelle erschütterte. Dutzende von Motorrädern standen an Kreuzungen immer ganz vorne, die Fußgänger setzten mutig einen Fuß vor den anderen und rannten oder warteten in kurzen Intervallen, um auf die andere Straßenseite zu gelangen. Weder die Autofahrer noch die Fußgänger schenkten den Ampeln Aufmerksamkeit. Thais scheinen sich mit einem Tunnelblick vorwärtszubewegen und kümmern sich wenig um ihre Sicherheit, während Farangs vorsichtiger sind.

Ich hatte niemals zuvor solch eine große Menschenansammlung gesehen, auch nicht so viele Menschen aus so vielen verschiedenen Ländern. Da waren die Afrikanerinnen, die farbenfrohe, blumige, knöchellange Kostüme trugen, mit farblich passenden Kopfbedeckungen. Indische Frauen trugen schöne Seidensaris, mit langen Hosen bis zu den Knöcheln, wobei meist der Bauchnabel zu sehen war. Sikhs trugen die traditionellen weißen Turbane, arabische Männer zugeknöpfte weiße Gewänder und schließlich europäische und amerikanische Touristen gewöhnlich Shorts und T-Shirts. Und da war ich mit meiner provinziellen Bluse und bauschigen Hosen. Ich sah aus wie eine Hinterwäldlerin aus Thailand – genau das war ich ja auch.

Ich hatte niemals so viele Leute derartig schnell durch volle Straßen hasten sehen, niemals so viele verschiedene Sprachen gehört. In meinem ruhigen Leben auf dem Bauernhof im weit entfernten kleinen Dorf gab es nichts, was mich auf dieses neue unbekannte Leben hätte vorbereiten können. Ich kannte Bangkok nur aus dem Fernsehen. Aber das hier war nicht das Fernsehen, das war das wirkliche Leben. Ich war viel zu jung, um die Wichtigkeit dieses Augenblicks zu verstehen. Nun stand ich mitten im geschäftigen Treiben dieser exotischen Stadt, am Beginn eines neuen Lebens.

Ich hatte sehr wenig Geld, keine Freunde, keine Familie und keine Bleibe. Um zu überleben, begann ich zu betteln. Schnell merkte ich, dass bei Touristen sehr viel mehr Geld zu holen war als mit regulärer Arbeit. Als ich auf der Straße schlief, lernte ich eine Frau kennen, die für mich eine Anstellung als Babysitterin bei einem hochrangigen Polizeioffizier fand. Er besaß auch eine Bar in der Patpong – Bangkoks größtem Rotlichtviertel. Ich putzte in der Bar, wenn ich nicht bei ihm zu Hause arbeitete. Schließlich bestand er darauf, dass ich mich entscheiden sollte, ob ich in der Bar putzen oder seine Kinder zu Hause betreuen wollte. Ich entschied mich für die Bar, denn mit dem Reinigen von Fußböden konnte ich mehr Geld verdienen als mit Babysitting. In Bangkok wollte ich genug Geld verdienen, um meine Familie wegen des Todes meines Vaters um Verzeihung bitten zu können. Ich war nicht mehr Boontah, sondern Lon. Ich würde einen Weg finden, um Boontah zu erlösen, weil sie den Verlust des Vaters verursacht hatte. Nur dann konnten sie und ich irgendwann heimkehren.

Thais und andere Asiaten empfinden sich selbst nicht unbedingt als Individuen, sondern vielmehr als Mitglieder der Familie. Wir sind nicht nur Mitglieder unserer Familie, wir sind die Familie. Wir können nur als Familie individuell sein und nur als Familie überleben.

Der Cockatoo Club

Ich begann eine Vollzeitbeschäftigung als Reinigungskraft im Cockatoo Club – ein GoGo und beliebter Treffpunkt von Farangs. Im Club gab es viele Mädchen aus dem Isan, die meinen Dialekt sprachen. Meine Aufgabe bestand darin, Staub zu wischen und Sextouristen hinterherzuputzen. Ich verdiente an 28 Arbeitstagen pro Monat 1.500 Baht sowie meinen Anteil an Trinkgeldern von 1.000 Baht. Insgesamt kam ich ungefähr auf umgerechnet 50 Euro im Monat – ein guter Start, aber meine Familie war ausgesprochen arm. Da mein Vater tot war, musste ich meine jüngeren Schwestern unterstützen. Ich wollte ihnen einen Schulbesuch ermöglichen, damit sie ein besseres Leben führen konnten als ich. Ich musste mehr Geld verdienen.

Patpongs »andere« Arbeiterinnen

Bangkoks Patpong, das berühmteste Rotlichtviertel der Welt, ist »Unbedarften« schwer zu beschreiben. Es erstreckt sich über zwei Straßenzüge: »Patpong 1« ist etwa 200 Meter lang, »Patpong 2« rund 100 Meter. Jede Straße ist zu beiden Seiten von Open-Air- und GoGo-Bars, Discos und Sex-Show-Bars begrenzt. In diesen zwei Straßenzügen des käuflichen Sex arbeiten nahezu 3.000 junge Frauen, die darauf warten, einen Mann für eine Stunde, einen Abend oder – wie einige hoffen – für immer zu treffen. »Jede Woche heiratet ein Mädchen aus der Patpong einen Ausländer.«[1]

Die GoGos und Bars variieren in ihrer Größe, dort werden zwischen zehn und 100 Mädchen beschäftigt. In jedem GoGo arbeiten auch andere Angestellte. Dort begann ich mein neues Leben. Wir sind die Putzfrauen, die Barkeeper, die Kellnerinnen und die Türsteherinnen. Offiziell haben wir noch nicht begonnen, mit Männern mitzugehen. Wir sind nicht Teil des »Asiatischen Wirtschaftswunders«. Inoffiziell, nachdem die Bars schlossen, haben einige Mädchen begonnen, den Weg der Selbstzerstörung zu gehen, wenn auch keineswegs alle von ihnen.

Für einige von uns begann der Tag um circa 14 Uhr und endete um Mitternacht. Andere Mädchen kamen gegen 19 Uhr und arbeiteten bis 3 Uhr morgens. Wir kamen zur Arbeit und begannen, das Chaos der vergangenen Nacht zu beseitigen. Dann wurde es Zeit, die Betten in den »Short Time«-Zimmern zu machen und die Badezimmer zu säubern. Danach gingen wir in die Bar, trugen Hunderte von Bierflaschen, reichten mundgerecht geschnittene Ananasstückchen und Zitronenscheiben, und machten jede niedere und widerliche Arbeit, die getan werden musste. Kunden betranken sich, verschütteten Bier und übergaben sich. Es war mein Job, hinter ihnen her zu putzen. Es hätte mir nichts ausgemacht, normalen Dreck oder Staub wegzuwischen, aber das war eine eklige Aufgabe – eine, die mir den Magen umdrehte. Die Tänzerinnen verdienten einen Haufen Geld, manche bis zum zwanzigfachen dessen, was ich bekam – und sie mussten noch nicht einmal das

BANGKOK – MEIN NEUES ZUHAUSE

Wischtuch schwingen. Es dauerte nicht lange, bis ich lernte, dass das »richtige« Geld in einer Bar nicht mit einem Job verdient werden konnte, wie ich ihn hatte. Ich wusste, dass ich so viel Geld wie die Tänzerinnen verdienen wollte, und ich war bereit, alles dafür zu tun.

Ich war kaum Teenager, und stammte aus einem Dorf aus der Provinz, so dass ich kaum meinen Augen trauen wollte: Gut aussehende, sexy Mädchen in Bikinis oder ohne tanzten lasziv auf den Bühnen und benahmen sich in einer Art und Weise, wie ich es noch nie zuvor gesehen hatte – nicht einmal im Fernsehen. Niemand in Ubon würde sich anziehen – oder ausziehen –, wie sie es taten. Niemand in Ubon trug Badeanzüge. Stattdessen trugen wir Jeans-Shorts und T-Shirts, wenn wir im Fluss badeten. Niemand in Ubon würde sich um eine Eisenstange schlingen und sie mit dem nackten Körper berühren. Ich konnte einfach nicht begreifen, wie die Mädchen ihre Kleidung vor all diesen Männern ablegen konnten, um dann so provozierend zu tanzen. Ich war schockiert! Ich konnte nicht glauben, dass Mädchen aus meinem Dorf, meiner Provinz, meine »Isan-Schwestern«, sich in solch verbotener Weise benahmen. Aber hier waren sie, umklammerten mit ihren schönen dunklen Körpern Eisenstangen, vollführten allabendliche Routinen wie Lapdancing und verdienten auf diese Weise viel Geld. GoGo-Girls arbeiteten ungefähr sieben Stunden pro Tag und hatten jede Woche einen Tag frei. Sie tanzten in jeder Stunde 15 bis 20 Minuten und verbrachten den Rest der Stunde damit, sich mit Kunden zu unterhalten. Dabei versuchten sie, die Kunden zu überzeugen, sie für die Nacht mitzunehmen. Diejenigen, denen es nicht gelang, einen Kunden für die Nacht abzuschleppen, gingen in die »Thermae«, wenn die Bar schloss.

Es gibt rund 30.000 Thaimädchen in Touristenorten wie Bangkok, Pattaya, Phuket, Koh Samui und Chiang Mai. Zehntausende mehr auf den Philippinen, in Indonesien und Kambodscha. Sie sind diejenigen, die »Glück« genug hatten, Ausländer kennenzulernen

Im Cockatoo Club, 14 Jahre alt

anstatt einheimische Männer. Es gibt etwa 400.000 Prostituierte in thailändischen Bordellen und Millionen mehr in ganz Südostasien, die Einheimische für ein Taschengeld empfangen oder einfach die Schulden ihrer Familien zuzüglich entstandener Zinsen abzahlen.

Die Eltern haben im »Austausch« für ihre Töchter eine Summe zwischen 750 und 7.500 Baht – 15 und 150 Euro – bekommen. Die Töchter müssen nun als Prostituierte für mehrere Monate oder länger arbeiten – manchmal aber auch ihr ganzes tragisches und kurzes Leben.

»Thermae«

Die »Thermae« sieht aus wie eine schmierige Bar aus einem amerikanischen Film. Sie ist dennoch keine typische Bar, wie man sie in Europa oder Amerika finden kann. Die Decke ist extrem niedrig, nur rund 2,40 Meter hoch. Mit einer Größe von rund 1,45 m war das für mich kein Problem, allerdings kann sich wegen der niedrigen Decke der Rauch kaum verteilen. Und Touristen und thailändische Bargirls rauchen eine Menge. Der Rauch ist nicht nur unangenehm, er macht krank. In Ubon rauchen die Mädchen nicht, aber hier rauchen die Mädchen aus dem Isan. Es gibt viele attraktive, junge und sexy aussehende Frauen in der »Thermae« – und die meisten kommen aus dem Isan. Alle sind hergekommen, um männliche Touristen zu treffen.

Die »Thermae« kann man am besten als »After Hour«-Bar beschreiben, d.h. wenn alles geschlossen ist, kann man diese Bar noch besuchen. Der Massagesalon über der Bar ist von mittags bis Mitternacht geöffnet. Wenn er schließt, füllt sich die Bar. Später gegen 2 Uhr morgens, wenn alle GoGos schließen, kommen viele Tänzerinnen in die »Thermae«, um Touristen oder einen Liebhaber für die Nacht zu treffen. Meine Freundinnen arbeiteten als Tänzerinnen im GoGo von 19 Uhr bis 2 Uhr, und wenn sie nicht von einem Touristen mitgenommen wurden, dann kamen sie in die »Thermae«, um einen zu finden.

In meiner ersten Nacht dort beobachtete ich meine Freundinnen dabei, wie sie die Aufmerksamkeit der Männer auf sich lenkten. Sie lächelten ihnen schüchtern zu, näherten sich langsam, aber sicher ihren Tischen, schlugen beim Hinsetzen ihre schlanken Beine übereinander und entblößten dabei ihre hübschen Schenkel. Alles, um von einem potentiellen Käufer mit nach Hause genommen zu werden. Der Unterschied zwischen meiner Bar und der »Thermae« war, dass ich hier nicht arbeitete, zumindest nicht als Putzfrau. Ich kam her, um Spaß zu haben und zu versuchen, die Blicke von Männern auf mich zu ziehen. Von nun an konnte ich es nicht mehr abwarten, meine tägliche Arbeit zu beenden, damit ich schnell in die »Thermae« gehen konnte. In ganz Ubon gab es mit Sicherheit keinen Laden wie diesen.

Warum sollten nette kleine Mädchen in eine Bar wie die »Thermae« gehen wollen? Ganz einfach: Die asiatische Armut treibt sie dazu. Ihr Verhalten steht mit dem geringen Wert, der Frauen in Thailand und in ganz Südostasien zugesprochen wird, in direkter Verbindung. Sogar jetzt, im 21. Jahrhundert, werden Tag für Tag sechs weibliche Babys in Bangkok ausgesetzt. In meinem Fall waren die Armut meiner Familie und die Hoffnung, ihre Liebe zurückzugewinnen, mehr als eine Motivation für mich.

Mein erster Kunde:
Der Verkauf meiner Unschuld

Nachdem ich etwa eine Woche im GoGo als Putzkraft gearbeitet hatte, kam ein Mann, der auf der Suche nach einer Jungfrau war. »Ein junges unberührtes Mädchen«, war seine Anfrage, und sein finanzielles Angebot war höher, als ich mir je hätte vorstellen können. Ich fand schnell heraus, dass er nicht der einzige Mann war, der in Thailand Ausschau nach Kindern hielt. Es war nicht ungewöhnlich, wenn Sextouristen nach Mädchen wie mir fragten. Die Mama-san fragte mich, ob ich interessiert sei. Die Nacht mit dem Mann würde mir 30.000 Baht, unvorstellbare 600 Euro, einbringen. Die Mama-san würde 20% für die Vermittlung erhalten. Ich brauchte nicht lange nachzudenken und ging auf das Angebot ein. Die Mama-san bereitete nun den Verkauf meiner Jungfräulichkeit vor. Ich war kaum 14 Jahre alt, 1,45 m groß und wog 38 Kilo.

Der Name des Mannes war Hans. Er erzählte, er sei aus der Schweiz und 35 Jahre alt, obwohl er eigentlich wie 50 aussah.

Etwa 30 Minuten, nachdem er den Preis mit der Mama-san ausgehandelt und mein Einverständnis erhalten hatte, kehrte Hans mit Bargeld ins GoGo zurück. Ich sprach fast kein Englisch und nahm an meinem eigenen Verkauf nicht teil. Meine einzige Antwort war »kha«, was »ja« auf Thai bedeutet. Er bezahlte die Mama-san für meinen Körper. Das Geld, mehr als ich in meinem bisherigen Leben gesehen hatte, würde schon bald meiner Familie gehören.

Mein Herz raste vor Freude über das Geld, aber auch vor Angst, wie ich es verdienen musste. Ich hatte zuvor noch nicht einmal die Hand eines Jungen gehalten, etwas, worüber man auf dem Land die Augenbrauen hochzog. Tatsächlich mussten ein Junge und ein Mädchen manchmal heiraten, nur weil sie sich versehentlich berührt hatten. Jetzt, mit 14 Jahren, würde ich Sex mit einem Farang haben, den ich noch nie zuvor gesehen hatte. Er war etwa 1,85 m groß – rund 40 cm größer als ich. Ich hatte Angst – aber für das Geld hätte ich alles getan.

Wir verließen das GoGo und nahmen ein Taxi zu seinem Hotel in der Soi 26, Sukhumvit Road. Der Taxifahrer interessierte sich nicht für den erwachsenen Farang, der Hand in Hand mit einem kleinen, vierzehnjährigen Mädchen unterwegs war, das sogar noch jünger aussah. Er wusste ganz genau, weshalb wir zusammen waren und was wir vorhatten. Trotzdem waren wir ein merkwürdiges Pärchen. Er, der große weiße Europäer, und ich, das kleine Mädchen mit bronzefarbener Haut. Hans sprach langsam mit mir englisch, er benutzte auf dem kurzen Weg ins Hotel aber auch die thailändischen Wörter, die er kannte. Trotz der Angst, die ich verspürte, lächelte ich. Er hätte niemals herausfinden können, wie es in meinem Herzen wirklich aussah. Thais werden dazu erzogen, immer zu lächeln, ihren Schmerz zu verstecken und niemals ihren

Ärger zu zeigen. »Dschai yen« – »Bewahre ein kühles Herz«. Ich war darin wirklich gut!

Wir kamen zum Hotel, er bezahlte schnell das Taxi und zog mich an seine Seite. Er hatte es sehr eilig. Während er an der Rezeption den Schlüssel holte, saß ich in der Lobby. Die Frau am Empfang sah mich an, dann ihn, dann wieder mich, und sagte nichts. Ein sehr junges Mädchen, eigentlich ein Kind, in Begleitung eines erwachsenen Mannes, war womöglich kein so ungewöhnliches Bild für sie. Gemeinsam gingen wir zum Fahrstuhl.

Ein paar Augenblicke später standen wir vor seinem Zimmer. Mein Herz klopfte. Die Wirklichkeit holte mich ein. Erst jetzt begann ich zu verstehen, in welcher Lage ich mich befand. Ich wollte mich umdrehen und wegrennen, aber noch viel mehr wollte ich die 30.000 Baht. Wir betraten das Zimmer und gingen auf das Bett zu. Ich setzte mich auf den Stuhl, der am weitesten vom Bett entfernt stand. Hans bedeutete mir zu duschen. Ich reagierte nicht. Also duschte er. Wie angewurzelt saß ich auf dem Stuhl und versuchte mir vorzustellen, was nun passieren würde. Ich hoffte, er würde bis in alle Ewigkeit duschen, wusste aber, irgendwann würde er wieder auftauchen.

Ich überlegte, ob ich weglaufen sollte. Genug Zeit, abzuhauen und zur Bar zurückzukehren, hatte ich. Das viele Geld wollte ich so dringend haben, aber die Mama-san würde es mir bestimmt nicht geben, wenn ich zu schnell in die Bar zurückkehrte. Ich überlegte sogar, ob ich nach Ubon fahren sollte. Dann wäre ich eine Versagerin, weil ich nicht fähig war, meiner Mutter Geld zu schicken. Es rasten so viele Gedanken durch meinen Kopf, dass ich beinahe ohnmächtig geworden wäre. Hans tauchte nur mit einem Handtuch bekleidet in der Tür auf. Ich dachte nicht mehr über eine mögliche Flucht nach, nur noch darüber, was nun auf mich zukommen würde. Ich musste einen Weg finden, mit der Situation fertig zu werden, anstatt vor ihr zu wegzulaufen.

Hans kam auf mich zu, immer noch ahnungslos, wie viel Angst ich hatte, und zeigte auf die Dusche. Ich ging ins Badezimmer. So lange hatte ich noch nie geduscht. Ich war daran gewohnt, mit einer Schüssel stehendes Wasser aus einem Becken über mich zu schütten. Unter anderen Umständen hätte ich mich sicherlich über das warme Wasser aus der Leitung gefreut. Meine Gedanken kreisten jedoch um andere Dinge.

Nach 20 Minuten klopfte Hans an die Tür. Ich hatte sie verschlossen. Sicher hat er gesagt, ich solle herauskommen, aber ich war nicht bereit. Noch nicht. Auf Thai sagte ich zu ihm, er sollte warten. Kurz darauf verließ ich das sichere Badezimmer und ging ins Schlafzimmer. Ich hatte mich wieder vollständig angezogen. Hans zeigte auf ein Handtuch, aber ich wollte keines wie er tragen. Er sprach nur englisch, interessierte sich aber nicht besonders dafür, ob ich ihn verstand oder nicht. Ich lächelte. Dann bedeutete er mir, mich auszuziehen.

Ich wurde extrem nervös, und konnte nicht mehr richtig atmen. Er kam zu mir herüber, nahm meine Hand und geleitete mich zum Bett. Nun begann er, meine Bluse auszuziehen. Ich schämte mich, ohne Bluse neben einem Farang zu sitzen und schützte mich mit meinen Händen. Er fand das amüsant. Ich konnte nicht begreifen, weshalb er mich ausgewählt und so viel Geld bezahlt hatte. Es gab so viele Mädchen, die weitaus hübscher, reifer und sicherlich erotischer aussahen als ich.

Nun bedeutete er mir, dass ich meine Hose ausziehen sollte. Ich wollte aus dem Zimmer rennen und nie wieder einen Farang treffen. Vorsichtig knöpfte er meine Hose auf. Ich wagte nicht, mich zu rühren. Alles, was danach passiert ist, habe ich verdrängt.

Nachdem er fertig war, war Blut im Bett – mein Blut. Es war mein Eintritt in die Welt der Prostitution: Kinderprostitution. Das war die Welt, in der ich meine Jugend verbringen würde. Ich stand auf und blickte auf all das Blut. Ich betrachtete meinen kleinen nackten Körper mit dem an den Beinen herabrinnenden Blut im Spiegel. Mit der Faust schlug ich dagegen. Das angsteinflößende Spiegelbild meiner Gegenwart und Zukunft, das mir entgegenstarrte, zerbrach. Ich war todunglücklich, rannte ins Bad und übergab mich.

Wir fuhren zum GoGo zurück, wo ich mein Geld erhielt. Ich hatte es verdient – alles! Endlich hatte ich einen Wert für meine Familie. Ich hatte den Tod meines Vaters gesühnt. Meine Mutter würde überglücklich sein, wenn sie das Geld erhielt. Sie konnte sich bestimmt nicht vorstellen, dass ich in Bangkok so viel Geld verdiente. Nun könnte sie wieder erhobenen Hauptes durch das Dorf gehen. Sie würde das Geld ihren Freunden und Nachbarn zeigen können. Meine Mutter konnte auf das kleine schreckliche Mädchen, das sie mit grausamen Namen versehen hatte, stolz sein. Während meine Mutter sich nun kaufen konnte, was sie schon immer hatte haben wollen, würde ich nie mehr dieselbe sein. Doch der Verlust von Ehre und Würde ihrer Tochter würde sie nicht interessieren. Nach diesem Erlebnis, das mein Leben verändert hatte, kämpfte ich tagein, tagaus gegen das schreckliche Gefühl, das für immer meinen Geist trüben würde, mein Herz traurig machte und meinen Geist gestohlen hat.

Die Pflichten thailändischer Frauen

Wir Töchter spielen eine wichtige Rolle als Oberhaupt und oftmals einzige Einkommensquelle für unsere armen Familien in der Provinz. Ich habe diese Rolle früher und kompetenter als andere übernommen. Wichtiger noch, wir sind diejenigen, die für die finanzielle Unterstützung unserer Eltern verantwortlich sind, wenn sie alt werden. Wir müssen strikte Verhaltensregeln befolgen, uns um Familie und Haushalt kümmern sowie unsere Unabhängigkeit wahren. Armut in der Provinz, wenig Schulbildung und keine Aussicht auf wirtschaftliche Verbesserung lassen kaum einen anderen Weg zu, als den, in die Sexindustrie zu gehen. Nur so können Töchter ihre Familien unterstützen. Wir haben nicht nur die Pflicht, unsere Eltern zu unterstützen, sondern wir müssen ihnen auch unsere Dankbarkeit zeigen. Der Weg in die kommerzielle Sexindustrie – ob mit Farangs oder mit Thais – ist für viele Mädchen aus dem Isan Realität und darf nicht ignoriert werden.

In knapp einer Stunde hatte ich mehr verdient als in zwölf Monaten mit dem Wischen von Fußböden und dem Reinigen von Aschenbechern, während ich in Armut gelebt hatte. Manche Kunden haben mir erzählt, dass Thais arm sind, weil sie faul sind. Als diese Kunden so alt waren wie ich, spielten sie in ihrem Sportverein, gingen zu Fußballspielen und hatten feuchte Träume von Cheerleadern, während ich mit Ausländern schlief, um meine Familie zu unterstützen. Dafür zahlte ich den höchsten Preis: den Verlust meiner selbst.

Als ich ins GoGo zurückkam, gratulierten mir meine Kolleginnen und sagten, es sei nichts Besonderes dabei, mit einem Touristen zu schlafen. Es gibt viele Vierzehnjährige, die ihre Unschuld an Touristen, und Tausende mehr, die ihre Jungfräulichkeit für einen Bruchteil des Geldes an Einheimische verkaufen. Jeder in der Bar meinte, das Geld, das ich eine Stunde zuvor verdient hatte, sei eine Party wert. Meine Kolleginnen arbeiteten in diesem Job schon seit Jahren. Sie lebten auf hohem Niveau und konnten Ersparnisse anlegen. Mit dem in den GoGos verdienten Geld, konnten ihre Familien neue Häuser kaufen oder die alten reparieren. Es floss in Motorräder für die Brüder oder in Kleider aus Seide für die Eltern. Und in Partys, bei denen die Mädchen selbst nie dabei waren. Das Geld wurde auch in Goldschmuck und Kleidung für sie selbst angelegt. Für Mädchen wie uns gibt es keinen anderen Weg. Meine Freundinnen meinten immer, es liefe alles glatt, und es gebe nichts, worüber man sich Sorgen machen müsse. Die Möglichkeit, so schnell so viel Geld zu verdienen, war einfach zu verführerisch. Weder sie noch ich konnten widerstehen.

Ich war besonders jung und ängstlich, als ich anfing, mit Männern mitzugehen. Meine Freundinnen, die ich als meine Familie in Bangkok ansah, waren sehr »hilfsbereit«. Sie übersetzten und bestimmten den Preis, für den ich mit einem Mann schlafen würde. Sie stellten mich sogar einigen ihrer Stammkunden vor, die jüngere Mädchen mochten.

Mit 14 war ich sehr klein, ich bin es immer noch. Ich war zu jung – und sah noch jünger aus –, um in einer der Open-Air-Bars

BANGKOK – MEIN NEUES ZUHAUSE

oder in den GoGos als Tänzerin arbeiten zu können. Das machte es schwierig, potentielle Kunden zu treffen. Daher begann ich, als Freischaffende in die »Thermae« zu gehen, um Kunden zu suchen. Manchmal wartete ich zu Hause auf einen Anruf von einem der vielen Männer, die ich bereits getroffen hatte. Für die meisten GoGo-Tänzerinnen ist ihr Job nur ein Vorwand, um Männer zu treffen. Sie bekommen 3.750 Baht im Monat fürs Tanzen und mindestens 12.500 Baht pro Monat, manchmal mehr, wenn sie mit Kunden mitgehen. Damit ich in der Sexindustrie viel Geld verdienen konnte, gaben meine Freundinnen meine Telefonnummer an Männer weiter, die sich nach besonders jungen Mädchen erkundigten.

In meinem vierzehnten Lebensjahr war ich gerade groß genug, um in Discos hineinzukommen und selbst Männer zu treffen. Ich wurde eine Geschäftsfrau. All das Geld, das ich verdiente, gehörte mir – ausschließlich mir! Ich wollte kein Geld an einen Zuhälter verlieren. Die einzige Person, mit der ich mein Geld teilen musste, war meine Mutter. Sie würde mein Einkommen dafür benutzen, um in ihrem Dorf »Gesicht zu machen«.

Arbeit in der Nachtschicht, 14 Jahre alt

Meine drei Jahre in Bangkok

Von Thaimädchen wird verlangt, sich nach bestimmten Regeln zu verhalten. Sie dürfen weder stolz, hochmütig noch arrogant sein, nicht einmal bestimmt, wenn es um die eigene Würde geht. Thaimädchen sollen Demut, Ehrerbietung und Gehorsam ausstrahlen und abhängig und ängstlich bleiben.

Wir sind von Natur aus gehorsam und haben niemals eigene Ideen. Wir beten reiche Leute an sowie den Glamour, das Rampenlicht und die Macht, die mit Wohlstand verbunden ist. Kein Opfer ist zu groß, wenn man Geld verdienen und die Familie »Gesicht machen« kann.

In Europa träumen Mädchen davon, auf der Bühne zu stehen und wegen ihres Talents und ihres guten Aussehens Applaus zu erhalten. Viele wollen berühmte Rocksängerinnen oder bekannte Schauspielerinnen werden. Mädchen aus dem Isan haben diese Träume nicht. Sie kommen diesem Traum am nächsten, wenn sie in Bikinis – oder ohne – lasziv auf einer Bühne tanzen, und darauf warten, dass jemand einen Drink ausgibt, die Bar-fine bezahlt und sie mit nach Hause nimmt, um Sex zu haben. Mädchen aus verschiedenen Ländern haben unterschiedliche Träume. Mehr können wir nicht erhoffen, wenn wir aus dem Isan kommen.

Alle von uns, die in GoGos, Bars und Discos arbeiten, sind Mütter, Töchter, Schwestern und manchmal sogar Ehefrauen. Meine Geschwister in der Provinz waren zunächst sehr dankbar für jeden Baht, den ich ihnen schickte, damit sie zur Schule gehen, schöne Kleidung anziehen konnten und etwas Gutes zu essen hatten. Mein Bruder sorgte sich nur um meine Gesundheit, damit ich weiterhin arbeiten und meiner Mutter Geld schicken konnte, von dem er der direkte Nutznießer war. Mit der Zeit machte sich Sai meinetwegen nicht mehr viele Gedanken, aber immer noch mehr als meine Schwester Ying.

Der Lebenslauf der Mädchen, mit denen ich zusammenarbeitete, war ähnlich. Sie unterstützten ihre Mütter und Väter, Schwestern und Brüder, Kinder und viele andere Familienmitglieder. Auf dem Land gibt es keinen Unterschied zwischen nahen und entfernten Verwandten. Die Großfamilie ist immer die Familie. Selbst entfernte Verwandte eines »leichten Mädchens« profitierten von ihrem Job, von ihrem Opfer. Die Familie wird plötzlich größer, wenn Geld im Spiel ist. Wir unterstützen auch Familienmitglieder, die wegen fehlender Medikamente oder Impfungen oder durch Verkehrs- und Arbeitsunfälle Invaliden wurden. Allzu oft werden Impfstoffe, die eigentlich kostenfrei sein müssten, von staatlichen Verwaltern verkauft.

Ich tanze in den Discos

In einer der größten Sexhauptstädte der Welt, dem farbenfrohen und kosmopolitischen Bangkok, begrüßte ich Sextouristen mit einem unterwürfigen Blick und einem zaghaften Lächeln. Meine Erfahrungen als Teenager waren weit entfernt von denen der meisten 14 Jahre alten Mädchen, die in einer zivilisierten Gesellschaft leben. Einer Gesellschaft, in der Armut nicht das Leben bestimmt. Während Teenager in Europa und Amerika möglicherweise angesagte Rockbands hören und zu deren Musik tanzen, zu Partys gehen, wo jeder Pizza mit Peperoni und Mozzarella mag und kichert, wenn es darum geht, wer das letzte Stück essen darf, hielt ich Ausschau nach fetten, unrasierten, schmutzigen alten Männern, die nach Schweiß, Zigaretten und Alkohol stanken – um genug Geld zu verdienen, damit sich meine Mutter etwas leisten und meine Geschwister zur Schule gehen konnten. Als meine Mutter erfuhr, wie viel Geld ich verdiente, trug sie Scheuklappen, was die Geldquelle anbelangte, und ihre Forderungen nach mehr wurden immer lauter. Ich musste mich damit abfinden, dass es nun meine Aufgabe war, nicht nur den Tod meines Vaters finanziell wieder gutzumachen, sondern auch meine Mutter, meine Schwestern und den Rest der Familie zu unterstützen. Während andere Teenager die neuen Mel-Gibson- und Julia-Roberts-Filme sahen, über Ben Affleck sprachen, Popcorn aßen und shoppen gingen, tat ich Dinge, die man eigentlich nur in Pornofilmen sehen kann. Ich war erst 14 Jahre alt. Ich war alleine, ich war verzweifelt.

In einem Alter, das im Westen und sicherlich auch anderen Teilen der Welt als unschuldig angesehen wird, war ich auf mich selbst gestellt. Ich war unerfahren und ungebildet. Ich kannte keinen Weg, Geld zu verdienen, außer meinen Körper zu verkaufen. Ich musste mich nicht nur um mich selbst kümmern, ich musste auch Geld nach Hause schicken. Ich fühlte mich verlegen und beschämt. Ich fühlte mich schmutzig – schmutziger als die abstoßenden Männer, mit denen ich schlief. Mit jedem »käk« (Kunden) verachtete ich mich mehr, und es entstand eine weitere Wunde in meiner Seele. Zuerst merkte ich es nicht, aber ich begann mich selbst zu hassen. Selbst wenn ich mich vorher als wertvollen Menschen betrachtet hätte, war dieser Wert zerstört, bevor ich merkte, dass er überhaupt existierte. Bevor meine Selbstachtung die Möglichkeit hatte, Wurzeln zu fassen, zu wachsen und zu blühen, wurde sie von dem Gefühl der Wertlosigkeit in den Tiefen meiner Seele begraben. Ich war eine Hure! Obwohl ich gerade erst ein Teenager geworden war, wusste ich, was Herzschmerz und Abscheu bedeuteten – und ich war von diesen Gefühlen überwältigt. Ich konnte den Schmutz, den ich in jeder Pore spürte, nicht abwaschen.

DRITTES KAPITEL

FAMILIENWERTE IM ISAN: EIN WIDERSPRUCH IN SICH

*»Ich hoffe, nicht nur als Mann,
sondern als Mann aus dem Westen
wiedergeboren zu werden!«*

*»Männer sind Gold, Frauen sind Kleidung
Männer sehen aus wie Gold
Wenn Gold in den Schlamm fällt,
können wir es reinigen
Frauen sehen aus wie weiße Kleidung
Wenn sie in den Schlamm fällt,
Können wir sie niemals so reinigen,
dass sie wieder weiß sein wird.«*
Redensarten der Khmer

FAMILIÄRE FORDERUNGEN

Mein Leben unterschied sich kaum von dem der anderen jungen Mädchen in der thailändischen Sexindustrie. Wenn wir einmal in die »große Stadt« gingen oder in einen der Touristenorte, stellten unsere Familien immer größere Forderungen, was Geld anbelangte. Meine Mutter hob von meinem Konto täglich Geld ab. In ihren Anrufen ging es niemals um mein Wohlergehen. Stattdessen forderte sie in den Telefonaten immer mehr Geld. Sie wollte ein neues Sofa, einen Tisch, einen Fernseher oder einen Kühlschrank. Sie kaufte meinem Bruder alles, was sie sich leisten konnte – bezahlt von meinem Einkommen. Es ist in Thailand nicht ungewöhnlich, dass sich vierzehnjährige Töchter prostituieren, damit ihre Brüder Videorecorder und Motorräder kaufen können. Als meine Mutter meinem Bruder ihren Videorecorder gab, erwartete sie einen Ersatz. Sie verlangte einen Nudelwagen, weil sie eine Garküche eröffnen wollte. Nach einer kurzen Weile als Köchin meinte sie, dass das zu anstrengend sei. Sie hatte doch keine Ahnung, was Anstrengung bedeutete! Ich hatte mich an zehn alte Männer verkauft, pro Mann für 1.500 Baht, um diesen Nudelwagen zu kaufen, den sie dann so beiläufig aufgab.

Meine Mutter veranstaltete großzügige Partys für ihre Freunde, und sogar für Leute, die sie nicht kannte. Und all das mit dem Geld, das ich mit erniedrigenden sexuellen Diensten eingenommen hatte. Ich schickte meiner Mutter all den Goldschmuck, den mir meine Kunden schenkten, denn das wird von einer »guten Tochter« erwartet. Mir wäre niemals in den Sinn gekommen, weniger zu tun. Meine Mutter »machte Gesicht«, indem sie Partys veranstaltete und Gold trug. »Gesicht machen« ist nicht nur wertvoller als Ehre und Würde der Tochter, es ist sogar wichtiger als ihr Leben. Wir, die Frauen in Thailand, die nicht so viel Glück hatten, insbesondere die Töchter aus dem Isan, haben eine kulturelle Gehirnwäsche hinter uns, die uns unserer Familie zuliebe entehrt hat. Wir haben niemals gelernt, was Selbstachtung, also sich selbst als wertvoll ansehen, bedeutet. In diesem 21. Jahrhundert leben unsere Frauen immer noch wie im 14. Jahrhundert mit der thailändischen Maxime: »Frauen sind Büffel, Männer sind Menschen.« In anderen Worten: Unser einziger Wert liegt in der Arbeit – ansonsten sind wir entbehrlich. Es sollte noch viele Jahre und viele schlechte Beziehungen dauern, bis ich diese Wahrheit völlig verstand, und, wichtiger, akzeptierte, dass der einzige Wert, den meine Mutter in mir sah, darin bestand, Geld nach Hause zu schicken.

»Familienwerte« in den Provinzen des Isan sind heuchlerisch. Mädchen sind es nicht wert, eine Schulausbildung zu erhalten, und trotzdem wird von ihnen erwartet, dass sie die Hauptverdiener werden, die für die Grundbedürfnisse und das Wohlergehen der Familien verantwortlich sind. Wenn wir viel Geld verdienen, egal wie, dann haben wir das Stigma der Quelle außer Kraft gesetzt, die in meinem Fall die Kinderprostitution war. Unglücklicherweise ist das bei Millionen junger Frauen in ganz Südostasien der Fall. Auch wenn unser Verdienst den Missbrauch, den wir erleiden, für den Moment ausgleichen kann, wird unser seelisches Leiden schließlich zu physischen und psychischen Erkrankungen führen. Unser Geist zerbricht, unsere Körper zerfallen. Wir erkranken schon in

In der Peppermint Disco, 15 Jahre alt

jungen Jahren wegen des ungesunden Lebenswandels, dem wir uns aussetzen. Ich habe keine Frau getroffen, die sich von ihrer Arbeit in der Sexindustrie vollständig erholt hat.

Gemäß der Lehre des Theravada-Buddhismus, Thailands Religion, können Jungen Verdienste erwerben, indem sie für drei Monate als Mönche in einem Tempel leben. Das ist ihre einzige Familienpflicht. Andererseits wird eine Tochter erst dann anerkannt, wenn sie sich um ihre Eltern kümmert. Das kann kein Rezept für eine glückliche und erfolgreiche Familie sein! Familien im Isan kümmern sich nicht um ihre Frauen, aber Männer leben ohne schlechtes Gewissen von deren Geld. Wenn sie genug Geld verdient, d.h. wenn sie dabei hilft, dass ihre Familie viel »Gesicht macht«, dann kann sie im nächsten Leben als Mann wiedergeboren werden.

Wenn sie sehr jung sind, wird Töchtern im Isan folgende Geschichte erzählt: »Eine Familie schuldete einem dreckigen widerlichen Bettler Geld. Anstatt die Schuld zu bezahlen, schickten die Eltern ihre Tochter zu dem Bettler. Sie musste so lange das Bett mit ihm teilen, bis die Schuld abgetragen war.« Die »Moral« von der Geschicht: Eine dienstbare Tochter muss für ihre Eltern alles machen.

Gemäß dieser Geschichte werden Töchter oft als Arbeitssklaven in Fabriken und Bordelle geschickt – oft mit dem Wissen der Eltern. Oder die Töchter landen in Bangkok, Pattaya, Chiang Mai, Phuket oder Koh Samui, um dort in der Sextourismusindustrie zu arbeiten. Die Töchter des Isan tragen eine Verantwortung, die die Söhne niemals haben. Söhne gammeln zusammen mit ihren Eltern vor dem Haus herum, sie trinken und sind unproduktiv. Sie leben von der Prostitution ihrer Schwestern. So ein Verhalten wird nicht nur toleriert, es wird in den ärmeren Gegenden Thailands akzeptiert, allerdings ohne offen darüber zu reden.

Wenn ich in mein Dorf zurückkehre und in einem Haus wohne, in das viel Geld investiert wurde, kommt niemand auf die Idee zu fragen, woher das Geld stammt. Meine »Anstellung« ist kein Thema. Im Wesentlichen habe ich »Gesicht« gekauft. Andererseits, wenn ich nicht so viel Geld nach Hause geschickt hätte, wäre ich eine Hure. Es geht nicht darum, wer ich bin oder was ich mache, sondern darum, wie viel Geld ich nach Hause bringe, um meinen Status festzulegen. Geld kann in Thailand alles kaufen, auch die »Liebe« der eigenen Familie.

Manche Mädchen kehren in ihre Dörfer zurück, nachdem sie genug Geld gespart haben, und heiraten. Unglücklicherweise sieht der Bräutigam die Heirat oft nur als Möglichkeit, schnell an eine große Summe Geld heranzukommen. Nachdem er sich am Vermögen bedient hat, folgt die Scheidung. Es kann sogar sein, dass er seiner Frau vorschlägt, wieder in einer Bar zu arbeiten. Auf der anderen Seite werden viele Frauen keinen thailändischen Mann mehr treffen wollen, nachdem sie mit Touristen zusammen waren. Sie sehen Männer als Geldquelle an und nicht als Geldverbraucher.

Der Norden Thailands unterscheidet sich vom Süden, der Westen vom Osten. Der gesamte Isan »produziert« rund 80 % der Mädchen, die in der Sexindustrie arbeiten. Die meisten sind nur vier Jahre zur Schule gegangen, nur 25 % erreichten die siebte Klasse. Einige haben überhaupt keine Bildung. Statistiken zeigen, dass 40 % der Mädchen freiwillig in die Sexindustrie gehen, die übrigen 60 % werden gezwungen, genötigt oder hineingelockt.[2]

Einige Mädchen, die in Bars oder GoGos arbeiten, stammen aus Bangkok oder Zentralthailand, dem Norden oder Süden. Aber die Sprache in den Bars bleibt Isan, gesprochen von den Mädchen aus dem Nordosten. Es kommt sogar vor, dass Mädchen, die diesen Dialekt nicht beherrschen, Isan lernen, damit sie alle anderen Mädchen verstehen können.

Meinen Kunden habe ich immer gesagt, dass meine Mutter nicht wüsste, weshalb ich so viel Geld verdiene. Sie fanden das ziemlich amüsant. Ich erinnerte sie daran, dass Thailand das »Land des Glaubenmachens« ist. Ein Kunde fragte: »Wie kommt es, dass ein kleines Mädchen, beinahe noch ein Kind, kaum gebildet, nach Bangkok geht und monatlich 30.000 Baht nach Hause schickt? Deine Mutter muss das wissen! Es ist deine Kultur, die die Wahrheit leugnet!« Sie sagten, die Gesellschaft im Isan sei kulturell zurückgeblieben, und sie haben recht. Der Isan ist ein kulturell zurückgebliebenes Gebiet, in dem »Gesicht machen« wichtiger ist als die eigenen Töchter, und es ist diese Gesellschaft, meine Gesellschaft, die zur Entwicklung meiner Sichtweise beigetragen hat und sieben Jahre später zum Verrat an derselben.

Meine Kunden sagten mir, meine Mutter sei ein Vampir, der mir das Leben aussaugte, so dass sie Partys feiern und bei ihren Freunden »Gesicht machen« könne. Sie sagten, europäische Mütter verhungerten lieber, als Brot zu essen, das ihre Töchter durch Prostitution verdienten. Ich sagte ihnen: »Ich habe nur eine Mutter, und ich liebe sie.« Es ist nur eine Sache des »Gesichts«. Meine Mutter konnte nicht ihr Wissen über die Quelle meines Einkommens preisgeben. Ich konnte und kann nicht meine Missachtung für den Wert ihres »Gesichts« und den von Konsumgütern zeigen, alles wertvoller als ich selbst. Trotz allem liebe ich meine Mutter und werde sie immer lieben. Ich muss, denn schließlich bin ich eine Tochter des Isan. Es ist ein weitverbreitetes Verhalten, die Fassade aufrechtzuerhalten, so dass niemand im Heimatdorf weiß, wie die Töchter in Bangkok oder Pattaya ihr Geld verdienen. Es ist nichts anderes als eine Reflexion des Wertes von Frauen in der thailändischen Gesellschaft, speziell im Isan. Kultur im Isan ist eine Lehrstunde in Frauenhass. Er beginnt mit ihrer Geburt und begleitet sie das ganze Leben.

Thailand ist das perfekte Beispiel einer Gesellschaft, die sich nicht entwickeln kann, wenn nur eine Hälfte als wertvoll anerkannt wird. Je weniger Frauen in einer Gesellschaft wert sind, desto mehr verarmt die Gesellschaft. Afghanistan ist ein noch besseres Beispiel, ein Land, in dem Frauen wertloser als in jedem anderen Land der Welt sind. Der Status einer Frau, die Entwicklung einer Gesellschaft und deren Lebensstandard machen Hand in Hand Fortschritte. Nur wenn Frauen geschätzt werden, können sie zur Entwicklung der Gesellschaft beitragen.

Die Einwohner Thailands, Südostasiens und unzähliger anderer Kulturen führen Leben, in denen es nur darum geht, »Gesicht zu machen«. Es bestimmt, wie wir leben, was wir zu erreichen hoffen und wie wir die Realität wahrnehmen und darauf reagieren. Wir investieren in Prestige, anstatt uns um einen besseren Lebensstandard zu kümmern, der mit dem Wert von Menschen und der Entwicklung der Gesellschaft zu tun hat. Die vielen Kinder Südostasiens – oft vier bis sieben pro Familie – schicken Geld nach Hause, um ihre Familie zu unterstützen. Japanische Männer haben mir einmal erzählt, dass »in Japan das Geld von den Eltern an die Kinder geht« (auch wenn das Thema »Gesicht« auch in Japan nach wie vor wesentlich ist). In Thailand fließt das Geld den umgekehrten Weg. Europa und Amerika unterscheiden sich, was das betrifft, nicht von Japan. Das ist einer der Gründe, weshalb Japan und der Westen wohlhabend sind, und Thailand, und hier insbesondere die Provinzen des Isan, arm.

In einer unterentwickelten Gesellschaft werden Kinder mit zwölf Jahren selbstständig. Aus naheliegenden Gründen rangiert ihr Einkommen auf der untersten Stufe. Kinder in Europa oder den USA werden nicht selbstständig, bevor sie 18 Jahre, 22 Jahre alt oder älter sind, aber dann ist der Grad ihrer Selbstständigkeit sehr groß. Ich wurde im Alter von 13 Jahren selbstständig, als ich in Bangkok ankam. Ich war die Phantasie eines jeden Sextouristen und der Traum einer jeden Isan-Mutter – eine Tochter, die ihrer Mutter so viel Geld geben konnte, dass diese in ihrem Dorf »Gesicht machte«.

Als Kind hatte ich nie geplant, eine Freischaffende in Bangkok zu werden. Doch ich hatte keine andere Möglichkeit, meine Familie und mich aus dieser Öde, Hoffnungslosigkeit und Erniedrigung zu befreien. Die Erniedrigung, dass unsere Familie in Armut leben muss, ist bei Weitem schlimmer als die Demütigung, die wir ertragen müssen, wenn wir unsere Körper verkaufen. Das sozioökonomische System des Isan bietet keinen anderen Weg an, »Gesicht« zu verdienen. Ohne die Möglichkeit einer Ausbildung sehen wir diese tragische Möglichkeit als unseren einzigen Weg, und der ist allemal besser, als für immer ein Leben in Hoffnungslosigkeit zu führen.

VIERTES KAPITEL

ARBEIT IN BANGKOK

> »Zu viele Frauen aus zu vielen Ländern sprechen die gleiche Sprache des Schweigens.«
> Aus einem Leserbrief an die »Bangkok Post«

»THE FOOD CENTER«

Einer der vielen Jobs, die ich in meinen ersten zwei Jahren in Bangkok hatte, war der einer Kassiererin im »Food Center«, einem Restaurant, in dem es sowohl Thai- als auch Farangküche gibt. Das Lokal befindet sich in der Sukhumvit Road, Soi 5. Da ich in der Sukhumvit Road, Soi 93, wohnte, stand ich gegen 13 Uhr auf, duschte, zog mich an und nahm einen Bus der Linie 2 oder 26. Die Fahrt dauerte rund 30 Minuten. Bevor es voll wird, essen gegen 19 Uhr die Angestellten nach mehreren Stunden Arbeit zu Abend. Immerhin ist das Essen für die Mitarbeiter kostenlos, wenn auch in der Auswahl stark beschränkt.

Wenn ich um 23 Uhr meine Tätigkeit beendete, machte ich Kasse bis um 23.30 Uhr. Dann teilte ich die Trinkgelder unter den Angestellten auf, wir bekamen durchschnittlich zwischen 20 und 40 Baht pro Person. Das war das Ende meiner Schicht. Ich ging in das Badezimmer, und zog mich freizügig an, um die Blicke von Sextouristen auf mich zu ziehen. Meinen Kollegen erzählte ich, ich würde auf eine Party gehen. Ich ging zur Arbeit und sah aus wie

In meinem Zimmer

ein Kind auf einem Poster von Unicef. Nach Feierabend war ich aufreizend und begehrenswert.

Ich ging die vier Blocks zur »Thermae«-Bar in der Sukhumvit Road Soi 13 zu Fuß. Auf dem kurzen Weg fand ich meistens schon einen Kunden. Für einen Quickie bekam ich zwischen 700 und 1.000 Baht. Eine hübsche Vierzehnjährige, die nahe des Rotlichtviertels auf dem Weg zu einer der berüchtigtsten Bars in Südostasien unterwegs war, hatte keine Schwierigkeiten, die Männer auf der Straße zu treffen, die unterwegs waren, um Mädchen wie sie zu finden. Ich suchte sie, so wie sie nach mir Ausschau hielten. Immerhin war ich attraktiv, klein und frühreif. Großzügig leerten sie ihre Geldbörsen, während ich ihnen Spaß verschaffte und sie ihre Phantasien mit einer exotischen Lolita befriedigen konnten.

Als ich in »The Food Center« arbeitete, gab es dort zwei Kellnerinnen, eine Kassiererin, einen Koch und zwei weitere Mädchen an der Theke. Eines Morgens, so gegen 3 Uhr, sah mich der Koch mit einem Farang auf der Straße. Am nächsten Tag wusste es das ganze Restaurant. Ich verlor mein Gesicht, war aufs Peinlichste berührt und äußerst verärgert. Prostitution ist in den Touristengebieten von Bangkok ein Beruf, den man wählt, wenn man sonst keine Möglichkeit sieht, »gutes Geld« zu verdienen. Es wird auch nicht viel Aufhebens darum gemacht. Doch niemand im Restaurant wusste, dass ich diesen Weg gewählt hatte, um mir etwas dazuzuverdienen. Ich hatte allen etwas vorgemacht und ihnen das »brave Mädchen« vorgespielt. Nun war die Wahrheit ans Licht gekommen. Ich musste kündigen.

Beziehungskisten

Jörg war von Beruf Gärtner. Ich traf ihn im »Food Center«. Nachdem ich dort gekündigt hatte, wohnte ich für ein paar Monate bei ihm. Er war nett genug, mich zu unterstützen und zur Schule zu schicken. Das war mehr, als mein Land oder meine Mutter je für mich getan hatten.

Fast gleichzeitig traf ich auch Robert. Er war 30 Jahre alt, und sah sehr gut aus. Er gab mir für die erste Nacht 1.000 Baht (20 Euro) und versprach, mir für jeden weiteren Tag 300 Baht zu geben, wenn ich seine Freundin sein wollte. Ich akzeptierte sein Angebot, war aber trotzdem in der Lage, noch eine Menge Geld hinter seinem Rücken zu verdienen, inklusive dem von Jörg. Ich lehnte Roberts »garantiertes Gehalt« von knapp 200 Euro im Monat nicht ab, vergaß aber auch nicht, dass in und um die »Thermae« herum unbeschränkte finanzielle Möglichkeiten auf mich warteten.

Das Schicksal wollte es, dass sowohl Robert als auch Jörg in den Sai Ban Pen Apartments in der Nähe des Malaysia Hotels wohnten. Robert wohnte im vierten Stock, Jörg im zweiten. Immer wenn ich Robert sagte, ich würde nun nach Hause gehen, verlangte ich meine 300 Baht. Dann ging ich hinunter in den zweiten Stock zu Jörg. Wenn ich Jörg sagte, ich würde nach Hause gehen, ging ich wirklich nach Hause. Eines Tages waren beide gleichzeitig in der »Thermae« und unterhielten sich. Dass sie recht schnell herausfanden, dieselbe Freundin zu haben, ist wohl überflüssig zu erwähnen. Daraufhin brach in der Bar eine Schlägerei aus.

Jörg war ein guter Mensch. Er wollte, dass ich mit ihm nach Deutschland komme, um sich dort um mich zu kümmern. Die deutsche Botschaft teilte mit, dass ich kein Visum bekommen könne, weil ich erst 15 war. Nun fragte ich ihn, ob er mir 6.000 bis 8.000 Baht pro Monat für meinen Lebensunterhalt und die Schule überweisen könnte, solange er weg war. Er erklärte sich einverstanden und flog kurz darauf nach Deutschland zurück. Ich ging nicht sehr lange zur Schule. Doch das vergaß ich ihm zu sagen, denn ich hatte kein Interesse daran, mein Einkommen zu gefährden. Jörg hatte Fotos meiner niedlichen Schwestern gesehen. Immer wenn ein Mann erfuhr, dass ich mich um meine Geschwister kümmerte, war er bereit zu helfen.

Steve aus Amerika

Als Jörg weg war, traf ich Steve, einen sehr netten Amerikaner, der als Lehrer in Chiang Mai arbeitete. Er sagte mir, ich sei niedlich, eine Beschreibung, die ich oft hörte. Er sagte auch, er hätte kein Geld, wollte aber trotzdem mit mir zu ihm nach Hause gehen. Ich fragte: »Wie, du hast kein Geld?!« Er sagte, er würde in seinem Zimmer nach welchem suchen. Im Hotel meinte er, ich sähe viel zu jung aus. Ich sagte, ich sei 17. Er glaubte mir nicht. Das Mädchen an der Rezeption musste ihm die Angaben auf meinem Personalausweis vorlesen. Sie log für mich, denn ich war erst 15. Steve und ich duschten zusammen, küssten uns und schliefen miteinander.

Steve musste nach Chiang Mai zurück, und ich versprach, ihn zu besuchen. Er nahm den Zug. Das machen die meisten Farangs

Immer im Mittelpunkt

in Thailand. Ich fuhr mit dem Bus nach Chiang Mai. Das machen die meisten Thais. Die Fahrt dauerte zwölf Stunden, Steve holte mich vom Busbahnhof ab. Ich hatte Thailand nie bereist und war froh, einmal etwas mehr von meinem Land zu sehen. Leider musste ich schnell herausfinden, von einer Beziehung mit Steve nicht das große Geld erwarten zu können. Er wäre niemals fähig gewesen, meine Familie zu unterstützen, also fuhr ich nach Bangkok zurück.

Mein Wunsch, in einer »normalen« Beziehung zu leben, wurde zerstört, weil ich meine Familie finanziell unterstützen musste. Um das tun zu können, musste ich mich dem nächstbesten Mann an den Hals werfen und versuchen, sofort an sein Geld heranzukommen.

Das »Gesicht« meiner Mutter oder mein Glück

Die beiden Beziehungen, die ein Bargirl meistern muss, sind die zwischen ihrer Familie und ihren Kunden. In den seltenen Fällen, in denen ich einen netten jungen Mann traf, von dem ich dachte, dass ich gern mehr Zeit mit ihm verbringen wolle, musste ich abwägen, ob meine Verantwortung gegenüber meiner Mutter oder mein Verlangen nach aufrichtiger Zuneigung wichtiger war. Kein Mann der Welt wäre bereit gewesen, mein Gehalt, das ich in den GoGos verdiente, zu kompensieren, nur damit ich länger mit ihm zusammenblieb. Meine Mutter würde erwarten, dass ich immer den gleichen Geldbetrag nach Hause schickte. Tag für Tag, ob »Regen oder Sonnenschein«, egal, mit wem ich zusammen war.

Es war ihr egal, ob ich in einer glücklichen Beziehung lebte oder als Prostituierte arbeitete. Außerdem hielten junge Männer nach Freundinnen Ausschau, und nicht nach Barmädchen mit Parasiten als Mütter. Ich konnte nicht mit einem netten jungen Mann zusammen sein, weil meine Mutter mich bis in alle Ewigkeit bedrängen würde, weshalb ich ihr nicht mehr so viel Geld »wie früher« schickte. Sie war nur daran interessiert, dass ich ihre unstillbare Gier nach Geld und Konsumgütern, die sie »Gesicht machen« ließen, stillte.

Die meisten Bar- und GoGo-Girls sind wie ich Isan. Wir sind keine ethnischen Thais. Unsere Wurzeln liegen in Laos. Der Unterschied ist, dass wir dunklere Haut und breitere Gesichter als ethnische Thais haben. Wir sind Leute vom Land in der ärmsten Region Thailands. Man behandelt uns anders als Thais.

Meist sind wir nur drei, vier, manchmal sechs Jahre zur Schule gegangen und für nichts qualifiziert, außer für die schlechtbezahlten Jobs – und die Prostitution.

Wir kommen aus Familien, die nicht nur wirtschaftlich verarmt, sondern oftmals regelrecht kaputt sind. Es ist nicht ungewöhnlich, dass viele Mädchen von ihren Onkeln und Stiefvätern belästigt oder sogar missbraucht werden.

Wenn wir uns einmal entscheiden sollten, unseren Beruf an den Nagel zu hängen, würde es uns kaum möglich sein, in Touristenorten wie Bangkok oder Pattaya einen Job zu bekommen. Arbeitgeber würden denken – und damit liegen sie richtig –, dass wir mit harter Arbeit und wenig Geld nicht lange zufrieden wären. Sie wissen, dass wir sofort verschwinden würden, wenn uns ein Tourist für ein paar Tage an seiner Seite wissen will. Dafür würde er uns ein Monatsgehalt zahlen und uns mit Geschenken überschütten. Vor ein paar Jahren schrieb ein Restaurantbesitzer in Bangkok: »Eine gute Kellnerin kann ich nicht für länger als ein paar Monate unter Vertrag halten. Touristen oder Auswanderer machen ihr ein Angebot, das sie nicht ablehnen kann, und damit kann kein Restaurant mithalten.«

Die Sextouristen

Sextouristen besuchen GoGos, Discos und Bars in Südostasien, weil sie hier Sex und Gesellschaft suchen. Ich vermute, dass sie zu Hause von beidem nicht genug bekommen. Mit den Jahren habe ich so einige Erfahrungen gemacht.

Sextouristen sind nicht die bestaussehenden Männer der Welt, nicht so wie die in den amerikanischen Spielfilmen oder wie im Fernsehen. Wenn jemand gut aussieht, dann ist er so eingebildet, dass er glaubt, er müsse nicht bezahlen. Niemand sieht so gut aus! Aus diesem Grunde meiden wir oft die jüngeren und attraktiveren Männer.

Ältere Männer zahlen besser. Das war schon immer so und wird immer so sein! Sie haben auch mehr Respekt vor uns, trinken nicht so viel und »rasten« seltener aus. Viele dieser Männer kommen nach Thailand, weil ihre Frauen sie verlassen haben. Sie sehen ihre Familien nicht oder sie haben zu Hause keine Freundin. Manchmal sind sie nur hier, weil sie Gesellschaft suchen, dies mag noch nicht einmal einen sexuellen Hintergrund haben, auch wenn es den meistens gibt. Thais kennen dieses soziale Problem nicht, nicht einmal die Ärmsten der Armen aus dem Isan. Wenn Sextouristen eines Tages die Probleme der Armut kennen oder verstehen würden, wären sie möglicherweise fähig, sich mit ihren eigenen Problemen in Europa, Australien oder den USA abzufinden. Viele ihrer Probleme haben sie selbst zu verantworten.

Manche unserer Kunden behandeln uns wie Freundinnen, andere wie ihre Frauen und wieder andere wie Müll. Es ist eine Frage des Respekts. Der Dienst, den wir dem Kunden erweisen, ist eine Frage, wie respektvoll das Verhalten ist, das er uns entgegenbringt.

In den GoGos gibt es Männer, die uns ständig angrabschen. Es würde diesen »Barbaren« niemals einfallen, dass wir menschliche Wesen sind. Ich glaube sogar, dass es nicht viele Menschen auf der Welt gibt, die Prostituierte als lebende und atmende Menschen ansehen. »Sie sind nur Huren, mach, was du willst«, wird oft gesagt. Was die meisten Männer anbelangt, so sind wir nur Sexobjekte.

Ich habe häufig daran gedacht, dass ich gerne Fotos von diesen Männern gemacht hätte, um sie dann zu ihnen nach Hause zu schicken, zu ihren Frauen, Müttern, Töchtern oder Arbeitgebern. Ich habe mir bei diesem Gedanken oft ins Fäustchen gelacht. Ich allein wäre dafür verantwortlich, dass diese brutalen, unhöflichen, unreifen und unsensiblen Langweiler ihren Job verlieren. Wir können sehr böse werden, sogar empört sein! Wir benutzen unsere Körper, um unseren Lebensunterhalt zu verdienen, aber wir sind kein kostenloses Sonderangebot.

Bezahlung legt den Grad der Entwürdigung fest. Bezahlung entschädigt uns für Anfassen und Sex. Die meisten Mädchen machen sich nichts daraus, wenn sie berührt werden, solange dafür zum Ausgleich Drinks spendiert und Trinkgelder gezahlt werden. Das wird als gerechter Ausgleich angesehen. Diejenigen, die meinen, uns umsonst angrabschen zu können, gelten als respektlos. Auch wenn es für manche eine Überraschung sein mag, auch wir GoGo-Girls haben unsere Standards.

Bar- und GoGo-Girl-Etikette

Einige der Männer, die meine Freundinnen und ich getroffen haben, wollten, dass wir mit ihnen ein paar Wochen, ein paar Monate oder länger verbringen. Wenn andere Kunden jeden Tag ein anderes Mädchen wollen, so ist das deren Sache. Wir machen uns nichts daraus, wenn sie diese Entscheidung treffen. Auf der anderen Seite ist es unakzeptabel, wenn ein Kunde ein Mädchen mit nach Hause nehmen will, obwohl er die Nacht zuvor mit einer Arbeitskollegin verbracht hat. Das wird als extrem unhöflich und respektlos angesehen. Wenn ein Tourist mit einem Mädchen nicht zufrieden war, sollte er in ein anderes GoGo gehen. So ist die Regel. Die beiden Mädchen werden sich sonst unausweichlich in die Haare bekommen, denn die Erste verliert ihr Gesicht, weil sie nicht ein zweites Mal mit dem Kunden mitgehen darf. Das zweite Mädchen bekommt Geld, das eigentlich der Ersten zusteht. So sehr die Mama-san an der Bar-fine interessiert sein mag, so wenig wünscht sie sich, dass zwei Mädchen wegen eines Kunden Streit beginnen.

In Europa mag nichts dabei sein, wenn sich Leute gegenseitig am Kopf berühren, in Thailand geht das nicht. Hier herrscht ein kultureller Unterschied, den viele Ausländer nicht akzeptieren. Einige Mädchen haben sich daran gewöhnt, denn sie hoffen, dass dann auch eine Bar-fine für sie bezahlt wird. Trotzdem würden wir es bevorzugen, nicht am Kopf angefasst zu werden. Es ist ein buddhistischer Grundsatz. Wir verlangen von Touristen nicht, ihn zu verstehen, aber wir können doch erwarten, dass er befolgt wird. Es ist die erste oder zweite Regel, die in jedem Reiseführer über Thailand steht.

Meine Freundin Nän

Als ich in der Patpong arbeitete, traf ich ein hübsches Mädchen in meinem Alter. Ihr Name war Nän. Das erste Mal sah ich sie in der »Crown Disco«. Wir waren beide 14, und beide waren wir hier, um Touristen zu treffen. Da wir im selben Alter waren, denselben Dialekt sprachen und beide versuchten, unsere Armut zu besiegen, wurden wir schnell Freundinnen. In der Patpong waren wir Stars: jung, hübsch und ziemlich wohlhabend. Das war ein so unglaublich anderes Leben als das, das wir in unserem Dorf führten!

Nän blieb für lange Zeit meine beste Freundin. Sie kam aus Mukdahan, einer Stadt im Isan am Mekong an der Grenze zu Laos. Die Einwohnerzahl ist eher niedrig, und viel gibt es dort nichts, was mit Geschäftemachen oder Tourismus zu tun haben könnte. Ihr Dorf, genau wie meines, bot keine Aussicht auf ein besseres Leben. So kam sie wie ich nach Bangkok, um ein besseres Leben zu führen.

Nän traf bereits Männer, als sie 13 war. Genau wie ich hatte sie niemals eine Kindheit. Sie kam aus ärmlichen Verhältnissen und sah keine andere Möglichkeit, sich selbst zu helfen. Von ihrer Familie wurde sie nicht unterstützt. Sie gehörte zu denjenigen, die noch früher als ich auf sich selbst gestellt waren. Wir tanzten beide in Discos und verdienten gutes Geld. Wir teilten uns ein Zimmer und führten ein »komfortables« Leben, wenn man bedenkt, dass wir als Freischaffende arbeiteten und Touristen trafen, um unseren Unterhalt zu verdienen. Wir hatten immer viel Geld und konnten machen, was wir wollten, hingehen, wohin wir wollten, essen, was wir wollten und kaufen, was wir wollten. Wir hatten das nötige Kleingeld, um im »Land der Täuschung« »Gesicht zu machen«.

Nän konnte nicht sehr gut englisch sprechen, aber ihr Aussehen glich das wieder aus. Sie war 15 cm größer als ich und schlanker. Sie hatte längere Gliedmaßen, größere Brüste, hellere Haut und Haare und feinere Gesichtszüge. Auf der anderen Seite war ich hübsch, zierlich und konnte etwas englisch sprechen. Ich lernte diese Sprache schnell, denn je besser ich englisch sprechen konnte, desto mehr Geld konnte ich verdienen. Um die Wahrheit zu sagen: Die Sprache half mir, die Kunden um ihr Geld zu erleichtern. Glücklicherweise war ich eine gelehrige Schülerin.

Nän verdiente viel Geld mit Farangs oder asiatischen Männern, die sie auf der Straße traf oder an Orten, an denen diese Männer nach minderjährigen Mädchen suchten. Sie nahm das Geld – sehr viel für eine Vierzehnjährige in Thailand – und ging in Thai-Discos. Dort spendierte sie gut aussehenden Thais Drinks und gab vor, aus einer Familie der Mittelklasse zu stammen. Das war ihre Flucht aus der Realität. Mein Verhalten war das genaue Gegenteil. Ich wäre niemals auf die Idee gekommen, etwas für thailändische Männer zu tun. Es interessierte mich nicht, was sie von mir hielten, und ich wollte ihnen nicht helfen oder ihre Anerkennung gewinnen. Ich mochte keine thailändischen Männer. Ich stellte sicher, dass von meinem Geld so viel wie möglich an meine Familie ging, und dass meine Geschwister nicht eines Tages das tun müssten, was ich gerade tat. Nän hatte niemanden. Sie musste sich nur um sich selbst kümmern. Mit 13 Jahren hatte sie ihre Familie verlassen und war seitdem ohne Kontakt zu ihr.

Ich ging immer mit Farangs, während Nän manchmal mit Asiaten aus Japan oder Hongkong ging. Das lag aber nicht an ihren fehlenden Englischkenntnissen – Farangs gefällt es nicht, wenn wir viel erzählen. Da sie eine hellere Hautfarbe hatte, fühlten sich

Nän und ich in der Peppermint Disco mit 15 Jahren. Wenn die Sextouristen uns an der Tür sahen, blieben sie wie gebannt stehen.

Asiaten zu ihr hingezogen und wollten sie unbedingt haben. Sie mochte es auch, wie asiatische Männer sie behandelten. Im Gegensatz dazu mochte ich, wie Farangs mit mir umgingen. Ich hätte nie in Betracht gezogen, mit einem Asiaten wegzugehen, auch dann nicht, wenn er mehr bezahlt hätte. Ich hatte meine Vorlieben und Nän hatte ihre.

Nän und ich verdienten mehr Geld als die meisten anderen Mädchen. Das lag nicht daran, dass wir jung waren und gut aussahen. Die meisten Touristen sind aus dem einfachen Grund hier, weil sie Sex suchen, den sie sonst nicht finden können. Nicht in ihrem Heimatland und schon gar nicht mit so jungen und attraktiven Mädchen. Es ist aber auch richtig, dass manche Männer eher ungewöhnliche Vorlieben haben. Sie wollen Sex mit zwei Mädchen anstatt mit einem. Das war der Punkt, an dem Nän und ich auf den Plan traten. Wir brachten das Gespräch oft auf einen Dreier, wenn ein Mann nur Interesse an einer von uns hatte. Die meisten Männer wollten ein Mädchen, aber manche konnten überredet werden, dass ein Dreier ihre sexuellen Phantasien erfüllen und den Höhepunkt ihres Urlaubes darstellen würde. Sie zahlten einen Aufpreis für diesen Service. Wenn der Preis für eine Nacht 1.000 Baht betrug, bekamen Nän und ich zusammen in der Regel 4.000 Baht. Doppeltes Geld für halbe Arbeit.

Wenn Nän und ich einen Typen abschleppten, wollte sie immer lange mit ihm zusammenbleiben, während ich nur ans Geschäft dachte. Nän wollte Freundschaften schließen, ich wollte Geld verdienen. Sie war sehr freundlich und gab vor, sich für die Belange der Kunden zu interessieren, auch wenn sie nie verstand, wovon sie redeten. Das hat mich immer irritiert. Ich war an nichts anderem interessiert als dem nächsten Baht. Jede Minute, die ich mit einem Mann verbrachte, war eine Minute, die mir weggenommen wurde, in der ich einen neuen Kunden hätte aufspüren können. Ich hatte es immer eilig und versuchte, einen Typen glücklich genug zu machen, damit er uns so schnell wie möglich bezahlte. Dann konnten wir sofort zurück in die Disco, um den nächsten zu treffen.

Schwanger

Ich war 15 Jahre alt und traf seit einigen Monaten einen Briten. Er behandelte mich sehr gut, ich war so froh, mit ihm zusammen zu sein, dass ich bei ihm wohnte. Er war sehr viel älter als ich, aber jünger als die meisten Männer, die ich in der Patpong getroffen habe. Schließlich kam der Moment, an dem er nach Hause zurück musste. Ich war darüber sehr traurig. Gleichzeitig hoffte ich, dass dies meine »Fahrkarte« aus Thailand heraus sein könnte. Ich war voll stiller Erwartung und verzweifelter Hoffnung, dass er mich fragen würde, ob ich mit ihm nach Hause fliegen wolle.

Er war einer der ersten Farangs, mit denen ich wirklich zusammenbleiben wollte. Wie so viele Mädchen in der Patpong hoffte ich jenseits aller Vernunft, dass mich jemand aus dem Westen mitnehmen würde – ganz weit weg von Thailand. Das ist der Traum im tiefsten Inneren eines jeden Bargirls – dass sie eines Tages einen Mann trifft, der sie wirklich liebt und sie mitnimmt, um ein besseres Leben zu führen. Natürlich gehört dazu auch, dass er sich um die finanziellen Belange ihrer Familie kümmert – für immer. Einen festen Freund zu finden ist nur der erste Schritt. Er muss zum zweiten dazu gebracht werden, zu wünschen, dass sie nicht mehr in der Bar arbeitet. Im Gegenzug müsste er ihr den finanziellen Ausfall erstatten. In Thailand zu heiraten oder ein Heiratsvisum ins Heimatland des Verlobten zu erhalten ist der dritte Schritt. Ich stand auf der ersten Stufe dieser Leiter und tief, tief in meiner 15 Jahre alten Phantasiewelt war ich ungeheuer glücklich.

Eines Tages sagte er mir also, dass er nach Hause zurück müsse – allein. Ich litt unter Liebeskummer. Ich hatte mich nicht nur in ihn verliebt, auch meine geheimen Träume, nach Europa zu gehen, ein schönes neues Leben zu führen und die Sexindustrie für immer hinter mir zu lassen, platzten wie eine Seifenblase. Als er zurück nach England ging, ging ich zurück zur Arbeit. Ich blieb in den Discos bis 2 Uhr morgens und anschließend in der »Thermae« bis Sonnenaufgang oder bis ich einen Kunden finden konnte. Ich hätte England bevorzugt. Trotz des schlechten Wetters.

Wir waren etwas über einen Monat getrennt, als meine Regel ausblieb. Zuerst dachte ich nicht weiter darüber nach. Als sie auch den zweiten Monat aussetzte, wurde mir bewusst, dass ich schwanger war. Ich konnte es nicht glauben. Ich wollte keine Mutter sein, ich war erst 15 Jahre alt. Wenn ich das Kind bekommen würde, wäre ich glücklich, ein Baby zu haben. Es gab so viele Möglichkeiten: Wir könnten heiraten und in England leben. Ich könnte mit unserem Baby ein Visum bekommen. Oder er könnte mir Geld überweisen, und ich könnte mich hier um unser Baby kümmern. Oder er könnte zweimal im Jahr nach Thailand kommen und hier für einen Monat bleiben. Nicht unüblich bei Männern aus dem Westen, die mit Thais verheiratet sind und Kinder haben. Egal wie letzten Endes unsere Entscheidung aussähe, ich wusste, ich habe ihn, und er würde mich haben – für immer! Auch wenn ich im Grunde nicht bereit war, ein Kind zu bekommen, so war ich geneigt, alles zu tun, um diesen Mann zu behalten und die Zukunft meiner Familie sicherzustellen.

Das brutale Erwachen kam, als ich mit ihm telefonierte. Ich erklärte ihm alle Möglichkeiten, die wir hatten. Er antwortete mit einer, die mir nie in den Sinn gekommen war. Er versprach, Geld für eine Abtreibung zu überweisen. Ich war überrascht, hatte Angst, und fühlte mich schrecklich verletzt. Ich sagte: »Ich bekomme ein Baby und keinen Hund.« Ich weinte und sagte, wir könnten es nicht töten wie ein Tier auf einer Farm. Er zeigte kein Interesse an mir oder dem Baby – meinem Baby, seinem Baby, unserem Baby! Er wollte keine Verantwortung für unser Kind übernehmen. Er würde nicht mehr tun, als mir Geld für die Abtreibung zu überweisen. Er wollte nicht länger mein Freund sein, er wollte nie mein Ehemann werden. Meine Träume von meinem Kind, meiner Heirat und der Zukunft meiner Familie in Ubon lösten sich im schwarzen Nichts eines Telefonates auf.

Ich konnte nicht arbeiten und Geld nach Hause schicken, wenn ich dieses Baby hatte. Widerstrebend und unter Tränen nahm ich das Geld und trieb ab. Der Schmerz über diesen Verlust ließ sich nicht so einfach abschütteln. Anstatt ein komfortables Leben in Europa zu führen, ging ich nun ins Krankenhaus, um das Leben meines ungeborenen Kindes zu opfern, damit ich meine Familie weiter unterstützen konnte. Ich musste mir im Klaren darüber

Hoffnung auf Heirat – mit 15 so verliebt

ARBEIT IN BANGKOK

sein, dass der Zeitpunkt, an dem ich Armut und Entwürdigung hinter mir lassen würde, noch nicht gekommen war. Ich würde zu meinem Leben als Freischaffende zurückkehren müssen. Ich war verzweifelt, und hatte trotzdem keine Zeit, meinen Gefühlen nachzuhängen.

Von frühester Kindheit an wird uns gesagt, dass wir »Mädchen« sind, bis wir ein Baby bekommen. Erst mit der Geburt eines Kindes wird man in der thailändischen Gesellschaft als »Frau« angesehen. Mit anderen Worten, wir müssen erst »Mutter« werden, um den Titel »Frau« zu verdienen. Wir werden nie als Individuen angesehen. Wenn wir Kinder haben, dann haben wir wenig Zeit, Kraft oder Geld, uns um die anderen Belange des Lebens wie Ausbildung oder Job zu kümmern. Die Gesellschaft bewertet uns nach unseren Leistungen als Mutter und/oder nach unseren Beziehungen zu den Männern in unserem Leben – Väter, Brüder, Ehemänner. Mittellose Thailänderinnen werden niemals als produktive Menschen angesehen, als Individuen mit eigenen Rechten, auch wenn sie für ihre Familien finanziell verantwortlich sind.

Thailand ist eine Nation, die hauptsächlich auf Landwirtschaft aufgebaut ist. Arme Thais arbeiten in der Regel unter freiem Himmel. Sie sind unerträglicher Hitze und staubiger Luft ausgesetzt. Sie arbeiten von Sonnenauf- bis lange nach Sonnenuntergang, und sind daher oft bereits mit 50 Jahren physisch völlig erschöpft. Eine Frau mit 50 sieht oft wie 60 oder 70 aus. Sie braucht ihre Kinder, um finanziell abgesichert zu sein, wenn sie nicht mehr arbeiten kann. Kinder sind nicht nur ein Sozialversicherungssystem für ihre Mütter, sie sind viel mehr. Thailändische Männer haben den Ruf, alles andere als monogam zu sein. Sie gehen fremd, wenn ihre Frauen jung sind, und sie gehen ständig fremd, wenn ihre Frauen älter werden. Asiatinnen, speziell Thailänderinnen, haben Kinder, damit sie jemand liebt und sich um sie kümmert, wenn die Ehemänner längst weg sind.

Bangkok John

Zwei Jahre hatte ich in Bangkok gearbeitet. Ich hatte Kunden im »Cockatoo Club« hinterhergeputzt, an der Kasse im »Food Center« gesessen und selbstständig Kunden »bearbeitet«, als ich einen Amerikaner traf, der John hieß. Er arbeitete für eine große amerikanische Firma mit einer Filiale in Bangkok, und er verdiente viel Geld. Er hatte ein tolles Haus, ein schönes Auto, einen großen Fernseher, ein Handy, als noch niemand eines besaß, und noch viel mehr. Er zeigte mehr Interesse an mir als irgendjemand vor ihm. Es dauerte nicht lange, bis ich herausfand, in welche Richtung dieses Interesse ging.

John hatte so viel Geld, dass er sich alles kaufen konnte, was er wollte, insbesondere in einem armen Land wie Thailand. Er mochte sein Geld und gab es freigiebig aus. Er aß gut zu Abend, wartete niemals auf etwas, da er einfach seine Brieftasche zückte und für das zahlte, was er wollte. Wenn im Rest der Welt mit Geld alles geht, so geht in Thailand mit Geld noch viel mehr. John kannte viele Besitzer von Bars und Restaurants, und eine Reihe reicher Amerikaner, die in Bangkok lebten. Manch einer wird gedacht haben, John gehöre die Stadt, wenn er um die Häuser zog. Er blieb lange auf und genoss alles, was Bangkok zu bieten hatte – auch junge Mädchen wie mich. John hatte eine Vorliebe für uns. Und er hatte besondere Wünsche. Ich war nicht die erste und auch nicht die einzige Fünfzehnjährige, die er traf. Er wusste, wo Mädchen wie wir arbeiteten, und er suchte die Stadt nach uns ab. Zwar gab es viele Männer, die junge Mädchen wie mich mochten, aber er war derjenige, zu dem ich mich am meisten hingezogen fühlte.

John und ich sahen uns relativ regelmäßig, mindestens einmal pro Woche. Er war ein wenig anders und etwas grober als die meisten Männer. Ich dachte immer, dass er etwas Eigenartiges an sich hatte, aber ich war mir nicht sicher, was es war. Wir kannten uns schon eine Weile, als ich herausfand, worauf er wirklich hinauswollte. John hatte sehr ungewöhnliche Bedürfnisse. Er mochte nicht nur junge Mädchen, er wollte sado-masochistischen Sex mit ihnen. Ich war noch niemals zuvor mit einem Mann zusammen gewesen, der Interesse an S & M gezeigt hatte. Es war fern meiner Vorstellung, dass ein Mann Spaß daran haben konnte, mich zu schlagen. Wie konnte ihm so etwas gefallen? Welchen Nutzen konnte er daraus ziehen, meinem kleinen Körper Schmerz und Wunden zuzufügen? Ich dachte, ich sei jemand, zu dem er sich hingezogen fühlte, jemand, von dem er sexuellen Freuden empfangen wollte. Wie konnte er mir absichtlich Schmerzen zufügen wollen? Ich fragte mich, woher er diese Perversionen hatte. Ob seine Familie davon wusste?

Mein Englisch musste nicht wirklich gut sein, um zu verstehen, wie viel Geld John mir anbot, damit ich das Objekt seiner Perversionen wurde. Und er musste nicht Thai sprechen, um zu verstehen, dass ich mich einverstanden erklärte. Er zahlte nicht nur gut, er zahlte außerordentlich gut. Im Grunde war er der bestzahlende Stammkunde, den ich je hatte. Er gab mir das Doppelte von dem, was die Männer sonst zahlten. Ich lernte, mit seiner bizarren Persönlichkeit und seinen perversen Gewohnheiten zu leben. Doch ich hasste es, mit ihm zusammen zu sein, und ich hasste mich selbst noch mehr. Trotzdem konnte ich mich dazu durchringen, diesen Wahnsinn mitzumachen – für das große Geld.

Geld ist alles in Thailand. Geld ist so wichtig, dass Thais – arm oder reich – dafür fast alles machen. Ich hatte nicht nur mit 14 angefangen, mit Männern zu schlafen, nun, ein Jahr später, war ich für 15, 20 oder 30 Euro Aufpreis bereit, jede sexuelle Perversion zu erfüllen. Während europäische und amerikanische Teenager in der neunten Klasse gerade den Sex entdeckten, ließ ich mich für die großzügige Summe von 50 oder 60 Euro brutal misshandeln, und opferte meinen Körper und meine Seele.

John war früher einmal verheiratet gewesen und hatte eine Tochter, die in den USA lebte. Als sie einmal nach Thailand kam, hatte ich Gelegenheit, sie zu treffen. Was ich über sie erfuhr, war interessant, was ich über John herausfand, noch viel mehr. Sie war ein großes, schlankes und hübsches Mädchen von 13 Jahren, und verfügte über all die Eigenschaften, die ich gerne gehabt hätte: lange Beine, blonde Haare, helle Haut und blaue Augen. Johns Frau sah sicherlich genauso aus. Wenn die Tochter uns besuchte, kochte ich ein tolles Essen oder kaufte etwas für uns in den Garküchen. Ich machte jeden erdenklichen Versuch, für sie eine ältere Schwester zu sein. Auch wenn sie mich zu tolerieren schien, so war sie unhöflich und nicht gerade beglückt, mich in ihrer Nähe zu haben. Nach ihrem ersten Besuch merkte ich, wie wenig sie mich mochte, und ich versuchte, nicht so oft im Haus zu sein, wenn sie da war.

John war während seiner Ehe kein wirklich guter Vater, und erst recht nicht nach der Scheidung. Er glaubte, Geld wäre ein guter Ersatz, seine Abwesenheit auszugleichen. Wie viele Ausländer, die in Thailand leben, wurde er gründlich missverstanden. John wollte seine Tochter immer beschützen, mehr als die meisten anderen Eltern. Er wollte immer wissen, was sie tat und wohin sie ging. Vieles verbot er ihr, auch den Umgang mit Jungen. Wenn er herausfand, dass sie eine seiner Regeln umging, dann »hing er unter dem Kronleuchter«. Seine größte Sorge war, sie könnte eines Tages einen Mann kennenlernen, der so war wie er.

Bangkok John nahm mich ein paarmal nach Singapur mit, als er geschäftlich dort zu tun hatte. Er war etwa 50, ich 16. Als wir unsere Pässe am Flughafen in Bangkok vorzeigen mussten, sagte mir der Beamte, ich könne nicht in Singapur einreisen, da ich noch nicht volljährig war. Allerdings hatte er keine gesetzliche Handhabe, mir die Ausreise zu verbieten. Der Flug war ohne Vorkommnisse, trotzdem fand ich es sehr spannend, in einem Flugzeug zu sitzen und ein neues Land kennenzulernen. Nach der Einreise in Singapur wurden mir ein paar Fragen gestellt, dann durfte ich passieren. John stand nicht weit hinter mir.

Während ich in einem schicken Hotel blieb, ging John jeden Tag für seine amerikanische Firma arbeiten. Wir waren auf Kosten der Firma erster Klasse unterwegs und bekamen die besten Drinks, das beste Essen und den besten Zimmerservice, den das Hotel zu bieten hatte. John bat mich, den ganzen Tag im Hotel zu bleiben. Er befürchtete, ich könnte jemanden treffen, der jünger war als er – und lohnender. Auch hatte er Angst, die Polizei könnte mich auflesen, weil ich so jung und mitten am Tag allein unterwegs war. In Singapur sind alle Sechzehnjährigen in der Schule. Nicht wie in Thailand, dort arbeiten schon Zwölfjährige. Meine Größe und mein Aussehen hätten sofort die Polizei auf mich aufmerksam gemacht oder einen Beamten, der nach Schulschwänzern Ausschau hielt.

John und ich sahen uns viele Touristenattraktionen an, und er kaufte mir mein erstes Handy. Von meinem neuen Spielzeug war ich total begeistert! Ich behielt es einige Wochen, bis mir aufging, dass mich das Geld, das ich dafür bekommen könnte, weit mehr begeisterte. Wir aßen in verschiedenen Thai-Restaurants zu Abend, weil sich mein Appetit auf chinesische oder westliche Küche in Grenzen hielt. Ich lernte auch die MRT (U-Bahn und Hochbahn) kennen. Sie war sehr leise und schnell, und es war spannend, sie das erste Mal zu benutzen. Die Hochbahn in Bangkok wurde jahrelang gebaut und schließlich 1999 eröffnet – drei Jahre später, als ursprünglich geplant, und das mit Millionen von Euro über dem ursprünglichen Budget. Ein typisches Beispiel, wie in Thailand Geschäfte gemacht werden.

In meinen drei Jahren in Bangkok bin ich eine erfahrene Professionelle geworden, wenn ich auch noch ziemlich jung war. Ich wurde von Stammkunden beehrt und von neuen Kunden ausgesucht. Ich war hübsch, und es dauerte nicht lange, selbst die wählerischsten Blicke auf mich zu ziehen. Ich war mit meinem Beruf vertraut und wusste, wo es langgeht.

Ein Tag im Leben eines »leichten Mädchens«

Ich stand gegen 15 Uhr auf, duschte und zog mich an. Dann ging ich in einen der vielen Friseursalons, um meine Haare richten und Make-up auftragen zu lassen. Das kostete etwa 50 Baht. In einer der Garküchen oder kleinen Nudel-Restaurants in der Patpong aß

Bereits eine Professionelle ... und erst 15

ich etwas, bevor ich gegen 20 Uhr in die Crown Disco oder einen ähnlichen Treffpunkt ging. Dort tanzte ich die ganze Nacht, bis ich einen Mann traf, der mich mochte. Das passierte gegen 21 Uhr, 23 Uhr, 2 Uhr oder gar nicht.

Wenn mich ein Mann wollte, gingen wir in sein Hotel, um Sex zu haben. Ich kassierte 1.000 Baht, und kehrte nach dem Sex in mein kleines Zimmer zurück oder aß etwas in einer der vielen Garküchen auf dem Bürgersteig, die die ganze Nacht geöffnet hatten. In einer Stunde hatte ich so viel verdient wie ein Tellerwäscher in zwei Wochen. Irgendwann wurde es Zeit, schlafen zu gehen. Nachdem ich die ganze Nacht meine Haut zu Markte getragen hatte, brauchte ich Schlaf – und zwar eine Menge davon.

Wenn der Abend langsam anlief, und ich noch niemanden in der Nacht getroffen hatte, besuchten meine Freunde und ich die »Thermae« Bar. Wir teilten uns ein Taxi oder Tuk-Tuk. Die »Thermae« war immer voller Männer. Viele Touristen gingen dorthin, damit sie keine Bar-fine zahlen mussten. Ich lernte oft Männer kennen, weil ich eines der jüngsten und kleinsten Mädchen war. Ich stach aus der Menge heraus. Wir verließen dann die Bar, um in seinem Hotel Sex zu haben. Ich kassierte meine 1.000 Baht, aß vielleicht noch etwas und ging dann nach Hause, wo ich gegen 4 Uhr morgens ankam. Sehr selten passierte es, dass mich niemand aus der »Thermae« mitnahm. Dann kam ich erst gegen Sonnenaufgang nach Hause und schlief bis 17 Uhr.

Es stellte sich eine gewisse Routine ein, die sich Tag für Tag sieben Tage die Woche, 52 Wochen im Jahr wiederholte. Ab und zu ging ich zum Arzt, der mir für 200 Baht bescheinigte, dass ich nicht an einer Geschlechtskrankheit litt. Es konnte manchmal recht nützlich sein, wenn man Kunden das zeigte. Ich wurde nicht untersucht, das hätte 500 Baht gekostet. Es gab viele Ärzte, die bereit waren, die Bescheinigung für 200 Baht zu verkaufen.

Weshalb ich Bangkok verliess

Die Polizei in Bangkok beschloss, die Gesetze bezüglich der minderjährigen »leichten Mädchen«, die sich in den Discos aufhielten, umzusetzen. Das brachte Nän und mich in Bedrängnis, denn wir waren erst 16. Nun waren wir nicht nur arbeitslos, wir würden in Bangkok auch keinen Job mehr finden. Aber wir hatten eine Idee. Wir fuhren mit dem Bus nach Pattaya, dem Küstenort mit Open-Air-Bars und GoGos, in dem die Polizei gegen Zahlung von Schmiergeld nicht die »Unter-18-Gesetze« umsetzte. Ein Freund half uns, nach Pattaya umzuziehen. Er kümmerte sich darum, dass wir nach unserer Ankunft eine Bleibe und etwas zu essen hatten.

Niedlich?

ARBEIT IN BANGKOK

Die Stadt am Meer war eine willkommene Abwechslung zu Bangkok, das mit unerträglicher Hitze, ständigen Verkehrsstaus und extremer Luftverschmutzung auftrumpfen konnte.

In Bangkok und in ganz Thailand gehörten der Polizei Bordelle, in denen 14, 15 und 16 Jahre alte Mädchen arbeiteten, die

Thais und ethnischen Chinesen zu Diensten waren. Aber als in den westlichen Medien die Rede davon war, dass minderjährige Mädchen in der Patpong und im Nana Entertainment Plaza arbeiteten, wollte die thailändische Regierung das nicht auf sich sitzen lassen. Es wurde beschlossen, die »Unter-18-Gesetze« in den Gebieten umzusetzen, in denen sich die ausländische Presse aufhielt. So konnte die Regierung ihr Gesicht wahren. Die Bordelle wurden geschlossen, aber nur, um als Massagesalons, Karaokebars und Restaurants wiedereröffnet zu werden. Andere Etablissements gingen in den Untergrund. Keines der minderjährigen Mädchen, mich eingeschlossen, dankte den westlichen Medien für diesen Enthüllungsjournalismus, da wir unseren Job verloren. Zwar hatten die Medien erreicht, dass wir nicht mehr am gleichen Ort wie zuvor arbeiteten, aber unsere Arbeit an sich änderte sich nicht!

FÜNFTES KAPITEL

DORFLEBEN IN ARMUT

In der Natur gibt es weder Reichtum noch Armut, beides wurde vom Menschen erschaffen.   Sprichwort

Arbeiten – oder nicht arbeiten

Thailand zu verstehen, ist für einen Außenstehenden nicht einfach. Daher werde ich Einzelheiten über mein Land preisgeben, die vor Fremden meist versteckt werden.

»Mittellose Dorfbewohner arbeiten viel, vorausgesetzt, sie finden eine Arbeit, und ihre Töchter arbeiten nicht in der Sexindustrie.« Diese Aussage beschreibt meinen Vater am besten, denn er war ein sehr hart arbeitender Familienmensch. »Sie arbeiten nicht, obwohl sie es könnten.« Dies passt auf meinen Großvater. Meist spürt ein Mädchen in der Familie intuitiv, dass sie diejenige ist, die auserwählt ist. Sie ist verantwortlich dafür, die Familie aus der bitteren Armut herauszuführen, indem die Familie von ihrem Einkommen lebt. Sie versucht, die Familie vor sich selbst zu retten. In den meisten Fällen hilft sie ihnen zu überleben, während junge Männer vom Unterhalt der Familie befreit sind. Diese Tatsache bestimmt das Leben der meisten Thais auf dem Land.

In der Provinz kann man oft sehen, dass ein Ehemann mit seinem Motorrad eine Spritztour unternimmt, während sich seine Frau um das Geschäft und die Kinder kümmern muss. Gefühle wie Hilflosigkeit und Verzweiflung sind tief in ihr Gesicht eingegraben. Männer jeden Alters gucken Fernsehen oder beobachten ihre Kinder – in dieser Reihenfolge –, während die Ehefrauen und die Töchter Waren oder Nudeln verkaufen. Mein Vater gehörte zu den wenigen Ausnahmen.

Leben ist billig auf dem Land. 10 Baht – 20 Cent – kostet eine Stunde im Internetcafé – allerdings können sich das nur wenige Teenager leisten. Für 20 Baht kann man sich etwas zu Essen inklusive Suppe bestellen oder aber genug Nachspeisen, um zehn Leute satt zu bekommen. Für 30 Baht kann ein Mann zum Friseur gehen oder für 100 Baht ins Bordell, um dort Mädchen aus anderen Regionen des Landes zu treffen. Für 40 Baht kann sich eine Frau die Finger- und Fußnägel pediküren lassen. Ein Friseurbesuch für eine Frau oder eine Thaimassage schlägt mit 50 Baht zu Buche, während eine Massage mit Naturheilkräutern 100 Baht kostet, und dem Kunden das Gefühl gibt, er sei im Nirwana. So arm die Einwohner auch sein mögen, viele Frauen können immer wieder Geld zurückzulegen, um Dinge wie den regelmäßigen Friseurbesuch zu finanzieren. Manche schaffen das allerdings nur zu besonderen Anlässen. Armut mindert niemals den Wunsch einer Frau, gut auszusehen.

GLÜCKSSPIEL

Dorfbewohner spielen auch viel in der Gemeinschaft – sie geben ihren letzten Baht für Lotterie oder Whisky aus, Letzterer kostet nur rund 50 Baht pro Liter. Sie lieben es zu trinken, und sie trinken, so oft es geht. Was das Glücksspiel betrifft, so ist das ein sehr wichtiger Bestandteil in der thailändischen Gesellschaft, auch wenn es, abgesehen von der staatlichen Lotterie, illegal ist. Untergrundlotterien und illegale Kasinos schießen sowohl auf dem Land als auch in den Städten wie Pilze aus dem Boden. Polizisten werden geschmiert, damit das Geschäft reibungslos laufen kann, oftmals sind sie aber schon von Anfang an am Gewinn beteiligt. In der Provinz kann man das Glücksspiel als »Way Of Life« bezeichnen. Die »Untergrund-Lotterie« ist die populärste Art des Glücksspiels. Sie bietet den Armen ein Fünkchen Hoffnung, und man kann es sich leisten, einen oder zwei Baht pro Wette auszugeben. Die Staatliche Lotterie verlangt dagegen einen Mindesteinsatz von 50 Baht. Es gibt wenig zu verlieren, aber viel zu gewinnen – wenn man Glück hat. Nur die Untergrund-Lotterie bietet dem Gewinner eine Quote von 1:83. Wenn jemand beispielsweise 6 Baht einsetzt, kann er 500 Baht gewinnen.

»Glücksspiel auf Beerdigungen« ist ebenfalls ein beliebter Zeitvertreib, da Spieler nachts oft von einer Beerdigung zur nächsten ziehen. Sie kannten die Verstorbenen meist kaum, besuchen aber deren Haus. 10 % von ihnen sind berufsmäßige Glücksspieler, und es ist ihr einziges Einkommen. Im Grunde unterscheiden sie sich nicht von uns, die wir unsere Körper verkaufen. Wir sind alle ungebildet und ungelernt. Auch wenn unsere Einsätze unterschiedlich sind, ist der Gewinn hoch. Professionelle Spieler platzieren ihre Einsätze, wir platzieren unsere Körper. Während Glücksspiel von den meisten Menschen als spannende Ablenkung angesehen wird, ist es das einzige Auskommen für viele Analphabeten und arme Dorfbewohner. Sexuelle Gefälligkeiten gegen Bargeld anzubieten, wird in vielen Teilen der Welt als illegal und unmoralisch angesehen. Doch es ist das einzige Einkommen vieler junger Frauen, die in der thailändischen Provinz geboren wurden – ein Einkommen, das in finanzielle Sicherheit münden kann.

Hahnenkampf ist ein weiteres Spiel, in dem die Armen in den ländlichen Gebieten ihre Chance suchen. Glücksspiel war immer eine Form von Erholung, denn es lindert Langeweile und Unzufriedenheit. »Bist du glücklich?« ist eine oft gestellte Frage.

Charakter

Leute in der Provinz sind äußerlich so rau wie innerlich grob und unverwüstlich. Männer benutzen hinter Tankstellen Urinale unter freiem Himmel, Frauen öffnen Kronkorken mit ihren Zähnen. Fast jeder, Mann oder Frau, spuckt auf den Boden, zu jeder Zeit, an jedem Ort, auch aus dem Fenster im zweiten Stock oder auf den

Boden eines Open-Air-Restaurants. Es ist schwierig, in der Provinz ein »In-Door«-Restaurant zu finden, es sei denn in größeren Städten.

Als Beispiel für die Unverwüstlichkeit kann die Geschichte einer zweiunddreißigjährigen Frau dienen, die zwei Tage lang im Koma lag: das Ergebnis von Diätpillen. Ihr Mann feierte unterdessen auf einer Songkhran Party das Thailändische Neujahr. Als die Frau am dritten Tag aus dem Koma erwachte, kehrte sie sofort zu ihrer Arbeit als Friseuse zurück. All das kann als typisches Verhalten derjenigen gewertet werden, die in der Provinz geboren und dort geblieben sind. Das Gefühl der Hoffnungslosigkeit wird das Leben in den verarmten Dörfern des Isan immer bestimmen.

Alkohol wird wie Wasser getrunken, auch ein Lebensgefühl für die Dorfbewohner. Er betäubt den Schmerz und hilft die Hoffnungslosigkeit ihres Daseins zu vergessen, die nicht selbstverschuldet ist, da sie in sie hineingeboren wurden. Wilde Partys, auf denen die Männer oft in bizarren Kostümen auftreten, machen das Leben erträglich. Trinken, Glücksspiel, Feiern und Beten hilft den leidenden Menschen des Isan, trotz großer Armut und Ungerechtigkeit einen gewissen Optimismus zu bewahren.

Verbrechen, Gier und Aberglaube

Die unglaublichen, aber wahren Geschichten eines Dorfes gelten im Grunde für alle Dörfer. Im Frühjahr 2003 ermordete ein verheirateter Polizeibeamter seine wohlhabende Freundin, nachdem er kurz zuvor die Beziehung mit ihr beendet hatte. Sie wollte die Trennung nicht. Andererseits hatte ihm seine Ehefrau ein Auto geschenkt, damit er die Affäre beendete, auch wenn sie von der 18 Jahre andauernden Affäre finanziell durchaus profitiert hatte. Der Polizist wollte einen Raubüberfall vortäuschen. Er hinterließ falsche Spuren auf dem Dach, nahm Gold, Juwelen und Geld mit.

Als das Verbrechen untersucht wurde, erfuhren die Beamten von der Tochter des Polizisten, dass dieser zur Tatzeit nicht zu

Hause gewesen war. Er hatte das Haus kurz vor dem Mord verlassen und war für mehrere Stunden nicht zurückgekehrt. Es fanden sich einige Spuren am Tatort, die die Beamten auf die Fährte ihres Kollegen brachten. Die Polizei stellte die Ermittlungen ein – nicht unüblich, wenn der Täter ein Polizist, Freund, Verwandter, Geschäftspartner, Politiker oder wohlhabender Mann ist. Es macht keinen Unterschied, ob ein Verbrechen in einem kleinen Dorf oder in der Millionenmetropole Bangkok begangen wird – die Reichen, die Mächtigen und diejenigen, die über gute Verbindungen verfügen, bleiben auf freiem Fuß.

Wochen vorher ermordete in demselben Dorf ein anderer Polizist seine Frau, weil sie ihn geärgert hatte, indem sie über verflossene Liebhaber sprach. Das einzige Vergehen, für das er schuldig befunden wurde: »Wutanfall aus Eifersucht.« Der Mord wurde als eine »unbeabsichtigte Tat aus Leidenschaft« heruntergespielt. Einige Tage, nachdem die Leiche unter dem Haus geborgen wurde, wo er sie vergraben hatte, meldet sich der Beamte zum Dienst zurück. Die Tante der Toten plädierte dafür, den Polizisten nicht zu suspendieren, damit er für die drei Kinder, die er mit seiner Frau hatte, und die nun bei der Tante lebten, Unterhalt zahlen konnte. Seine einzige Strafe bestand darin, dass er sich nicht mehr nach Hause traute, weil er glaubte, dass der Geist seiner toten Frau dort sein Unwesen trieb. Thais sind außerordentlich abergläubisch.

Selbstmord und Aberglaube

Während desselben Frühlings beackerte ein Bauer (Vater von drei Söhnen) sein Feld mit drei Bauern, die noch ärmer waren als er. Doch er verlor sein Land, weil einer seiner Arbeiter Selbstmord beging. Seine Leiche wurde von einem jungen Pärchen gefunden, das einen amourösen Ausflug machen wollte. Der Mann hatte sich an einem Balken einer kleinen grasbedeckten Hütte aufgehängt, die auf dem Feld stand. Kaum hatte die Geschichte vom Selbstmord die Runde gemacht, flohen die Bauern und weigerten sich, auf das

Feld zurückzukehren. Der Bauer mit den drei Kindern wurde nun noch ärmer. Er musste mit ansehen, wie sein Land langsam, aber sicher vom Dschungel überwuchert wurde. Niemand würde jemals wieder sein Land betreten. Ein Beispiel dafür, wie Aberglaube die sich bereits abwärts drehende Spirale der Verarmung beschleunigen kann.

Polizei und Erpressung

Jede Gemeinde hat ein paar wohlhabende Einwohner, die ihr Vermögen in der Regel illegal erworben haben. Sie wurden von anderen bestochen oder stahlen von den Armen. In einem Dorf ist die seltene Ausnahme noch seltener. Die Polizei ermöglicht sich ein zweites Einkommen, indem sie einfach danach fragt. Tag für Tag kassieren Polizeibeamte Schmiergeld, von dem sie nur einen geringen Teil behalten. Der Großteil des Geldes wird an die Vorgesetzten weitergeleitet, die für die jüngeren Offiziere eine Quote festlegen, wie viel Schmiergeld pro Tag eingenommen werden muss. Normalerweise lebt der Polizeichef eines Dorfes weitaus besser als jemand, der zwar das gleiche Gehalt verdient, aber keine Verbindung zur Polizei hat. Der Polizeichef wohnt für gewöhnlich in einem der schönsten Häuser der Gegend und fährt ein dickes Auto. Das ist kein Geheimnis.

Auf den Landstraßen in der Provinz hält ein Polizist willkürlich Autos an und teilt den Fahrern mit, dass sie zu schnell gefahren sind (es gibt in Thailand aber keine Radarfallen). Dann streckt er seine geschlossene Faust durch das Seitenfenster. Der unglückliche Fahrer hat nun zwei Möglichkeiten: die erste und bei weitem einfachere wäre, das Schmiergeld zu zahlen, meistens 100 Baht, 2 Euro. Die andere wäre, den Führerschein abzugeben, zum Gericht zu gehen, dort eine Strafe von 400 Baht zu zahlen und wegen des eingezogenen Führerscheins zum Polizeibeamten zurückzukehren. Es kann Stunden oder noch länger dauern, wenn man den zweiten Weg wählt. Manche verlieren dadurch einen ganzen

Arbeitstag. Die meisten bedienen daher die gierige Faust, die durch das Seitenfenster in das Auto hineinragt. Auch wenn der junge Offizier nur das tut, was ihm aufgetragen wurde, damit er seine Schmiergeldquote erfüllen kann, ist dies auch ein Grund, weshalb er zur Polizei gegangen ist. Es ist eine gute Möglichkeit, jeden Monat das Gehalt aufzubessern. Das beschriebene Szenario spielt sich täglich Tausende Male auf den Straßen Thailands ab – in den ländlichen Gebieten, in den Küstenstädten und in Bangkok.

»Willst du Ratten?«

Die Dörfer im Isan sind voller armer, häufig »landloser« Leute, die sich je nach Erntezeit mühsam durchschlagen. Von November bis Februar wird auf den Feldern hart gearbeitet, denn dann ist Reisernte. Diejenigen, die Land besitzen, heuern Erntehelfer an, die diese Knochenarbeit übernehmen. Sie teilen den Ertrag 50 : 50. Die Landlosen nutzen ihren Anteil, um ihn auf dem Markt zu verkaufen oder geben ihn ihrer Familie.

Die Erntezeit ist auch die Zeit des Jahres, in der Ratten gefangen werden, denn sie fressen die Ernte auf. Da die Armen ihren Familien auch Fleisch vorsetzen wollen, durchstöbern sie Gärten, Wälder und Felder nach Ratten und Schlangen. Sie sammeln alle Ratten, die sie finden können. Ratten wiegen normalerweise zwischen 300 und 550 Gramm. Rattenfleisch ist besonders gut zu dieser Jahreszeit. Wenn genug Ratten gefangen wurden, können sie bei einem Marsch durch das Dorf verkauft werden. »Oh nuu bo?« – »Willst du Ratten?« Der Singsang erinnert an westliche Länder, wenn das Eiskremauto um die Ecke biegt. Man muss nicht alle seine Ratten verkaufen, man kann auch seinen Freunden und Nachbarn eine Freude mit ihnen bereiten.

Ratten werden gehäutet und mit ihren Schwänzen goldgelb gebraten. Da Leute im Isan sich normalerweise nur einmal pro Woche Fleisch leisten können, sind Ratten sehr willkommen. Manchmal hat man Glück und findet ein Nest mit rosafarbenen Babyratten:

nackt, die Augen noch geschlossen. Die werden dann auf einem Bratspieß gegrillt. Kambodscha, Laos und Vietnam servieren ebenfalls Ratten aus dem Reisfeld. Sie unterscheiden sich durchaus von denen der Großstadt, die sich von Müll ernähren. Ratte ist mager und schmeckt wie Schweinefleisch. Der Ausbruch der Vogelgrippe in Thailand, Vietnam und China, der vor allem Menschen erlagen, die beruflich mit Hühnern zu tun hatten, lässt Köche nur noch widerwillig mit Federvieh umgehen. Die Popularität von Rattengerichten ist in der Region daher gestiegen – fürs Erste jedenfalls.

Im Isan sind auch gegrillte Insekten wie Käfer, Grillen, Grashüpfer und Heuschrecken, die ein wenig wie verbrannter Hamburger schmecken, willkommener und billiger Ersatz für Fleisch. Diese leckeren Happen sind in Kiosken ebenso zu haben wie in großen Supermärkten oder in den mobilen Garküchen, die man überall in Thailand findet. Wir essen auch Frösche und Geckos, die wie Tintenfisch schmecken. Sie sind wirklich billig oder sogar umsonst, wenn man sie in den Reisfeldern oder Gärten aufspürt.

Meine Familie hat keine Katzen und Hunde gegessen, aber einige tun es. Wenn ein Büffel stirbt, wird sein Fleisch in der Sonne getrocknet. Es gibt keinen Strom für die Kühlung.

Im Juni und Juli, den ersten beiden Monate unserer Regenzeit, gibt es unzählige Frösche. Deren Paarungsruf »Op op op« ist Musik in unseren Ohren. Drei Wochen lang ist es möglich, an einem einzigen Nachmittag Tausende von Kaulquappen zu fangen. Wir nehmen sie aus, salzen und würzen sie mit Chili und Basilikum, legen 200 bis 300 auf ein Bananenblatt, falten es und rösten es dann über Holzkohle. Kaulquappen kann man leicht finden und fangen. Im Juni, Juli und August laichen die Fische, und es ist auch die Zeit, in der die Pilze wachsen.

Einnahmen und Ausgaben

Das Durchschnittseinkommen für Arbeit unter der brennenden Sonne beträgt in einem Dorf 80 Baht pro Tag für 8 bis 12 Stunden täglich an 7 Tagen pro Woche. Das sind etwa 50 Euro pro Monat. Hausmädchen und andere verdienen sogar noch weniger: etwa 30 Euro pro Monat.

Das ist der Grund, weshalb junge Schüler (nicht nur Mädchen) ihren Lehrer (Farang oder Thai) für ein Schäferstündchen begleiten wollen. Der Lehrer zahlt der Schülerin vielleicht den Gegenwert eines halben Monatsverdienstes, ein Verdienst, der von den Eltern der Schülerin mit Knochenarbeit erwirtschaftet wurde. Ein Ladenbesitzer verdient kaum mehr als 80 bis 160 Euro pro Monat. Ein junger talentierter und gut ausgebildeter Lehrer einer weiterführenden Schule, der Musik, Kunst, Fotografie und Sport unterrichten kann, verdient 125 Euro pro Monat, während ein Lehrer, der Karriere gemacht hat und seit 20 Jahren unterrichtet, es auf bis zu 400 Euro monatlich bringen kann.

»Lecker Essen« ... »Säp ilii dö«. Bissen, die einem das Wasser im Munde zusammenlaufen lassen: Isan Snacks

Diejenigen, die zu etwas Wohlstand gekommen sind, lassen vielleicht ihre Kleidung von einem Schneider im Dorf anfertigen – ein Anzug kostet einen Bauern, einen Tuk-Tuk-Fahrer, einen Holzsammler oder einen Gärtner ein Dreimonatsgehalt. Das Symbol des Wohlstands wird in diesem Fall zwar in eine Waschmaschine gesteckt werden, aber nie ein Bügeleisen sehen. Auch wenn die Reichen teure Dinge kaufen, haben sie keine Ahnung, wie sie mit ihnen umgehen müssen, ja, sie sind nicht einmal an deren Erhalt interessiert. Der einzige Kaufgrund war »Gesicht machen«.

Amazing Thailand –
Was die Touristenwerbung nicht sagt

Ausgefeilte Hochglanzbroschüren zeigen hübsche Thaifrauen in farbenfrohen Kostümen und mit einer anmutigen Art, zu der nur südostasiatische Tänzerinnen fähig sind. Ihr seidenes, rabenschwarzes Haar und ihre perfekt geformten Körper lassen den Betrachter an lebensgroße thailändische Versionen von Barbie-Puppen denken.

Dieselben Broschüren zeigen die charmante Schönheit des Landes, eingerahmt von Flüssen und friedlichen Strömen. Dorfbewohner, die zum Schutz gegen die Sonne Hüte tragen, werfen Fischernetze in kleine Teiche, Seen oder das Meer. Auf anderen Fotos werden kristallklare, türkisfarbene Ozeane von weißen Sandstränden begrenzt, während sich smaragdgrüne Kokospalmen vom wolkenlosen Himmel abheben. Fernsehspots und Anzeigen in Magazinen zeigen unzählige Goldgeschäfte – die Wände sind mit rotem Samt verkleidet, das vierundzwanzigkarätige Gold füllt jede Ecke des Ladens und blendet das Auge. In den gleichen Anzeigen werden Schneider angepriesen, die drei maßgeschneiderte Anzüge für einen Preis herstellen, für den man im Westen nur einen von der Stange bekommt. Diese kunterbunten Illustrationen und Fotografien locken den Besucher in mein Land, um die günstigsten Angebote der Welt zu entdecken, die es nur im schönen, tropischen, exotischen Thailand gibt.

In den Broschüren wird auch gezeigt, wie Thais sich vor Buddhastatuen zu einem Gebet neigen oder Mönche in orangefarbenen Roben ihre Morgengebete mit Schüsseln in der Hand absolvieren. Auf anderen Bildern sind Holzschnitzarbeiten zu sehen oder handbemalte Schirme. Auf den Fotos sieht man den modernen Thai mit seinen wohlerzogenen Kindern, die in gut sitzenden und sauberen Schuluniformen stecken und zusammen in der klimatisierten Hochbahn fahren – so wie die Menschen in anderen zivilisierten Ländern. Bunte Postkarten zeigen das Lächeln auf den Gesichtern der Bauern, die im Feld arbeiten. In Wirklichkeit lächelt niemand bei der Feldarbeit. Eine bessere Bezahlung und ein freier Tag wären vielleicht ein Grund zum Lächeln. Und das ist der Beginn der Täuschung gegenüber dem Rest der Welt.

Die Tourist Authority of Thailand (das Fremdenverkehrsamt) zeigt in ihren Anzeigen aus verständlichen Gründen nicht mein Dorf. Wenn doch, würden staubige Straßen und primitive Lebensbedingungen die Seiten füllen. Unsere Hütten sind baufällige Holzkonstruktionen, oft auf Stelzen stehend, mit durchlöcherten Blechdächern und Löchern im Holzboden. Wilde Müllkippen und abfallverschmutzte Flüsse, in denen Kinder spielen – das ist ein Thailand, das Touristen so gut wie nie zu Gesicht bekommen.

Gründe für die Armut in Thailand

Es gibt viele Gründe für die Armut meines Volkes. Diese Armut bestimmt, wie wir leben, was wir tun und wie wir wahrgenommen werden. Man wird niemals lesen, dass Sextouristen in die Schweiz oder nach Monaco fahren, um dort Teenager zu treffen. Die Frauen in diesen Ländern müssen sich nicht für einen Nudelwagen für ihre Mutter, einen Videorecorder für ihren Bruder oder das Schulgeld für ihre Schwestern verkaufen.

Die Gesichter der Armut sind unterschiedlich: von Äthiopien, Pakistan und anderen Ländern der Dritten Welt bis hin zur Armut in reichen westlichen Ländern. Thailand besitzt Äcker von guter Qualität, und es produziert und exportiert einen großen Überschuss an Nahrungsmitteln. Thailand ist der größte Reisexporteur der Welt. Es gibt wirklich keinen Grund, weshalb jemand in meinem Land hungern sollte, und trotzdem haben Zehntausende zu wenig zu essen. In Bangkok ist es am schlimmsten, andere Großstädte folgen. Bettler sitzen an jeder Straße, auf jeder Brücke, unter jeder Treppe. Die meisten von ihnen kommen aus dem Norden und dem Isan, denn Betteln verspricht ein höheres Einkommen als die undankbare Arbeit auf den Reisfeldern.

In Europa und Amerika gibt es viele landwirtschaftliche Produkte aus Thailand zu kaufen – Reis, Obstkonserven, Gemüse und Maniok. Bei uns gibt es dank unseres fruchtbaren Bodens und des tropischen Monsuns keine Lebensmittelknappheit wie in Äthiopien oder im Sudan. Viele Textilien, die im Westen erhältlich sind, wurden in Thailand hergestellt. Einheimische und internationale Firmen stellen Textilien und Schuhe in Thailand nur aus einem einzigen Grund her: billige Arbeitskraft.

Die Unterdrückten in meinem Land werden in ihrem Streben nach besserer Bezahlung und mehr Rechten oft vom Militär geknebelt. Das Militär, die Polizei und kriminelle Gruppen terrorisieren Leute und rufen ihnen in Erinnerung, wer etwas zu sagen hat. Thais ist das wohlbekannt. Das ist die Wahrheit über das moderne Thailand, in dem der Premierminister versucht, totale Kontrolle auszuüben, anstatt die Macht zu dezentralisieren. Thailands Einwohner werden in ihrem eigenen Land wie Mieter behandelt, während jede Kritik an der Regierung unerwünscht ist.[3]

SECHSTES KAPITEL

PATTAYA: EIN PARADIES FÜR SEXTOURISTEN

> »*Pattaya ist ein einmaliger ›Sündenpfuhl‹ und für sich genommen originell. Es besitzt eine multinationale Sexindustrie und hat Verbindungen zur Geldwäsche, zum Drogenschmuggel und nun auch zum Menschenhandel.*«[4]

»JIMMY THE SWITCH«

»Jimmy the Switch« lebte in Bangkok. Ich lernte ihn durch »Bangkok John« kennen. Kranke Männer haben kranke Freunde. Jimmy war der perverseste Mann, den ich jemals kennengelernt habe. Bereits das Vorspiel leitete er mit scheußlichen Dingen ein, die ein gesunder normaler Mann niemals auch nur in Betracht ziehen würde.

»Jimmy the Switch« trug seinen Namen, weil er beide Wege ging.[1] Er mochte gut aussehende Thaijungen und hübsche Thaimädchen. Er wurde auch »Jimmy the Switch« genannt, weil er seine Opfer mit einem Stock oder einer Gerte schlug. Sein zweiter Spitzname lautete »Jimmy the Twist«, denn er war ein verrückter

---

[1] Das Wort ›switch‹ hat mehrere Bedeutungen, so als Verb u.a. ›wechseln‹ und als Substantiv ›Gerte‹ oder ›Rute‹ (Anm. des Übersetzers)

und sadistischer Mann.[1] Er mochte nicht nur S/M wie »Bangkok John«, er liebte es. Ich wollte nicht mit einer Gerte geschlagen werden, es tat sehr weh. Aber ich biss die Zähne zusammen und dachte nur an das Geld. Es gab keinen anderen Weg, so viel zu verdienen.

Jimmys Verhalten war mehr als bizarr. Unter dem Vorwand, jungen Mädchen ausgeklügelte sexuelle Techniken beizubringen, brachte er sie in immer entwürdigendere Situationen. Er urinierte auf sie und zwang sie zu sagen: »Ich bin ein Stück Scheiße.« Er schlug sie und zerstörte ihr Selbstbewusstsein und ihre Selbstachtung. Er fügte ihnen physischen Schmerz zu und brach sie psychisch. Auch wenn er behauptete, ihren Spaß am Sex steigern zu wollen, bestrafte er sie doch dafür, Frauen zu sein. Er war unfähig, auf die sexuelle Begierde, die sie in ihm auslösten, zu reagieren. Eine Erektion dauerte bei ihm nicht lange. Ein schlechter Rücken beeinträchtigte den wenigen Sex, den er hatte. Er bestrafte die Frauen für seine eigenen Unzulänglichkeiten. Er war stolz darauf, zu sagen, er sei ein Perverser. Klar und einfach: Jimmy war ein böser Mensch! Niemals zeigte er Mitgefühl für die Mädchen, die er verletzte. Sie waren nur Objekte für sexuelle Experimente und Folter. Nichts weiter.

Ich war eines dieser Objekte. Jimmy schlug auf meine Brüste und pinkelte mich an. Er fing an, mich im Schritt anzupinkeln, während ich auf der Toilette saß. Dann urinierte er auf meine Brüste und schließlich in mein Gesicht. So sehr ich das auch hasste, ich erlaubte ihm, alles zu tun, was er wollte, denn tief in meinem Inneren hatte ich keine Selbstachtung. Sein krankes Verhalten wurde noch dadurch gesteigert, dass ich mich im Namen des Geldes opferte und mich brutal schlagen und beschmutzen ließ. Nur mit Geld ließ sich erreichen, dass meine Schwestern in diesem Alptraum keine Rolle spielen würden. Ich war in Pattaya, um Geld zu machen, und ich würde tun, was immer nötig war, und zwar so lange, wie ich es aushalten konnte.

---

[1] twisted: umgangssprachlich für ›verrückt‹ (Anm. des Übersetzers)

Warum sollte sich jemand physisch, emotional und sexuell so extrem missbrauchen lassen? Die einfache Antwort lautet: 15.000 Baht – 300 Euro – im Monat für circa eine Stunde täglich. Nachts hatte ich Zeit, in ein GoGo zu gehen oder mich anderweitig nach Männern umzusehen. Unser Abkommen bestand darin, dass ich meiner »ordentlichen« Arbeit weiterhin nachgehen konnte und so noch einmal 300 Euro extra hatte. Für ein Mädchen in meiner Position war das eine sehr gute Abmachung. Eine bessere Option wäre nur noch gewesen, einen Mann zu finden, der so »verzaubert« ist, dass er aus Europa oder Amerika Geld schickt, während er darauf wartet, nach Thailand zurückkehren zu können.

Jimmy zahlte mir das monatliche »Stipendium« von 300 Euro und führte dabei über jeden einzelnen Baht, den er für mich ausgab, peinlich genau Buch. 5 Baht für Chips, 10 Baht für eine Nudelsuppe, alles wurde aufgeführt. Am Ende des Monats zeigte er mir seine Aufzeichnungen, und ich bekam oft nur die Hälfte von den vereinbarten 15.000 Baht. Das vergaß ich immer, wenn ich den

Sandburgen werden gebaut, 16 Jahre

ganzen Monat über das Objekt seiner Erniedrigungen war. Jimmy spielte auch gern den Zuhälter. Er rief einige Leute an, um herauszufinden, ob jemand an diesem Tag meine Dienste benötigte. Er sagte, er würde das nur tun, damit ich nicht an meinem eigenen Leibe erfahren müsste, wie es sei, abgelehnt zu werden. Die Wahrheit ist wohl eher, dass er sich zwischen andere Männer und mich drängen wollte.

Irgendwann einmal ließ einer meiner Kunden ein Porträt von mir anfertigen, das von einer Fotografie abgemalt worden war. Er ließ das Porträt rahmen und wollte es mir zum Geburtstag schenken. Doch er machte den Fehler, es Jimmy vorher zu zeigen, der gleich darauf zu mir kam, um mir davon zu erzählen. Er stahl die Freude des anderen Mannes, indem er meine Überraschung zunichte machte. Jimmy war verrückt, unaufrichtig und böse!

Ein anderes Mal bat er mich, bei ihm vorbeizukommen. Als ich eintraf, musste ich feststellen, dass ein sechzehnjähriger Thaijunge bei ihm war. Jimmy wollte, dass ich den beiden beim Sex zusehe. Da ich für das Zuschauen bezahlt wurde, erklärte ich mich einverstanden. Sie spielten eine Weile herum, und dann bedeutete mir Jimmy, ich solle mit dem Thai Oralsex haben. Ich rief: »Mach das selbst! Ich fasse keine Thaimänner an!« Jimmy überlegte es sich anders. Er wollte nicht riskieren, mich zu verlieren.

Als mein Bruder und meine Schwester einen schweren Motorradunfall hatten, rief Jimmy alle meine Kunden an, um Spenden für das Krankenhaus zu sammeln. Einer meiner Kunden hatte mir Geld geliehen, so dass ich ihm im Grunde noch etwas schuldig war. Trotzdem gab er mir 300 Euro. Jimmy gab mir nichts, er schob wie immer vor, pleite zu sein, wenn ich mal etwas mehr als die hohen Summen brauchte, die ich sowieso schon immer an meine Mutter schickte. Jeder, der mir Geld gab, empfahl mir, mit dem Geld nach Hause zu fahren und die Krankenhausrechnung persönlich zu zahlen. Ich hörte nicht auf die anderen und zahlte das Geld auf der Bank ein. Später erfuhr ich, dass die Krankenhausrechnung nicht bezahlt worden war. Meine Mutter hatte alles für sich behalten, jeden einzelnen Baht!

Der Unfall meines Bruders zeigt nur wenige von unzähligen Problemen in Thailand auf. Es gibt sehr viele Motorradunfälle, an denen meist junge Männer beteiligt sind. Mein Bruder verursachte den Unfall, meine Schwester Ying trug schwere Verletzungen am Bein davon. Die Krankenhauskosten betrugen 16.000 Baht – mein Einkommen, wenn ich mit 16 alten Männern schlief. Das Motorrad war kaputt, ein Moped, für das ich bezahlt hatte, indem ich mit 30 Männern geschlafen hatte. Meine Schwester war verletzt, meine Mutter kassierte das Geld, mein Bruder spielte das Unschuldslamm. Und ich musste für alles bezahlen!

Arbeit in Pattaya

In meinen ersten zwei Monaten als Freischaffende hatte ich bei Jimmy gelebt. Nun wurde es für Nän und mich Zeit, Jobs zu finden. In Pattaya gibt es etwa 200 Bars und weitere 40 GoGos. Da wir jung und hübsch waren, war es nicht besonders schwer für uns, Arbeit zu finden. Als mich Jimmy fragte, ob ich ihn heiraten wolle, verneinte ich und dachte, dass es für Nän und mich besser sei, ein eigenes Zimmer zu suchen.

Pattaya war und ist der Ort für attraktive Mädchen, die Touristen treffen wollen. Es gibt sehr viele von ihnen, und alles ist billiger als in Bangkok. Das Wetter ist im Gegensatz zur schwülen Hitze der thailändischen Hauptstadt sehr angenehm. Eine kühle Brise vom Ozean blies uns abends den Schweiß aus unseren Gesichtern. Es gibt weniger Autoverkehr als in Bangkok, und die Luft ist besser.

Eine Traumstadt, um in dem Job zu arbeiten, den ich hatte! Das ist wahrscheinlich der Grund, weshalb jederzeit 10.000 Bargirls in Pattaya und Umgebung arbeiten. Es gibt keine andere Stadt in der Welt, die es mit Pattaya aufnehmen kann – was die Anzahl der Prostituierten betrifft, die nach Sextouristen Ausschau halten. Je mehr Mädchen zur Stelle sind, desto mehr Touristen werden angelockt. Trotz der starken Konkurrenz musste ich mir niemals

Sorgen machen. Ich war hübsch, charmant und klug. Außerdem war mein Englisch ziemlich gut geworden.

Als Nän und ich nach Pattaya kamen, gingen wir durch die Stadt und hielten nach potentiellen Kunden Ausschau. Wir taten dies eine Weile, bis wir ein paar Männer trafen, die wir dann häufiger sahen. Es gab keinen Mangel an Kunden für eine niedliche Sechzehnjährige. Wir trafen viele Männer, die in Pattaya lebten und froh waren, wenn sie uns zwei Nachmittage pro Woche sehen konnten. Wir hatten viel Zeit und viel Geld.

Für zwei Mädchen aus dem Isan war es ein Leben in finanzieller Unabhängigkeit – und so viel besser als in Bangkok! Ein Vorteil von Pattaya war auch, dass viele Mädchen Isan sprachen. In den Läden gab es fast ausschließlich Isan-Mädchen, und die Garküchen waren voller Menschen aus dem Isan. Ich konnte überall, wo ich wollte, Isan sprechen. Großartig! Wir hätten schon früher herkommen sollen.

Glückliche Momente mit meinen Freunden: Dumbo, Smokey, George

Tony

Wir wohnten im Marine Place in der Soi Buakhow, als ich einen Engländer namens Tony traf. Wir lernten uns kennen, als eines Tages mein Telefon klingelte und eine Frau aus England anrief. »Entschuldigung«, sagte sie, »kann ich Tony sprechen?« Ich sagte: »Hier gibt es keinen Tony. Hier gibt es nur Nän und Lon.« Sie antwortete: »Oh, ist das nicht Zimmer 304?« Ich sagte: »Nein, das ist das falsche Zimmer.« Sie legte auf. Ich war immer darauf bedacht, mein Einkommen zu steigern, und fragte mich, ob dieser Tony vielleicht mein nächster Kunde sein könnte. Ich rief in Zimmer 304 an und fragte nach Tony. So bekam ich einen neuen Kunden und einen Freund fürs Leben.

Tony behandelte mich sehr gut. Er nahm mich mit in englische Pubs und auf eine Ferienreise nach Phuket. Wir gingen in Zoos, sahen Koh Samet, Nong Nooch Village und die Krokodilfarm. Wir besuchten auch Liveshows und flogen mit Sportflugzeugen. Ich flog gerne. Manchmal begleitete uns Nän. Tony hatte sich in mich verliebt.

Jörg kommt nach Thailand zurück

Ein Jahr nachdem ich Jörg das erste Mal in Bangkok getroffen hatte, kam er nach Pattaya, um nach mir zu suchen. Allerdings ohne Erfolg. Ich hatte ihm gesagt, dass ich eine neue Schule in Pattaya gefunden hätte und er glaubte, er würde meinen Schulbesuch bezahlen. Er kam ein zweites Mal zurück, diesmal fand er mein Apartment im Marine Place. Da ich mich mit Tony auf Koh Lan befand, war ich nicht zu Hause. Jörg schob einen Umschlag unter der Tür hindurch. Als ich nach Hause kam, öffnete ich den Umschlag, sah das Geld, las den Brief aber nicht. Sein Brief interessierte mich nicht. Mich interessierte nur Geld. Seines oder das von anderen. Als Tony zur Tür hereinkam, fragte er mich, von wem der Umschlag sei. Ich sagte ihm, er stamme von meiner Mutter. Tony wusste nicht, dass meine Mutter Analphabetin ist.

Später am Abend rief Jörg an. Zu Tony sagte ich, er solle in der Nacht seine Freunde besuchen. Das gab mir Gelegenheit, meine Beziehung mit Jörg aufzufrischen oder zumindest meine Kasse zu füllen. Jörg kam gegen 20 Uhr. Er sprach Thai, wir unterhielten uns zwei Stunden. Er fragte mich, ob ich ihn heiraten wolle, auch wenn er ungehalten darüber war, dass ich nicht mehr zur Schule ging. Ich vermied es, seine Frage zu beantworten und schlug ihm vor, in sein Apartment zu gehen, wo ich ihn später treffen wollte.

Er musste lange warten, weil es sehr spät wurde. Ich log ihn an und sagte, ich hätte Aids, doch das glaubte er mir nicht. Also sagte ich: »OK, dann lass uns Sex haben und danach gehen wir zum Arzt.« Er brach in Tränen aus und verfluchte mich immer wieder.

Irgendwie hat es mir immer gefallen, Männer zu verletzen. Das war meine Rache für das, was sie mir angetan hatten. Nachdem Jörg sich ausgeheult hatte, fuhr er nach Bangkok. Von dort rief er noch eine Weile jeden Tag bei mir an.

Tony war pro Tag 1.000 bis 1.500 Baht wert. Zuzüglich Shoppen, Essen gehen, Geschenken und Spaß. Um es auf den

Lucky und ich

Punkt zu bringen: Er kaufte mir Glück. Also entschied ich mich, bei ihm zu bleiben. Jörg, Deutschland, Heirat und Schule interessierten mich nicht wirklich. Es ging mir nur um das Geld, das ich von Tony bekam. Er wurde mein Freund. Als er für drei Monate nach England zurück musste, schickte er mir von dort monatlich 10.000 Baht. Ohne Tony fühlte ich mich ziemlich einsam, daher kaufte ich mir einen Hund, den ich »Lucky« nannte.

Cedrik

Nach Tonys Abreise begannen Nän und ich im »Pretty GoGo« zu arbeiten. Ich war noch nicht lange dort, als es Streit mit der fünfunddreißigjährigen Mama-san gab, die eifersüchtig auf die Prozente war, die ich mit Bar-fines, Trinkgeldern und Lady-Drinks erwirtschaftete. Auch wenn sie das Geld, das ich für die Bar verdiente, anerkannte, mochte sie mich nicht, weil ich im Gegensatz zu ihr so viel verdiente und weitaus mehr Aufmerksamkeit erhielt.

Daher kündigte ich. Nän hörte zusammen mit mir auf. Wir fanden Arbeit im »Sexy GoGo«, wo ich einen 25 Jahre alten Schweizer namens Cedrik kennenlernte. Er war nur acht Jahre älter als ich, und damit der jüngste Mann, mit dem ich jemals zusammen gewesen war.

Cedrik und ich trafen uns auf seiner ersten Thailandreise. Als er mich im »Sexy GoGo« sah, war er hingerissen, und ich ging jede Nacht mit ihm ins Hotel. Wir verbrachten den Tag zusammen, oft mit seinem Freund und dessen Thaifreundin. Cedrik sprach französisch, und nur wenig englisch, daher fiel eine Verständigung schwer. Manchmal stellte sich sein Freund als Übersetzer zur Verfügung, manchmal nickte Cedrik einfach nur mit dem Kopf, als verstünde er mich. Dass er kein Englisch sprechen konnte, erstaunte mich, wo er doch all die Vorteile einer guten Ausbildung in einem reichen europäischen Land hatte nutzen können. Ich dachte, wenn eine mittellose und ungebildete junge Thai diese Sprache lernen konnte, so hätte auch er das gekonnt. Aber das war nicht der Fall.

Cedrik war ein Computerspezialist. Er wusste nichts über Mädchen, auch nicht über die große, weite Welt da draußen. Insbesondere wusste er nichts über die Mädchen in meiner Welt. Er war ein Muttersöhnchen und neu in Thailand. Da er über viel Geld verfügte und es auch ausgeben wollte, war er ein Glücksfall für jedes Bargirl. Wenn wir schon eine Weile in unserem Job gearbeitet haben, entwickeln wir die Fähigkeit, diesen naiven Männern, die nicht von dieser Welt zu kommen scheinen, schnell das Geld aus der Tasche zu ziehen. Cedrik wollte mich beeindrucken. Wir aßen in tollen Restaurants und wohnten in schönen Hotels. Das war ein Kontrast zu seinem normalen Leben in der Schweiz, wo er bei seiner Mutter lebte. Sein Vater war vor Jahren gestorben, und seine Mutter und er hatten niemanden außer einander. Nun wollte er zwei Wochen lang das wahre Leben kennenlernen, während ich ihm als Lehrerin zur Seite stand.

Ein Computer für Cedrik, 500 Euro für mich

Eine Redensart, die man bei Bargirls immer wieder hört, lautet: »Ich liebe den Mann, der das erste Mal in Thailand ist.« Wir sehen niedlich aus und sind charmant. Einfach zum Knuddeln. Qualitäten, die die völlig unvorbereiteten Männer nicht merken lassen, wie gerissen und hinterlistig wir in Wirklichkeit sind. Mein unschuldiges Aussehen und mein unschuldiges Lächeln verschleierten die wahren Tatsachen. Männer wie Cedrik waren einfache Beute.

Er zahlte die Bar-fine in meinem GoGo für zwei Wochen, seinen gesamten Urlaub in Pattaya. Bald fand ich heraus, dass er nicht nur extrem besitzergreifend war, sondern auch ständig Sex wollte. Ich kann mir nicht vorstellen, dass er vor Pattaya sexuell aktiv war, daher war die Zeit, die er hier mit einem bereitwilligen jungen Mädchen verbrachte, wohl der Höhepunkt seines Lebens. Als er abreisen musste, wollte er mich heiraten. Was mich betraf, empfand ich unsere gemeinsame Zeit als ereignislos und wenig anregend. Sein Interesse an mir beruhte kaum auf Gegenseitigkeit. Um die Wahrheit zu sagen, entwickelte ich nie eine Beziehung zu ihm. Er jedoch schwebte im siebten Himmel. Es war der Beginn

einer Romanze, die Erfüllung einer Wunschtraums, das dachte er jedenfalls.

Farangs mögen es, wenn Thaimädchen etwas lernen wollen. Sie glauben dann, dass wir das Leben einer Prostituierten aufgeben möchten. Farangs mögen es noch mehr, wenn wir uns für ein Thema interessieren, bei dem sie sich gut auskennen. So erzählte ich Cedrik, dass ich gerne seinen Laptop hätte, um den Umgang mit Computern zu lernen. Es stand überhaupt nicht zur Debatte, dass er sich nicht einverstanden erklärte. Nachdem Cedrik abgereist war, hatte ich keine Ahnung, was ich mit einem Laptop anfangen sollte. Abgesehen von einer Sache: Ich konnte ihn verkaufen! Ich bekam ungefähr 25.000 Baht (500 Euro), knapp die Hälfte des Neupreises. Cedrik ließ dieses wertvolle Stück High-Tech bei mir, damit ich es verkaufen konnte, auch wenn das unausgesprochen blieb. Ich hatte eine beachtliche Überredungskunst entwickelt.

In den letzten Tagen seines Aufenthaltes wohnten Cedrik und ich in einem schönen Hotel in Bangkok. Meine Mutter besuchte uns. Sie war von dem Luxus, der sie umgab, überwältigt, da sie nicht viel mehr als unser Dorf kannte. Sie und ich gingen am Empfang vorbei und weiter zu den Fahrstühlen. Als uns niemand aufhielt, fragte sie mich, warum. Ich sagte ihr, das sei so, weil Cedrik großzügig Trinkgelder verteile, und nun sogar ich ein VIP wäre.

Wir bestiegen den Fahrstuhl und fuhren hinauf in den dritten Stock, wo sich unser Zimmer befand. Es war Mutters erste Fahrt mit einem Fahrstuhl. Sie sah auf den Boden und sagte: »Sieh mal, jemand hat meine Schuhe gestohlen!« Thais ziehen ihre Schuhe aus, wenn sie ein Zimmer betreten. Meine Mutter muss gedacht haben, der Fahrstuhl sei ein Zimmer und hatte ihre Schuhe davor stehen lassen. Ich fragte meine Mutter, wo sie sie ausgezogen hatte und wir fuhren wieder nach unten und holten die Schuhe.

Während sich meine Mutter ausruhte, sprachen Cedrik und ich miteinander. Wenn wir uns auch nicht groß unterhalten konnten, so wollte ich ihm doch meine finanzielle Situation klarmachen. Ich konnte ihn überreden, dass er mir nach seiner Ankunft zu Hause monatlich Geld überwies. Das war so ziemlich das Einzige, was ich an Cedrik mochte. Er glaubte, ich würde ihm die Wahrheit sagen und auf ihn warten, bis er nach Thailand zurückkehrte. Zwei Wochen lang war er in Thailand, aber bei seiner Abreise genauso unerfahren und naiv wie bei seiner Ankunft. Durch den gerade absolvierten Intensivkurs »Die Regeln eines Bargirls im Spiel des Lebens« war er mit Pauken und Trompeten durchgefallen. Meine Mutter war froh darüber und fuhr nach Hause. Sie konnte sicher sein, dass ich meinen Verpflichtungen weiter nachkäme. Ihr Einkommen würde sich nicht verringern.

Näns Selbstzerstörung

Wir wohnten gut ein Jahr in Pattaya, als Nän einen Drogendealer traf, und sich daraufhin nicht länger mit Touristen abgab. Wir hatten nun nicht mehr dieselbe Arbeit. Ich wollte nicht mehr Teil ihres Lebens sein, weil sie einen Thaifreund hatte, der mit Drogen dealte. Aus diesem Grunde hatten wir sehr wenig Kontakt miteinander.

Es ist Jahre her, dass Nän und ich uns kennengelernt hatten. Inzwischen ändert sie jede Woche ihren Namen und ihre Telefonnummer, und zieht von einer Freundin zur nächsten. So lebt sie seit zwei Jahren, seitdem sie aus dem Gefängnis entlassen wurde, in das sie wegen Drogenhandels gekommen war. Ich habe sie nur noch selten gesehen, auch wenn sie immer wieder versprach, mich zu besuchen. Sie leiht sich Sachen von einer Freundin, geht zur nächsten Freundin und leiht sich wieder etwas. Es ist schon sehr praktisch, dass wir alle so klein sind und Klamotten tauschen können. Dasselbe gilt auch für Näns Handys. Jedesmal, wenn sie mich anruft, hat sie eine neue Nummer. Sie hat einen Lebensstil entwickelt, der sie ständig »auf der Flucht« sein lässt. Nachdem sie ihren 13 Jahre alten Körper für Sex verkauft hatte, folgte eine Periode der Drogenabhängigkeit. Das machte aus ihr eine traurige, sogar gequälte und trotzdem noch ziemlich hübsche Frau, die vor sich selbst wegrennt. Aber sie kann nie weit genug weglaufen, und sie wird auch niemals frei sein.

Sai zieht nach Pattaya

Etwa 18 Monate nach meiner Ankunft in Pattaya, Nän und ich waren inzwischen verschiedene Wege gegangen, schickte meine Mutter Sai zu mir. Sai war von ihrer Mutter (der Schwester meiner Mutter) bei uns zu Hause abgeliefert worden, als sie noch ein Baby war. Jetzt war Sai 13 Jahre alt und machte meiner Mutter viele Sorgen. Mit zehn hatte Sai herausgefunden, dass sie nicht unsere wirkliche Schwester war und hatte das Gefühl, von ihrer Mutter weggeworfen worden zu sein. Darunter litt sie nach wie vor. Sai war nun in dem Alter, in dem ich war, als ich weggeschickt wurde. Ich fragte mich immer, ob meine Mutter das vielleicht tat, weil sie mehr Geld zur Verfügung haben würde, wenn Sai nicht mehr zu Hause lebte.

Auf der anderen Seite konnte ich verstehen, dass meine Schwester Ubon verlassen wollte. Sie sah, wie viel Geld ich verdiente, wie viel ich davon nach Hause schicken konnte und wie gut ich englisch sprach. Sie wollte mein »gutes Leben« teilen. Allerdings wusste sie nicht, wie ich mein Geld verdiente oder welchen Preis ich dafür zahlen musste.

Als Sai in Pattaya ankam, schickte ich sie sofort zur Schule. Es war viel Arbeit, sich um sie zu kümmern. Ich war zu der Zeit erst 17 und meist bis früh morgens unterwegs. Ich kam erst gegen 2 Uhr oder 4 Uhr nach Hause, schlief ein paar Stunden, und weckte meine Schwester um 7 Uhr, damit sie zur Schule gehen konnte. Ich gab ihr immer 100 Baht für den Bus, etwas zu essen und Schulutensilien. Es ging ihr besser als den meisten anderen Mädchen in der Schule. Selbst in einem schlechten Monat verdiente ich zwischen 40.000 und 50.000 Baht, 800 und 1.000 Euro. Wir hatten

Die Hauptattraktion – 17 Jahre alt

PATTAYA: EIN PARADIES FÜR SEXTOURISTEN

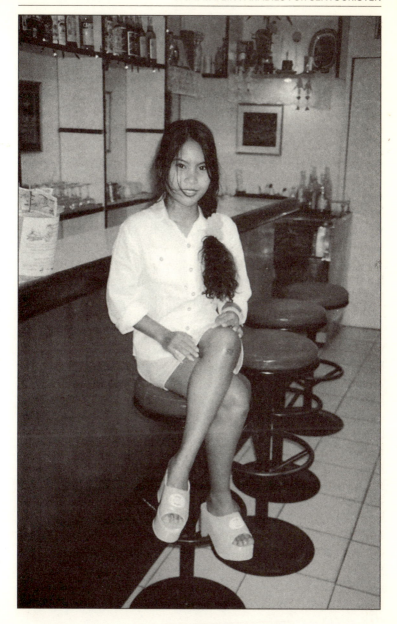

alles, was wir brauchten. In finanzieller Hinsicht hatte ich schließlich einen lohnenden Beruf ergriffen.

Eines Tages kam Sai weinend nach Hause. Sie fragte, ob ich Sex mit Touristen hätte, um all das Geld zu verdienen, das ich hatte. Ich sagte ihr die Wahrheit. Ich schlief mit Touristen, und das war nötig, um die Miete zu bezahlen, Lebensmittel zu kaufen sowie ihre und Yings Schulausbildung zu finanzieren, damit sie später gute Jobs bekamen. Warum weinte Sai? Sie hatte mit einem anderen Mädchen gesprochen, das sagte, ich käme immer so spät nach Hause und hätte so viel Geld, weil ich eine Prostituierte sei. Ich weiß, dass das Mädchen das nur gesagt hat, um Sai zu verletzen und zu demütigen, weil Sai mehr Geld hatte als sie selbst. Sai warf sich auf den Boden und weinte endlos. Sie schrie, sie müsse nicht zur Schule gehen und könne sich einen Job suchen. Sie flehte mich an aufzuhören. Meine Mutter hätte das nie getan. Sai liebte mich so viel mehr, als meine Mutter dies jemals getan hatte.

Sai auf Abwegen

Zwei Tage bevor Cedrik in die Schweiz zurückflog, rief ich Sai in Pattaya an, um zu fragen, wie es ihr ginge. Sie war bereits seit einer ganzen Weile bei mir. Aus meiner Sicht war das Telefonat mit 10 Baht pro Minute teuer. Bargirls versuchen die Männer, mit denen sie gerade zusammen sind, bis zum Letzten auszunehmen. Daher benutzte ich das Telefon meines jungen und großzügigen Kunden in dessen Hotelzimmer. Meine Schwester war nicht zu Hause. Es war bereits 20 Uhr, und sie wusste, dass sie am nächsten Morgen zur Schule gehen musste. Ich war böse, denn ich war ihre Ersatzmutter in Pattaya und nicht nur ihre ältere Schwester. Eine halbe Stunde später versuchte ich es noch einmal, und wieder keine Antwort. Ich war nun noch viel böser, machte mir aber auch Sorgen. Ich versuchte es noch einmal um 22 Uhr, dann alle zehn oder 20 Minuten. Ich bekam Angst. Sie war kaum 14 Jahre alt. Ich konnte mir nicht vorstellen, was mit ihr passiert war. Ich hatte immer befürchtet, dass sie beginnen könnte, Männer für Geld zu treffen – so wie ich.

Sie war in Pattaya, ich in Bangkok – zwei Stunden entfernt. Ich wusste nicht, wo genau in Pattaya sie sein könnte und wusste nicht, was ich tun sollte. Mit Cedrik konnte ich nicht sprechen, weil er kein Englisch verstand. Er verstand nicht, weshalb ich weinte. Es gab nur einen Weg: Ich musste jemanden anrufen, der sich vor Ort um meine Belange kümmerte. Da gab es nur einen: Dave. Von ihm wird später noch öfter die Rede sein. Weinend wählte ich seine Nummer. Dave hatte Englisch in Bangkok unterrichtet, und war seit etwa zwei Jahren mein Freund. Er lieh mir immer Geld, wenn ich zu viel nach Hause geschickt oder zu viel ausgegeben hatte oder wenn ich einfach etwas brauchte. Ich war verzweifelt und musste mit jemandem reden.

Es war inzwischen ein Uhr morgens. Ich wusste, dass er nicht viel tun konnte, aber wenigstens konnte er mir zuhören und meine Angst verstehen. Meine Sorge um Sai war größer als die, dass ich Dave womöglich aufweckte. Ich hatte Angst, er würde böse sein, doch ich täuschte mich. Er war froh, von mir zu hören, wenn auch zu dieser späten Stunde und unter diesen Umständen. Ich sagte ihm, dass meine Schwester noch nicht zu Hause war, und ich schreckliche Angst hatte, dass ihr etwas zugestoßen sein könnte. Ein Motorradunfall oder noch viel schlimmer: Vielleicht war sie losgezogen, um einen Farang zu finden. Dave tröstete mich, sagte aber auch, dass er nicht wisse, wie er mir helfen könne. Das wusste ich auch, aber es tat mir gut, mit ihm zu sprechen. Nach dem Telefonat ging es mir besser.

Kurz danach rief ich wieder bei mir zu Hause an. Diesmal war meine Schwester zu Hause. Sie hat mich noch nie vorher so laut und so lange schreien hören. Ich war böse und hatte große Angst. Von nun an wusste sie, dass sie alle meine Regeln zu befolgen hatte, sonst würde ich sie sofort ins Dorf zurückschicken. Sie hatte Angst davor, wieder bei unserer Mutter leben zu müssen. Sie müsste dann das Touristenmekka Pattaya verlassen, auch den Strand, an dem sie immer so gern spielte. Sie nahm sich meine Drohung zu Herzen und versprach, von nun an immer um 20 Uhr zu Hause zu sein. Jetzt, nachdem ich wusste, dass meine Schwester in Sicherheit war, und ich alle Gefühle von Angst über Wut bis hin zur Erleichterung durchgemacht hatte, konnte ich schlafen gehen. In dieser Nacht gab es für Cedrik keinen Sex. Ich war erschöpft!

Einige Zeit lang hatte ich versucht, Sai zu erziehen. Sie war in der achten Klasse und brauchte nur noch ein Jahr, um die neunte Klasse zu absolvieren. Eine große Ehre für ein Mädchen aus meiner Gegend. Mit einem entsprechenden Schulabschluss könnte sie Jobs bekommen, die für mich immer unerreichbar bleiben würden. Ich konnte nicht riskieren, dass sie diese Chance nicht nutzte. Ich selbst hatte zu lange zu viel durchgemacht. Es war zu spät, um jetzt noch aufzuhören. Sai musste sich einfach etwas zusammenreißen!

Cedriks Vorschläge

Bevor Cedrik abreiste, fragte er mich, ob ich ihn heiraten wolle. Selbstverständlich akzeptierte ich. Für jemanden wie mich ist »Heirat« ein Arbeitsvertrag mit einem guten monatlichen Gehalt und einem Vorschuss, egal wie produktiv man während der Vertragslaufzeit ist. Und als Obolus gab es ein Visum für Europa! Cedrik flog mit einem Lächeln auf seinem Gesicht heim nach Europa und glaubte wohl, ich würde ihm immer die Wahrheit sagen. Er versprach, mir monatlich 500 Euro zu überweisen, damit ich nicht arbeiten musste. Ich versicherte ihm, dass ich ihn liebte und ihm treu wäre und nie wieder in einem GoGo arbeiten würde. Ich sagte ihm alles, was er hören wollte, und in seiner Naivität glaubte er mir jedes Wort.

Obwohl er mich nur zwei Wochen kannte, hatte er mir diesen Heiratsantrag gemacht. Jeder denkende Mensch müsste wissen, dass diese Zuneigung niemals aus seinem Herzen kam, sondern seinen Lenden im Feuer der Leidenschaft entsprang. Cedriks Verstand war von seiner Lust davongeschwemmt worden. Doch was auch immer er spürte, es war mit Sicherheit keine Liebe. Er versuchte zu bestimmen, wie ich mich anzuziehen hatte und was ich essen sollte. Er mochte den Geruch der Thai- oder Isanküche nicht. Er wollte immer Sex – ob ich wollte oder nicht. Er behandelte mich wie seine Angestellte und nicht wie seine Freundin. Ich tolerierte das, denn ich wollte Thailand für ein besseres Leben in der Schweiz, für meine erste Reise nach Europa und für all das Geld, das von ihm über mich an meine Familie gehen würde, verlassen.

Als Cedrik zu Hause war, erhielt ich dank seiner Großzügigkeit ein regelmäßiges Einkommen. Allerdings konnte ich nicht länger in dem GoGo arbeiten, das seine Freunde kannten. Stattdessen wurde ich eine Freischaffende, die Touristen in Discos und Kaufhäusern traf – tatsächlich verdiente ich so sehr viel mehr Geld. Ich machte jeden Monat zwischen 1.000 und 1.200 Euro.

Ich lebte nun mit einem anderen Mann zusammen, der mir monatlich 600 Euro gab, während ich noch arbeitete. Nach Cedriks Rückkehr in die Schweiz verdiente ich mehrere Monate lang über 75.000 Baht im Monat – 1.500 Euro.

Tony oder Cedrik

Tony kam nach Thailand zurück, und kaufte mir noch einen Hund namens »Gigi«. Auch wenn Cedrik mir jeden Monat Geld schickte, dachte ich, Tony sei der Mann, der am besten zu mir passte. Daher fuhren er und ich nach Ubon zu meiner Mutter. Doch meine Familie mochte Tony nicht, weil er 52 Jahre alt war. In Ubon kaufte Tony einen weiteren Hund, den ich »Dummy« nannte. Tony hatte gehofft, sich so bei meiner Familie beliebt zu machen. Er verstand nichts. Geld war das einzige Mittel, sich bei meiner Familie beliebt zu machen. Wir ließen Dummy bei meiner Mutter und kehrten nach Pattaya zurück.

Meine Familienmitglieder bevorzugten Cedrik, denn er gab mehr Geld für meine Familie aus und war sehr viel jünger als Tony. Daher sollte ich Tony nicht mehr treffen, um Cedrik heiraten zu können. Sie hofften auf das große Geld: eine Abfindung für die Hochzeit mit mir. Allerdings waren sie auch froh, wenn beide Männer zahlten. Als ich Tony sagte, dass ich in die Schweiz wollte, um Cedrik zu treffen, war er todunglücklich. Recht schnell fand er allerdings eine neue Freundin, die den Herzschmerz linderte.

Arbeit in einem neuen GoGo: Ich tanze wieder

Nachdem ich einige Zeit als Freischaffende gearbeitet hatte, entschloss ich mich, wieder einen Job anzunehmen. Das bedeutete, in einem GoGo zu tanzen, aber weit weg vom »Sexy GoGo«. Ich war nicht nur eine gute Tänzerin, ich hatte auch eine bronzefarbene Haut, für die Frauen aus dem Westen ein Vermögen in Sonnenstudios ausgeben oder viele Tage am Strand verbringen müssen. Eine Haut, die Farangs liebten. Es fiel mir leicht, Kunden dazu zu bewegen, mir Drinks zu kaufen und die Bar-fine zu bezahlen. Die GoGos stellten mich daher gerne ein. Das nächste GoGo, für das ich arbeitete, war das »Baby GoGo«, das schönste in Pattaya. Ich wurde sofort für ein monatliches Gehalt von 6.000 Baht eingestellt. Der Lohn bezog sich nur auf das Tanzen. Ich bekam extra Geld, wenn Männer mir Drinks spendierten, noch mehr Geld für Quickies in den Zimmern oder für die Bar-fine, wenn ich ins Hotel mitgenommen wurde.

Herzensbrecher – 17 Jahre alt

PATTAYA: EIN PARADIES FÜR SEXTOURISTEN

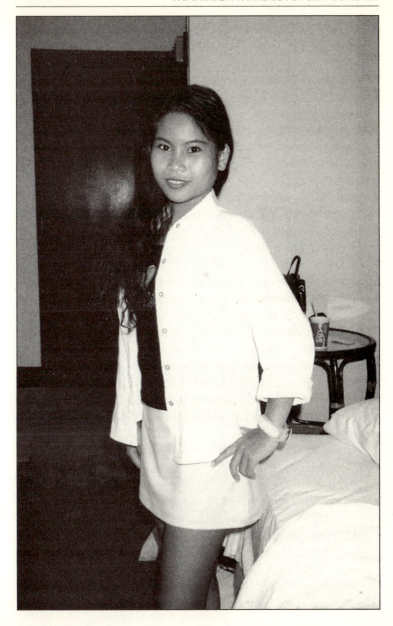

Mein durchschnittliches monatliches Einkommen:

Gehalt	6.000 Baht	120 Euro
Lady Drinks (30 Baht)	2.100 Baht	42 Euro
Short time *Bar-fine* (mein Anteil 200 Baht)	3.000 Baht	60 Euro
Short time Trinkgeld (mein Anteil 1.000 Baht)	15.000 Baht	300 Euro
Bar-fine für die ganze Nacht (mein Anteil 150 Baht)	2.700 Baht	54 Euro
Trinkgeld für die ganze Nacht (mein Anteil 1.000 Baht)	18.000 Baht	360 Euro
Summe	46.800 Baht	936 Euro
Cedriks Überweisung	25.000 Baht	500 Euro
Mein Einkommen	**71.800 Baht**	**1.436 Euro**

Dieses Einkommen muss man mit dem vergleichen, was ein Mädchen in einem anderen Beruf erzielt. Hinzu kommt meine Bildung – vielmehr das Fehlen derselben – und auch, dass die Gehälter in Pattaya weit über dem Landesdurchschnitt (von Bangkok einmal abgesehen) liegen:

Zimmermädchen	3.000 Baht	60 Euro
Kellnerin inkl. Trinkgelder	5.000 Baht	100 Euro
Ungelernte Näherin	3.000 Baht	60 Euro

Die Mädchen in Bangkok und Pattaya, ich eingeschlossen, machen auch Geld, indem sie den Touristen Räuberpistolen erzählen. Die Männer glauben uns diesen Quatsch immer wieder. Sie hatten vorher niemanden, der sie so sehr wie wir geliebt und ihnen derartig viel Aufmerksamkeit geschenkt hat. Und sie hatten vorher auch niemanden, der sie so kaltblütig angelogen hat, um ihre Euros, Franken, Dollars oder jedes Pfund einzukassieren.

Einige Beispiele für unsere Lügen:
- Meine Mutter ist krank und braucht 5.000 Baht.
- Meine Schwester braucht 5.000 Baht für die Schule. (5.000 Baht würden übrigens für ein ganzes Schuljahr und noch viel mehr reichen.)
- Meine Schwester ist krank und muss Medikamente nehmen. Ich brauche 2.000 Baht. Das staatliche Krankenhaus benötigt Wochen, um ihr die Medikamente zu besorgen, deshalb muss sie in eine Privatklinik.
- Der Büffel ist gestorben. Ich brauche 10.000 Baht.
- Es regnet durch das Dach. Ich brauche 3.000 Baht.
- Die Reisernte ist verregnet. Ich brauche 10.000 Baht. (Touristen kennen die Erntezeiten nicht.)
- Der Kühlschrank ist kaputt. Ich brauche 4.000 Baht.
- Ich brauche mehr Geld, um es meiner Mutter zum Chinesischen Neujahr (Thai-Neujahr, Isan-Neujahr, Buddhistischen Neujahr oder irgendeinem anderen Neujahr, das ich erfand) zu schicken.
- Meine Cousine hat ein Kind bekommen. Ich brauche 2.000 Baht, die ich ihr schicke, damit Buddha sie segnet.
- Ich habe Geburtstag. Oder jemand in meiner Familie hat Geburtstag. Dann brauchte ich natürlich Geld, um Geschenke oder Goldschmuck nach Hause zu schicken. Ich hatte an vielen verschiedenen Tagen des Jahres Geburtstag, wie alle Mitglieder meiner Familie.

Farangs gaben mir das Geld meist ohne mit der Wimper zu zucken. Sie wollten mir helfen, weil ich ihnen leid tat. Das ist der Grund, warum ich tat, was ich tat, und warum es so schwierig ist, als Bargirl aufzuhören. Es machte mir großen Spaß, Männer anzulügen und von ihnen zu bekommen, was irgend möglich war. Meine Familie hat sich an dieses Einkommen ebenfalls gewöhnt.

Viele Jahre lang sparte ich nichts, aber ich ersparte meinen Schwestern, so zu enden wie ich. Sie sollten niemals Männer kennenlernen wie »Bangkok John« oder »Jimmy the Switch«. Das war einer der Gründe, weshalb ich meiner Mutter Geld schickte – so schnell und so viel wie möglich. Ich wollte sicherstellen, dass die beiden in die Schule gingen. Wir lebten alle von meinem Einkommen. Meine Familie und ich fanden toll, was man damit in einem armen Land alles kaufen konnte. Wir wollten nicht mehr so leben wie früher. Es gibt kein Leben ohne »Gesicht machen«.

Wenn es einen anderen Weg gegeben hätte, um zu überleben, dann hätte ich diesen sofort gewählt. Mein Land bietet aber keine Alternativen. Alle anderen Wege hätten in die Armut geführt.

Mädchen kommen in die Touristenorte, um Geld für ihre Familien zu verdienen – nicht für sich selbst. An manchen Tagen gibt es mehr Geld als an anderen. In der Hochsaison, wenn viele Touristen nach Thailand kommen, scheint es, dass das Geld auf den Bäumen wächst. Ein Mädchen muss noch nicht einmal mit vielen Männern schlafen, um gutes Geld zu verdienen. Trinkgelder in der Bar und der Anteil an den Lady-Drinks (30 %) bescheren uns eine große finanzielle Belohnung. Touristen sind äußerst großzügig, wenn sie unsere Aufmerksamkeit auf sich ziehen wollen und in einer Art Wettbewerb gegeneinander antreten. Ich war immer sehr begehrt und liebte es, Aufmerksamkeit zu erregen, weil dies mit Macht über Männer verbunden war. Einige von uns haben sich um andere Arbeit bemüht, aber die dortigen Gehälter kommen nicht im Entferntesten an das Einkommen meines Berufes heran. Selbst wenn wir bereit gewesen wären, einen schlechtbezahlten Job anzunehmen, hätten wir kaum einen bekommen. Als ich älter wurde, hatte ich allerdings Glück.

Als ich 18 wurde, gehörte ich zu den beliebtesten Tänzerinnen in meinem GoGo. Ich verdiente viel Geld, lebte gut und half meiner Familie. Ich hatte Glück, denn ich kannte naive Männer, die mir von zu Hause aus Geld überwiesen und tatsächlich glaubten, ich würde das Barleben aufgeben und däumchendrehend auf ihre

Rückkehr nach Thailand warten. Ich kann nicht verstehen, dass ein älterer Mann glaubt, eine achtzehnjährige Prostituierte, die er eben erst getroffen hat, sage ihm die Wahrheit. Die jungen Männer sind allerdings genauso leichtgläubig und fallen ebenfalls auf uns herein, wenn sie auch weit weniger tief in ihre Taschen greifen. Ich war an jedem von ihnen interessiert – solange der Rubel rollte. Ich kann nur vermuten, dass die meisten Männer ein Ego von der Größe der Erdkugel haben.

Wandelnde Geldautomaten: Bargirls

In den Augen unserer Familien sind wir, die Bargirls von Pattaya, Bangkok und Phuket, nichts weiter als wandelnde Geldautomaten. Unsere Familien versuchen nicht mehr, finanziell auf eigenen Beinen zu stehen. Sie warten lieber darauf, dass Bargirls Geld mit der Post nach Hause schicken oder – mit der heutigen Technik – sie einen Anruf bekommen, in dem ihnen mitgeteilt wird, dass sie Geld vom Geldautomaten abheben können. Unsere Familien bedrängen uns immer wegen des Geldes. Sie glauben, das Geld falle einfach vom Himmel. Sie verstehen nicht, was wir wirklich dafür bezahlen.

Wandelnde Geldautomaten: Farangs

In den Augen der Bargirls wiederum sind die Farangs wandelnde Geldautomaten. Wir haben keine Ahnung, was Farangs gemacht haben, um ihr Geld zu verdienen. Anstatt uns dafür zu interessieren, versuchen wir, den Touristen um jeden möglichen Baht zu erleichtern, indem wir durchtrieben oder hinterlistig sind. Im Grunde sehen wir in dem Touristen, was unsere Familienmitglieder in uns sehen. Wie sehr ich meine Mutter dafür verabscheue, dass für sie das Geld, das ich verdiene, mehr wert ist als ich selbst! Als Mädchen aus dem Isan kann ich das nicht offen zeigen. Auf der anderen Seite legte ich das gleiche Verhalten gegenüber meinen Kunden an den Tag. Ich habe viele Männer verletzt, aber es interessierte mich nicht.

Glaubten meine Kunden, 20 Euro als Preis für Sex mit mir als 15, 16 oder 17 Jahre altes Mädchen seien eine ausreichende Kompensation für die wahren mentalen und emotionalen Schmerzen, die ich spürte, wenn ich mit ihnen schlief? Wenn sie das glaubten, dann machten sie einen großen Fehler.

Ich war mit meinem Leben, meinem Job und meinem Einkommen zufrieden, als mein Gehalt im GoGo schlagartig in den Keller rutschte. Ich war mehr darüber verärgert, wie es passierte, als über den Verlust des Geldes. Eines Tages wurde die Bar-fine von einem Mann bezahlt, der mich damit für zwei Wochen »aus der Bar herauskaufte«. Als ich in die Bar zurückkehrte, behauptete die Mama-san, die Bar-fine sei nie gezahlt worden. Am Ende des Monats zog sie die Bar-fine von 7.000 Baht von meinem Gehalt ab sowie weitere 150 Baht für jeden Tag, den ich nicht in der Bar gewesen war. Von meinem Gehalt im GoGo blieb fast nichts übrig. Ich war so aufgebracht, dass ich sofort kündigte und in einem anderen GoGo anfing.

Es dauerte nicht lange, da zählte ich wieder zu den besten Tänzerinnen der Bar. Zwar gab es dort viele andere attraktive Mädchen, aber glücklicherweise mochten die Männer mich. Ich war extrovertiert und sprach gut englisch. Viele Mädchen in Thailand können kein Englisch sprechen, so dass die, die es können, einen großen Vorteil haben.

Tagsüber hatte ich viel Zeit und ging wieder zur Schule. Da in Thailand so viele Menschen die Schule bereits nach der sechsten Klasse abgebrochen haben, gibt es staatliche Kurse, in denen man nachmittags, abends oder an Wochenenden seinen Abschluss nachholen kann.

All das mit nur 1,45 m, 18 Jahre alt

PATTAYA: EIN PARADIES FÜR SEXTOURISTEN

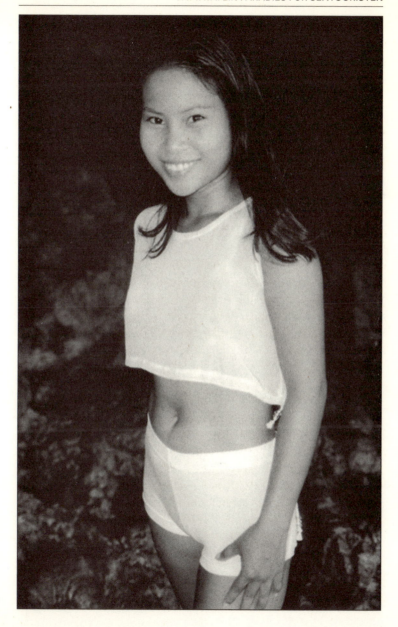

Ich entschied mich, eine Schule in Naklua, Pattayas Schwesternstadt, zu besuchen. Ich musste nicht sehr oft hin. Alle zwei Wochen schnappte ich mir meine Bücher und ging in die Schule. Langsam wurde es Zeit, mehr aus meinem Leben zu machen.

SIEBENTES KAPITEL

Bildung: Nur Jungen, Mädchen unerwünscht

Ich wurde als Mädchen in dieses thailändische Dorf von mittellosen, ungebildeten Hinterwäldlern geboren. Wie die meisten armen Mädchen musste ich nach der fünften Klasse im Alter von zwölf Jahren die Schule abbrechen. Es gab nur Geld für die Ausbildung meines Bruders. »Ausbildung nur für Jungen« lautet die Parole in Thailand seit Beginn unserer Zivilisation. Diese chauvinistische Richtlinie benachteiligt Mädchen von Anfang an, eine richtige Arbeit finden zu können. So wird auch der Weg in die Prostitution wahrscheinlicher, um so der Armut zu entkommen. Die Entscheidung, die ich vor vielen Jahren traf, wird täglich jede Woche von Tausenden von Mädchen getroffen – meist aus Ländern der Dritten Welt, insbesondere Ländern in Südostasien.

In der Stadt spiegelt sich die Ungleichbehandlung in der Bildung in einer Analphabetenrate bei Mädchen von 17 % und bei Jungen von 6 % wider. Auf dem Land waren Schulen und Lehrer schon immer knapp. Buddhistische Mönche haben versucht, dies auszugleichen, indem sie ein Bildungssystem anboten – nur für Jungen. Mädchen dürfen religiöse Schulen nicht besuchen, dabei ist dies oftmals die einzige Möglichkeit für Arme, Schulbildung zu erhalten. Die Folge ist eine weiterhin steigende Analphabetenrate bei Frauen. Junge Mädchen wie ich verlassen ungebildet und ungelernt ihr Zuhause, ohne Möglichkeit, ihren Lebensunterhalt zu verdienen, es sei denn, sie verkaufen ihren Körper und ihre Unschuld an den nächstbesten Bieter.

Die landesweite durchschnittliche Schulabbrecherquote zwischen der sechsten und zwölften Klasse beträgt 52 %, in der Provinz über 80 %. Schüler gehen arbeiten oder sitzen zu Hause herum, weil sich ihre Eltern weder die Einschreibegebühren noch die Kosten für Schuluniformen, Schuhe, Lehrer, Fördermittel oder den Schulbus leisten können. Mädchen arbeiten auf den Feldern oder in Ausbeuterbetrieben. Jungen ernten Reis, thailändische Kartoffeln, Zuckerrohr oder gehen mit den Büffeln auf die Weide.

Eine andere Möglichkeit für Mädchen ist es, nach Bangkok zu gehen und bei einer älteren Schwester zu arbeiten, die sich um Kinder kümmert und als Hausmädchen arbeitet. Sie könnten auch in illegalen Ausbeuterbetrieben arbeiten. Bis vor Kurzem konnten vom Staat kontrollierte Fabriken keine Arbeiter ohne Personalausweis einstellen. Diesen erhält man erst im Alter von 15 Jahren. Aber viele Fabrikbesitzer fragen nicht nach Ausweisen von Kindern, um niedrigere Gehälter zahlen zu können. Das legale Eintrittsalter in Fabriken wurde nun auf 18 heraufgesetzt, um Kinder und Jugendliche zu schützen, doch das fruchtet nicht. Das Establishment gewinnt, denn die mittellosen jungen Leute akzeptieren illegale und fürchterliche Arbeitsbedingungen, um eine Anstellung zu erhalten, egal welche.

Es gibt andere als die oben beschriebenen Wege. Einer führt zu einem Bordell, in dem sich junge Frauen in der Regel an Einheimische verkaufen. Ein anderer, den auch ich eingeschlagen habe, führt nach Bangkok, Pattaya, Phuket, Koh Samui und ähnliche Orte, um Touristen zu treffen und mit ihnen zu schlafen.

Im Alter von 13 ist es für ein junges Mädchen, das kaum ein Teenager ist, nicht ungewöhnlich, Lippenstift zu tragen und mit ihren Freundinnen ins »Kino« zu gehen, wo sie Jungs kennenlernen. Wenn der fahrbare Kino-Lastwagen ins Dorf kommt, wird dessen Ankunft mittels einer Lautsprecherdurchsage verkündet. Filme werden auf Fußballfeldern vorgeführt. Ein riesiges Tuch dient buchstäblich als Leinwand, Jugendliche bringen eigene Kissen mit.

Junge Mädchen werden oft schwanger und heiraten. Die Jugendlichen in den Dörfern sind sehr naiv und wissen nichts über Verhütung. Wenn das Mädchen nicht schwanger wird, aber zusammen mit ihrem Freund ausgeht, dann werden die Eltern des Mädchens häufig einen Brautpreis zwischen 20.000 und 30.000 Baht – 400 und 600 Euro – verlangen, ob die Jugendlichen nun Sex hatten oder nicht. Wenn der Junge das Mädchen weiterhin treffen will, muss er sich einverstanden erklären.

Als ich in die Grundschule ging, hätten staatliche Schulen kostenfrei sein müssen, aber sie waren es nicht. Zehn Jahre später sind sie es immer noch nicht. »Trinkgeld«, Spenden oder eine Mitgliedschaft sind oft Voraussetzungen für Eltern, ihren Kindern einen Platz in der Schule zu ermöglichen.[5] Die staatlichen Schulen kennen viele phantasievolle Wege, um den Eltern das Geld für die Ausbildung ihrer Kinder aus der Tasche zu ziehen. Die Anstellung von Lehrern wird berechnet, die Kosten von Karten, um die Schulmensa zu nutzen (nicht aber für das Essen selbst), Stromkosten (für die Klimaanlage) müssen bezahlt werden, Kosten für das Saubermachen, der Computerunterricht kostet extra usw. Ab und zu sollte dem Lehrer auch ein kleines Geschenk gemacht werden, damit der Schüler ohne Schwierigkeiten die Tests besteht, egal mit welchem Notendurchschnitt. Diese Liste ist bei Weitem nicht vollständig.[6]

In der Stadt verlangen einige Schulen 4.000 Baht jährlich zuzüglich anderer Gebühren – ein Monatsgehalt für die schlechter verdienenden Thais.[7] Nach der sechsten Klasse steigen diese illegalen Gebühren derartig, dass sich Bildung für ärmere Familien von selbst erübrigt, insbesondere in der Provinz. Die Schulen, die von den Eltern kein Schulgeld verlangen, machen durch die obligatorischen Kosten für Uniformen, Blöcke und Bleistifte den Schulbesuch für Kinder ärmerer Eltern unmöglich. Ohne diese notwendigen Anschaffungen können Kinder nicht am Unterricht teilnehmen.

Im Mai 2004 »kämpften mehr als die Hälfte aller Eltern von Schulkindern im Großraum Bangkok damit, Geld für das kommende Schuljahr aufzubringen ...«. Sie liehen Geld von illegalen Geldverleihern mit monatlichen Zinsraten bis zu einer Höhe von 20 %.[8] Das Dilemma kann am besten anhand einer Mutter beschrieben werden, die den Mut hatte, ihre Geschichte einer Zeitung zu erzählen. Sie sah sich gezwungen, ihrer Tochter einen Platz in einer staatlichen Schule für 30.000 Baht (600 Euro) zu kaufen. Sie griff auf ihr Erspartes zurück und lieh sich den Rest. Der Direktor weigerte sich, den Schulplatz für weniger Geld anzubieten und wollte auch keine Quittung ausstellen. Die thailändische Verfassung von 1997 garantiert zwölf Jahre kostenfreie Schulbildung, aber dieses Gesetz muss noch umgesetzt werden.

Das Vorurteil, Ärmeren besser keine Schulausbildung zu gewähren, ist weit verbreitet. Es wird von staatlichen Stellen gefördert, indem oft unmögliche Forderungen gestellt werden, die absichtlich ethnischen Minderheiten oder Kindern mittelloser Eltern die Schulbildung vorenthalten. Die Kinder des Bergstammes Hmong dürfen nur in eine einzige Schule gehen, die aus diesem Grund völlig überlaufen ist. Eltern dieser Kinder muss eine polizeiliche Anmeldung ausgestellt werden, damit sie die Sperrgebiete verlassen dürfen. Selbst wenn ein Kind gut in der Schule ist und fließend Thai spricht, wird ihm ohne die thailändische Staatsbürgerschaft eine entsprechende Bescheinigung verweigert, es kann daher keine höhere Schule besuchen.

Ein Kurs, der Menschenrechte behandelt, wurde im Herbst 2003 auf den Stundenplan gesetzt, der die Schüler vom Kindergarten bis zum Gymnasium begleiten sollte. Die Vorgabe von Menschenrechten und das Fehlen derselben in Thailand wird sicherlich ein Dilemma für Lehrer darstellen, wo doch so viele von ihnen mangelnden Respekt von Schülern beklagen, seitdem sie nicht mehr den Rohrstock einsetzen dürfen.[9]

Bis vor Kurzem war auch der Haarschnitt eine Voraussetzung, um eine Schulausbildung zu erhalten, und zwar »Prinz-Eisenherz«-Frisuren für Mädchen und »Topfschnitte« für Jungs. Bis Mai 2003 war dies sogar ein Gesetz, und viele Eltern litten darunter. Ein Lehrer verpflichtete seine Schüler, sich jeden Monat für 40 Baht in dem Friseursalon die Haare schneiden zu lassen, dessen Besitzer er war.[10] Scheren waren neben dem Rohrstock eine Form der Bestrafung. Ein Lehrer konnte jederzeit entscheiden, dass die Haare eines Schülers zu lang waren. Ein Stück Haar, das willkürlich abgeschnitten wurde, zwang den Schüler zum Friseurbesuch. Eine übliche Praxis im »modernen thailändischen Bildungssystem«. Erniedrigung und Gesichtsverlust waren das Resultat der grausamen Taten. Die thailändischen Lehrer sollten erst einmal selbst etwas über Menschenrechte lernen, bevor sie den Stoff an Schüler vermitteln.

Es ist eine traurige und unleugbare Tatsache, dass das »Verwehren von Schulbildung eine ergiebige Anzahl von ungebildeten und leicht ausnutzbaren Arbeitern schafft, die für die Reichen Elektrogeräte zusammenbauen, deren Kleidung nähen oder Obst pflücken«. Bis zu 200.000 Kindern wird in Thailand eine Ausbildung verweigert, weil sie keine Staatsbürgerrechte[11] besitzen, auch wenn sie thailändischer Abstammung sind. Ohne die Möglichkeit einer Schulbildung sind Kinder mittelloser Thais dazu verdammt, ein Leben in Armut zu führen.

DIE SCHULAUSBILDUNG MEINER SCHWESTERN

Wie die meisten Kinder in Thailand wollten auch meine Schwestern zur Schule gehen. Ich wusste, dass ich einen Weg finden würde, um ihnen dies zu ermöglichen. Die neunte Klasse zu beenden, ist in Thailand eine Auszeichnung. Wenn jemand die neunte Klasse beendet, kann er eine Arbeit in einem Supermarkt oder in einem einfachen Hotel bekommen, und um die 5.000 Baht pro Monat verdienen, bei einem freien Tag pro Woche. Das ist weitaus besser, als auf einer Baustelle zu arbeiten oder in einem Ausbeuterbetrieb. Dort wird viel weniger bezahlt, die Arbeit ist womöglich gefährlich, und es gibt nur zwei freie Tage pro Monat. Wenn ein Kind bis zur neunten Klasse zur Schule gegangen ist, wird es ein wenig englisch lesen und schreiben können, allerdings kaum sprechen.

Ich muss zugeben, dass mein Interesse daran, Touristen und Auswanderer zu treffen, nicht darin begründet ist, dass ich die Schulausbildung meiner Geschwister finanzieren wollte. In Thailand über Geld zu verfügen ist gleichbedeutend damit, einen berühmten Sohn oder eine berühmte Tochter zu haben, eine tolle

Frau, die man als Trophäe herumzeigt, einen luxuriös ausgestatteten Wagen oder – falls man ein Kind ist – den tollsten Skooter oder das neueste Computerspiel. »In Thailand wird der Wert eines Menschen an der Höhe seines Vermögens gemessen.« Das ist wahr, es sei denn, man ist ein Mönch. Allerdings ist es nicht ungewöhnlich, dass Mönche kleine oder größere Summen von den Gemeinden erheben. Im Jahre 2003 wurde ein bekannter Mönch aus dem Süden Thailands ermordet. Die Ermittlungen ergaben, dass er unter verschiedenen Namen über elf Bankkonten mit einem Gesamtguthaben von 120 Mio. Baht – 2,6 Mio. Euro – verfügte, und dass er Land und eine Reihe luxuriöser Autos besaß.[12]

Thailändische Werte ersticken die Ausbildung

»Thailändische Werte« führen Thais in die gleiche »Folge der Herde«-Mentalität, mit der bereits unsere Großeltern und deren Großeltern lebten. Das ist einer der Gründe, weshalb wir weder finanziell noch sozial einen Fortschritt gemacht haben. Unsere Werte stammen aus der Konfuzianischen Lehre, die Autorität betont und den Wechsel zwischen Rängen verneint. Die Leute, die Asien regieren, bewahren die Philosophie des Konfuzius, die die Reichen an der Macht hält, während der Rest arm und machtlos ist.

Der Glaube an Einstellung und Ehrerbietung liegt in unserer Kultur und nicht in unseren Genen. In Thailand und in ganz Südostasien verbeugen sich die Leute vor sozialen, politischen und wirtschaftlichen Traditionen. Ehrerbietung vor Autorität wird in den Schulen gelehrt und von jeder thailändischen Regierung gefordert. Bis zu dem Punkt, an dem Ausländern verboten wird, die thailändische Regierung zu kritisieren oder Journalisten verklagt werden, die dies wagen.

Gegner von Premierministern werden mit Sätzen wie »... er wird alle zerquetschen, die sich ihm entgegenstellen« zitiert. Unsere Ehrerbietung hat dabei geholfen, die Massen im Zustand der Armut zu halten.

Ich habe viele Asiaten getroffen, die nicht anders aussehen als ich, aber sich wie ein Farang benehmen. Diese Leute sind in Europa oder den USA aufgewachsen. Aus dem Blickwinkel eines asiatischen Dorfes sollten sich alle asiatisch aussehenden Menschen auch wie Asiaten benehmen, und alle Farangs sollten wie Farangs glauben, denken und sich so benehmen. Meine Reisen haben mir gezeigt, dass das nicht stimmt. Menschen mit asiatischem Blut in ihren Adern können sich so benehmen wie Farangs, meist wenn sie im Westen aufgewachsen sind. Andererseits können sich Farangs wie Asiaten benehmen. Sie können Frauen mit so viel Geringschätzung betrachten wie thailändische Männer – ohne Interesse oder Respekt für die Frau als Individuum. Das gilt besonders für Sextouristen.

Herrschende Klasse

Die herrschende Klasse wird »Kultur der Macht« genannt. Macht wurde in die Hände der regierenden Minister und Senatoren gelegt, die die Regierung darstellen. Mitglieder dieser Gruppe bestimmen, was am besten für sie selbst ist. Diese Entscheidungen werden dann in Direktiven umgesetzt, in denen gesagt wird, was am besten für Thailand ist, ob die Öffentlichkeit nun damit übereinstimmt oder nicht. Die Regierung und ihre Beamten ignorieren die einfachen Leute und benutzen Macht und Kriegsrecht, um jeden Kritiker zum Schweigen zu bringen. Die Reichen und Mächtigen genießen Immunität. Der Rest der Bevölkerung genießt von wenigen Ausnahmen abgesehen keine Staatsbürgerrechte.

In Europa und den USA können sich Bürger gegen ihre Regierung in jeder Form jederzeit auflehnen. In Asien ist das verpönt. Tatsächlich wird jede Kritik an der Regierung gewaltsam unterdrückt. In Malaysia sagt man: »Die Ente, die quakt, wird erschossen«, in Japan: »Der Nagel, der herausragt, wird reingehämmert«. In Thailand agiert die Polizei offen feindselig gegenüber denjenigen, die die herrschende Klasse in Frage stellen.

Thais hinterfragen nicht die Politik ihrer Regierung, insbesondere deshalb, weil Beschlüsse, Entscheidungen und Gesetzesvorlagen von denjenigen vermittelt werden, die über die größte Macht verfügen. Wir verbeugen uns vor der Elite oder den Politikern in Respekt, der auf Angst beruht. Asiaten haben den Ruf, ihre Vergangenheit nicht loslassen zu können. Im Gegensatz dazu werden Europäer dazu erzogen, an sich selbst zu denken und vorauszublicken. Manchmal kann das bedeuten, gegen Autoritäten zu rebellieren. Allein wegen der Pressefreiheit gibt es in westlichen Ländern hinsichtlich des Handelns von Regierungen eine Kontrolle, wenn nicht sogar ein gewisses Mitspracherecht.

Leute aus dem Westen und Asiaten, die dorthin ausgewandert sind, haben die Möglichkeit, wohlhabend zu werden. In Thailand ist das nicht so – jedenfalls nicht auf legalem Weg. Unser System bewahrt eher die Unterschicht, als aufsteigende Konsumenten zu unterstützen. Thailand exportiert Nahrungsmittel, Textilien und Fertigerzeugnisse in den Westen, der Westen exportiert Geld, Touristen und Technologie.

Ich musste Reichtum auf meine Art suchen – auf die einzig mir zugängliche Art, weil ich kein Teil der thailändischen Mittel- oder Oberklasse war. Die thailändische Elite ist oft miteinander verwandt, und ihre Geschäfte sind vernetzt. Sie arbeiten zusammen, um ihre Macht zu erhalten. Einige wenige häufen das gesamte Vermögen meines Landes an, während die Masse in unvorstellbarer Armut lebt.

Eine Mutter borgt Geld bei einem Pfandleiher, um die Ausbildung für ihr Kind finanzieren zu können. (Foto mit freundlicher Genehmigung der Pattaya Mail)

ACHTES KAPITEL

18 REGENZEITEN

Pattaya

In meinem bisherigen Leben waren Männer ausschließlich ein Mittel zum Zweck, und ich erwarte nicht, daß sich diese Ansicht in naher Zukunft ändern wird. Ich habe Männer immer bis zum Letzten bedrängt, da ich genau wusste, dass jeder von ihnen durch einen neuen zu ersetzen war, der schon an der nächsten Ecke stand. Wenn ich den Männern ihren letzten Baht entlockt hatte, hatte ich immer noch nicht genug. Ich war nie befriedigt. Egal wie schwer, unangenehm oder schmerzhaft es für sie war, meine Gier nach Geld zu befriedigen: Es interessierte mich nicht. Ich wollte immer nur mehr!

Pattaya ist anders als der Rest von Thailand, abgesehen von den Touristengegenden in der Patpong, Soi Nana und Soi Cowboy in Bangkok sowie den Inseln Samui und Phuket. Pattaya wurde für Sextouristen gebaut, und wird von diesen belagert. Viele Mädchen arbeiten in »richtigen Jobs« und treffen Touristen dann nach Feierabend. Eine Arbeit am Tage bietet den Mädchen die Gelegenheit, Männer kennenzulernen. Das wäre schwieriger, wenn sie arbeitslos und auf Discos angewiesen wären. Sicherlich gibt es unendlich viele Männer, die man in Discos oder als Tänzerin in einem GoGo treffen kann. Aber ein normaler Job, egal wie ausbeuterisch und schlecht bezahlt, kann einem Mädchen oft dabei helfen, einen netten »Tages-Mann« zu treffen – in jedem Fall besser als einen »Nacht-Betrunkenen«.

Jeder Einwohner der Stadt weiß, dass die Einnahmen Pattayas von den Bargirls aus dem Isan abhängen, die die Touristen in den

Küstenort locken. Die ungepflegten Strände sind mit Müll, Plastik und Tierexkrementen verschmutzt. Das Meer ist verseucht, und die schlechte Infrastruktur bietet einem Touristen wenig, der ein tropisches Paradies sucht.

Es ist wichtig, für die Schönheit Thailands Werbung zu machen. Daher werden Touristen auf mein Land aufmerksam gemacht, damit sie Geld hineinbringen. Aus diesem Grunde hat einmal eine thailändische Sozialministerin erklärt, sie könne in Pattaya kein Anzeichen von Prostitution erkennen. Selbst der naivste Tourist weiß, dass Prostitution die Stadt beherrscht. Die glitzernden Hinweise finden sich in den Neonleuchten jeder Bar wieder, jedem GoGo, jeder Straßenecke. Nicht zuletzt sollte man sich einfach mal ansehen, welche »Kostüme« die Mädchen in Pattaya tragen.

Der Vorteil, ein Barmädchen in Pattaya zu sein, ist schnell erklärt. Diese Arbeit dort auszuüben, ist keine Schande. Das kann man wohl kaum von einem Land im Westen behaupten oder von den meisten Nationen überhaupt. Mit 18 konnte ich Hand in Hand mit einem Mann über 50 durch die Straßen spazieren, in Kaufhäuser gehen, in Banken, in Restaurants und auch in Behörden. Etwa 20 % der Bewohner in den Apartments sind Bargirls. Jeder andere, der in den Apartments wohnt, in Geschäften und Restaurants arbeitet, weiß, wer das Geld heranschafft, um die Stadt am Leben zu erhalten. Touristen kommen nicht wegen der Strände nach Pattaya, oder wegen des billigen und trotzdem guten Essens. Auch nicht wegen der Tempel und kulturellen Veranstaltungen. Sie kommen wegen der Mädchen, die Sex für Geld anbieten. Weder in Pattaya noch in der Patpong oder im Nana Entertainment Plaza gibt es die Vorbehalte wie im restlichen Bangkok oder in vielen anderen Teilen des Landes.

Wenn ich nicht in den GoGos in Pattaya arbeitete, verbrachte ich die meiste Zeit meiner Nachmittage mit Sai. Wir sahen fern, ich wartete auf den Abend, um mit der Arbeit zu beginnen. Tagsüber war ich zu müde, um viel unternehmen zu können. Man benötigt viel Energie, wenn man die ganze Nacht tanzt. Außerdem hatte ich eine Schwester, für die ich verantwortlich war. Ständig hatte ich Angst, sie könnte eines Tages so enden wie ich. Ich musste auf sie und auf ihre Freunde aufpassen, denn ich wollte sicherstellen, dass sie in ihrem Freundeskreis nicht Leute wie mich aufnahm. Ich benahm mich genau wie »Bangkok John«, der gegenüber seiner Tochter eine Vielzahl von Verboten ausgesprochen hatte, insbesondere, was ihren Umgang mit Männern anbelangte. Keiner von uns wollte, dass unsere Liebsten Beziehungen mit Leuten wie uns anfingen.

Eines Tages shoppte ich im »Royal Garden Shopping Center«, dem schönsten Kaufhaus in Pattaya. Als ich mir eine Cola kaufte, stieß ich gegen einen Mann, der neben mir stand und verschüttete meine Cola über ihn. Die Situation war mir äußerst peinlich, und ich wusste nicht, was ich tun oder sagen sollte. Ich überlegte, ob ich vorgeben sollte, kein Englisch sprechen zu können. Aber ich wollte ihn nicht einfach anlügen – jedenfalls nicht fürs Erste. Ich entschuldigte mich auf Englisch. Zu meinem Erstaunen musste ich feststellen, dass er gar nicht böse war. Er lachte über den Zwischenfall. Er sagte mir, ich solle mir nichts draus machen, und stellte Fragen. Er wollte wissen, wo ich arbeitete. Ich sagte es ihm: »Ich gehe mit Männern.« Jetzt war er überrascht. Er fragte: »Was machst du jetzt?« Ich antwortete: »Nichts.« Er fragte, ob ich mit ihm mitkommen wolle. Ich war einverstanden und dachte: »Eine witzige Art, einen Kunden zu treffen.«

Dave

Ein oder zwei Jahre vorher hatte ich Dave getroffen. Er wurde mir von einem früheren Kunden empfohlen. Dave hatte eine Freundin in Bangkok, die Mädchen suchte, die in ihrem Biergarten arbeiteten. Ich sagte ihm, dass Nän und ich nicht in Bangkok arbeiten könnten, da wir noch minderjährig waren. Kurz nachdem wir miteinander geredet hatten, kehrte er in die USA zurück, aber ich hatte seine Adresse und entschloss mich, ihm zu schreiben. Er sprach gut Thai, was für einen Farang sehr ungewöhnlich ist. Dave und ich wurden Freunde, und er war immer für mich da, wenn ich ihn brauchte. Er lieh mir Geld und nahm sich Zeit für mich, wenn ich mich über Männer, Geld, meine Mutter und tausend andere Dinge beschwerte.

Einige Jahre später, als Dave in Thailand Urlaub machte, erfuhr ich, dass Nän, meine ehemalige Zimmergenossin, in einen Motorradunfall verwickelt worden war. Ich vermutete sie im Chonburi Hospital, 30 km entfernt. Es war 6 Uhr morgens, ich hatte noch nicht geschlafen. Ich ging zu Dave, weckte ihn auf und bat um seine Hilfe. Nur widerwillig verließ er sein Bett und brachte mich auf seinem Motorrad zum Krankenhaus. Der Trip dauerte 40 Minuten, ich schlief an seinen Rücken gelehnt. Als wir ankamen, fragten wir am Empfang nach Nän. Thais, insbesondere aus dem Isan, nennen alle Leute bei ihrem Spitznamen. Nun wurde mir klar, dass ich Näns wirklichen Namen nicht wusste, obwohl wir uns schon vier Jahre kannten. Ich beschrieb sie und erzählte, was ich über den Unfall erfahren hatte. Im Krankenhaus gab es keine Patientin, auf die Näns Beschreibung passte, allerdings war kurz zuvor ein Patient wegen eines Motorradunfalls eingeliefert worden. Dave und ich gingen nach oben und trafen Näns Drogendealer-Freund,

Soi 8, Bars von vorne bis hinten. Typische Bars, in denen ich mein Geld verdiente.

zusammengeflickt und verbunden wie eine Mumie. Zwar wollte ich nicht, dass Nän Verletzungen durch einen Motorradunfall davontrug, aber ihren Freund mit diesen schweren Verletzungen zu sehen, tat mir überhaupt nicht leid.

Glücklich in Pattaya?

Der entspannte Lebensstil von Pattaya, das schnelle Geld und das gute Wetter im Kontrast zu Bangkoks Hitze, Feuchtigkeit und Luftverschmutzung waren genug, damit sich ein Mädchen aus dem Isan wohlfühlen konnte. Das ist der Grund, weshalb ich so lange blieb, und weshalb meine Schwester so glücklich war. Im Isan sprechen wir viel über Glück. Wir versuchen immer alles, unsere Familien glücklich zu machen, bis unsere Opfer so groß werden, dass wir nach einem Ausweg suchen.

Ich war erst 18, hatte aber bereits seit vier Jahren in der Sexindustrie gearbeitet. Meine täglichen Affären mit buchstäblich Hunderten von Männern wurden mir zu viel. Ich wollte sie nicht länger sehen, sprechen, geschweige denn, Sex mit ihnen haben. Ich wollte auch sonst niemanden sehen oder sprechen. Ich war erschöpft. Ich hasste mein Leben und schlimmer noch, ich hasste mich selbst. Mein kultureller Hintergrund erlaubte mir nicht, meine Mutter zu hassen. Die letzten vier Jahre meines Lebens waren damit ausgefüllt, dass Männer gierig über mich herfielen und meine Mutter permanent mehr Geld verlangte. Vier Jahre lang hatte ich in einem dunklen Schatten emotionaler Krankheit zugebracht. Ich wollte unbedingt entkommen, wusste aber nur einen Ausweg.

Auch wenn es in Pattaya viel für ein Bargirl gibt, das gerade aus Bangkok kommt, hat es auch seine Kehrseiten. Während einer der schlimmsten Depressionen, unter denen ich litt, trank ich Bleiche. Ein verzweifelter, aber vergeblicher Versuch mich umzubringen. Mein Nachbar brachte mich ins Pattaya Memorial Hospital, wo mein Magen ausgepumpt wurde. Ich erholte mich, und nach ein paar Tagen kehrte ich in die Dunkelheit der GoGos und der Discos zurück. Diese Clubs waren von dem betäubenden Gestank nach abgestandenem Alkohol erfüllt, und der dichte Zigarettenrauch stach in meinen Augen. So dunkel diese Clubs auch gewesen sein mögen, in meiner Seele sah es noch viel finsterer aus.

Dieser thailändische Song könnte für mich geschrieben worden sein:

»18 Rain«

Manchmal bin ich verwirrt
Wenn jemand geduldig genug wäre,
meinen Geschichten zu lauschen
Manchmal tut es weh
Ich habe mich umgesehen,
und ich bin eifersüchtig auf diejenigen
die normale und perfekte Familien haben
Während ich so einsam und ängstlich bin,
weint mein Herz und sucht nach jemandem,
der es tröstet und mich versteht
Mehr verlange ich nicht
Die letzten 18 Regenzeiten, 18 Winterzeiten
waren schwierige und schmerzhafte Tage
Vergiss mich nicht
Verlass mich nicht
Heute weine ich aus tiefstem Herzen
Es ist, als ob ich keine Zukunft hätte
Jeder sieht auf mich herab, aber wer kennt mich schon
Mein Herz verlangt nach jemandem
Jemand, der mich tröstet
Jemand, der mich versteht
Mehr verlange ich nicht

NEUNTES KAPITEL

Die ungeschminkte Wahrheit

Um zu verstehen, weshalb ich mein Leben so wählte, wie ich es tat, muss man mehr über die Gesellschaft verstehen, in die ich hineingeboren wurde. Es waren nicht nur meine Familie, meine Provinz, mein Dorf, die nicht nur mich, sondern alle Mädchen als wertlos ansahen – es waren und sind meine Regierung, mein Land und letztlich, meine Kultur, die alle Frauen nicht nur für minderwertig, sondern für entbehrlich halten. Viele werden überrascht sein, dass mein Land, »Amazing Thailand« (»Erstaunliches Thailand«), in dem wunderschöne Kostüme aus thailändischer Seide mit goldenen Borten die grazilen Körper klassischer Tänzerinnen umhüllen, in dem hübsche Muster in frische exotische Früchte geschnitzt sind und in dem ein hungriger Tourist die leckersten Gerichte dieser Welt findet – gewürzt mit Ingwer, Knoblauch, Basilikum, Zitronengras und Chili –, das »Land des Lächelns«, in dem ich geboren wurde, auch ein Land der Korruption ist, das auf diesem Planeten seinesgleichen sucht.

Dorfmarkt

Die langen Tentakel der thailändischen Mafia reichen tief in die kleinen Dörfer hinein. Dorfbewohner brauchen immer Geld, insbesondere für die ganz normalen Dinge des Alltags. Ein undichtes Dach muss repariert, Medikamente müssen besorgt werden, eine bessere medizinische Versorgung als das staatliche 30-Baht-

Gesundheitsprogramm*[1] wird angestrebt oder ein Kind benötigt Dinge für den Schulalltag. Oft wird Bargeld für das wichtigste Grundbedürfnis benötigt: Lebensmittel für die Familie. Oft wird auch Geld gebraucht, um Spielschulden zu begleichen, damit man nicht die Rache der Geldverleiher fürchten muss – und die Rache kommt mit Schallgeschwindigkeit!

Ein Dorfmarkt ist ein Ort voll von Musik und Gewusel, das um 2.30 Uhr morgens beginnt, wenn Autos, Laster und Motorräder ankommen und entladen werden. Auf Tischen unter schäbigen und ausgeblichenen Nylontüchern, die während der Regenzeit wenig Schutz bieten, findet man frisches Obst und Gemüse, Fisch, der nachts in nahegelegenen Flüssen gefangen wurde, frisch geschlachtete oder noch lebende Schweine, grillfertige Hühnchen, billigen Nippes aus Plastik, Aluminiumregale und handgemachte Strohkörbe. Bereits um 5 Uhr morgens dröhnt Thaimusik aus Lautsprechern, während sich Bauern und Verkäufer auf ihre Kunden vorbereiten. Da Thais generell abergläubisch sind, wedeln Verkäufer

---

[1] Beim 30-Baht-Gesundheitsprogramm handelt es sich um ein neu eingeführtes Programm, bei dem sich ein Thai in einer Klinik oder einem Krankenhaus in seiner Provinz für 30 Baht (0,60 Euro) ärztlich versorgen lassen kann. Der Staat will auf diese Weise die Kosten für Ärzte und Krankenhäuser decken. Wenn jemand außerhalb seiner Provinz erkrankt und den nächstgelegenen Arzt aufsucht, müssen die Kosten hierfür aus eigener Tasche bezahlt werden, denn das 30-Baht-Programm gilt nur für die Provinz, in der man gemeldet ist. Leider verlassen viele Ärzte die Krankenhäuser, die die beliebteste Art der Gesundheitsfürsorge darstellen: 950 Ärzte in den ersten neun Monaten des Programms und über 2000 in den ersten vier Jahren. Insgesamt kündigten im Jahre 2003 77 % (795) »neue« Ärzte in staatlichen Krankenhäusern. Vor Einführung des neuen Programms waren es nur rund 200 Ärzte, die die staatlichen Kliniken verließen. Im Juni 2005 kündigten sieben von zehn Ärzten ihre Anstellung im staatlichen Gesundheitssystem oder hatten es in naher Zukunft vor. Ein Chirurg in einer Privatklinik verdient etwa 400 Euro pro Operation, eine Summe, die der Kollege im staatlichen Krankenhaus in einem Monat verdient. Der 30-Baht-Plan brachte 20 Mio. unversicherte Personen in das Gesundheitsprogramm. Ärzte behandeln momentan 100 Patienten täglich und müssen oft bis Mitternacht arbeiten, assistieren in der Gerichtsmedizin, arbeiten ferner jahrelang »auf Abruf«. Wenn sie kündigen, wird die Kündigung häufig nicht angenommen, und ihnen wird nicht der Grund mitgeteilt, weshalb sie das Krankenhaus nicht verlassen dürfen.

mit dem ersten Bargeld, das sie am Tag eingenommen haben, über ihre Waren und versprechen sich davon »viel Glück«.

Jedes Dorf hat einen oder zwei Blinde, die langsam über den Markt gehen, in den Händen jeweils einen Stock und eine Tasse für die Münzen. Großmütter mit von Betelnüssen geschwärzten Zähnen, krummen Rücken und faltiger, ein Leben lang der Tropensonne ausgesetzter Haut schlafen auf großen Holztischen. Deren ursprüngliche Teakholz-Schönheit ist schon lange verblasst und die Stabilität hat unter Generationen von Regengüssen erheblich gelitten. Zwei Jahre alte Mädchen tragen Pakete, während sie neben ihren Großeltern herlaufen, vier Jahre alte Mädchen falten Handtücher und zehn Jahre alte Mädchen schieben Schubkarren, noch lange nachdem die Sonne am Horizont versunken ist. Jungen in demselben Alter trifft man meist beim Spielen an.

Der Tag eines Marktverkäufers beginnt lange vor Sonnenaufgang und endet lange nach Sonnenuntergang, sieben Tage die Woche, jeden Tag im ganzen Jahr. Einen Tag oder ein Wochenende frei, bezahlten Urlaub, Krankenversicherung oder Arbeitgeberbeiträge für die Sozialversicherung gibt es hier nicht. Nachts, wenn der letzte Fisch, Sack Reis, Eierkuchen, Klebereis, die letzten Schweinshaxen, Rambuttan, Mangos oder Aluminiumregale verkauft sind, kommen die Geldverleiher. Innerhalb eines Augenblicks ist der Ladenbesitzer oder Händler um 2.000 Baht reicher – genug für Medikamente, Lebensmittel oder Schulgeld für die Kinder –, alles, was er sich sonst nicht leisten könnte. Der Kredit über 2.000 Baht läuft für 24 Tage. Nacht für Nacht werden 100 Baht oder 5 % des Kredites zurückgezahlt. Der Ladenbesitzer oder Händler wird 2.500 Baht zurückzahlen, d.h. 20 % Zinsen für nur 24 Tage. Jede Nacht erscheinen die mit Revolvern bewaffneten Geldverleiher, um ihren Anteil zu kassieren. Die kleinen Ganoven werden oft dabei gehört, wie sie die Händler bedrohen, die erklären, wie schlecht der Verkauf an diesem Tag lief: »Willst du, dass ich deinen Geist vom Körper trenne?« Man kann sie dabei beobachten, wie sie dem hilflosen Schuldner auf den Rücken schlagen, wenn der mit seinem Motorrad davonfährt – die Kinder auf dem Sozius. Nur wenige

Dorfbewohner entkommen diesem Teufelskreis der Armut, in den sie hineingeboren wurden. Grund genug, ein Leben lang in Alkohol und Glücksspiel zu flüchten.

VERBRECHEN UND LEIDENSCHAFT

Jemand mit Einfluss, ob er nun in einem zurückgebliebenen Dorf wohnt oder im modernen Bangkok, wird nicht einmal für Mord bestraft. Im August 2003 wurde ein 45 Jahre alter renommierter Professor vom National Institute for Development Administration zu einer geringfügigen Gefängnisstrafe verurteilt, nachdem er in einem Anfall von Eifersucht seine Frau mit einem Golfschläger zu Tode geprügelt hatte. Seine ursprüngliche Strafe von drei Jahren

Isan Marktplatz:

Händler suchen vor Hitze Schutz unter einer zerrissenen Markise

»Großmutter Fleischer« macht ein Nickerchen in der Hitze des Tages

wurde schließlich in 50 Stunden gemeinnützige Arbeit umgewandelt. Sein Zorn war eines Abends dadurch provoziert worden, dass ihn seine Frau zu spät von der Universität abgeholt hatte. Er verdächtigte sie daraufhin, mit einem Liebhaber zusammen gewesen zu sein. Die drei Richter erklärten, dass der »ehrenwerte Mann und gute Ehemann« kein bösartiger Mensch sei, sondern nur aus Eifersucht gehandelt habe. Der persönliche und berufliche Status entschuldigte den Mörder seiner Ehefrau, während der Wert des Lebens der Frau, der Mutter seiner beiden Söhne, nicht berücksichtigt wurde.

Verbrechen und die Machtlosen

> *»Das ist das große Problem der thailändischen Gesellschaft. Egal wie schlecht, egal wie korrupt, egal wie viel Leute man tötet, wenn man Macht und Geld hat, kann man nach wie vor respektiert werden.«*
> The Nation, 18. Mai 2004

Während ein weiterer Mörder wegen seines Einflusses und seines Reichtums freigekommen ist, zahlen die Machtlosen nach wie vor den Preis dafür: Ein Anführer des Protestes gegen das Stromkraftwerk Bo Nok musste für ein Jahr ins Gefängnis, weil er das Handy eines Mitglieds der Geschäftsleitung ins Meer geworfen hatte. Das Gericht weigerte sich, die Strafe auf Bewährung auszusetzen. Und ein kleiner Ganove, der angeklagt war, einen bekannten Bürgermeister ermordet zu haben, wurde zum Tode verurteilt, während ein wohlsituierter Politiker, der den Mord in Auftrag gegeben hatte, freigesprochen wurde. Er drohte, er beginge Selbstmord, wenn er verurteilt werden würde. Er wurde nicht verurteilt.

Im Jahre 2003 begann Thailand seinen Kampf gegen den »Dunklen Einfluss«, hauptsächlich ein »Krieg gegen Drogen«.

Kleine Dealer werden von der Polizei getötet, während die Auftraggeber laufen gelassen werden. Deren Namen sind oft nur den Ermordeten bekannt. Über 2000 Männer, Frauen und Kinder verloren ihr Leben durch Attentäter, die vom Staat finanziert wurden. Viele der Getöteten waren unschuldig.

Man kann ruhigen Gewissens behaupten, dass man Tag für Tag eines jeden Jahres von Verbrechen liest, die von der Polizei verübt wurden[13], von Ministern oder von anderen, die genau diese Minister in machtvolle Positionen erhoben haben. Anstatt sie zum Rücktritt zu zwingen, werden diese korrupten Beamten versetzt oder auf einen »inaktiven Posten befördert«, für den sie weiterhin Gehalt bekommen, meist mehr als in ihrer vorherigen Position. Nur üben diese Volksvertreter bis zu ihrer Pensionierung keine Funktion mehr aus. Im Grunde werden sie für ihre Verbrechen belohnt.

Die Korruption beginnt in meinem Land ganz oben in der politischen Ebene und reicht hinunter bis zum verzweifelten Abgrund, in dem die Unterschicht ihrem Untergang geweiht ist. In Thailand weht den Armen eine raue Brise ins Gesicht. Im Grunde ist es ein Tornado, und er ist gefüllt mit Korruption innerhalb unseres Rechtssystems und unserer öffentlichen Ordnung. Diejenigen, die über Macht verfügen, können jedes Gesetz brechen, ohne je dafür bestraft zu werden. Unser Rechtssystem ist für die Reichen da.

Prostitution: Ein beliebter Zeitvertreib für thailändische Männer

Es wird immer eine Fülle von Kunden geben, Thais und Ausländer, um die Dienste thailändischer Prostituierter in Anspruch zu nehmen. Thailänder sehen den Besuch bei Prostituierten als einen normalen Teil des Lebens an – kaum ein Unterschied zur morgendlichen Tasse Kaffee. Das ist einer der Gründe, weshalb die Prostitution nicht zurückgeht.[14] Thailänderinnen sehen den Besuch ihres Ehemannes bei Prostituierten als kleineres Übel an. Schlimmer wäre, wenn er eine »mia noi«, eine »Nebenfrau«, hätte, die diverse Ansprüche wie freies Wohnen und Unterhalt stellen und damit den Lebensstandard der Hauptfrau und ihrer Kinder gefährden könnte.[15]

Obwohl Thailänder notorische Frauenhelden sind, dürfen die Ehefrauen ihre Männer nicht des Ehebruchs bezichtigen, es sei denn, sie können beweisen, dass der Ehemann seine neue Partnerin als Ehefrau anerkennt. Andersherum kann ein Mann seine Ehefrau wegen Ehebruchs anzeigen, ist aber nicht zur Beweisführung verpflichtet. Thailands Ehemänner sind auch sicher vor einer Anklage wegen Vergewaltigung in der Ehe. Während Vergewaltigung ein Verbrechen ist, ist sie es nicht, wenn die Tat an der Ehefrau begangen wird. Dies wird nur als sexuelle Zuwiderhandlung angesehen. Wie auf so vielen Gebieten in meiner Kultur werden Frauen auch durch das Familienrecht diskriminiert.

Unter thailändischen Männern ist ein allgemeiner Werteverfall zu beobachten, insbesondere bei den Wohlhabenden, die Sex mit »Freudenmädchen« als ultimative Form des Spaßes ansehen. Das führt dazu, dass es in Bangkok nur wenige Straßen gibt, in denen kein Sex (in welcher Form auch immer) angeboten wird. Viele Thais kaufen ihr ganzes Leben Sex, auch wenn sie verheiratet sind oder eine feste Freundin haben.

- 81 % der thailändischen Männer gehen zu Prostituierten[16]
- 6 Mio. Thais gehen wöchentlich zu einer Prostituierten[17]
- 100.000 Thais schlafen täglich mit 26.000 an Aids erkrankten Prostituierten[18]
- Nur 5 % der Männer, die in Thailand mit Prostituierten schlafen, sind Ausländer
- 400.000 bis 600.000 Aidskranke leben in Thailand (1 % der Einwohner)[19]

Menschenhandel und sexuelle Sklaverei

> »... die drittgrößte Quelle von Profiten des international organisierten Verbrechen – nur hinter Drogen und Waffen.« Madeleine K. Albright, US-Außenministerin a.D.

Mein Leben war sicherlich nicht wie aus einem Märchen, aber es war besser als das Hunderter anderer Mädchen aus meinem Dorf, und besser als das Zehntausender Mädchen aus ähnlichen armen Dörfern in benachbarten Ländern, deren Leben oft viel zu schnell endete, da sie nichts waren als Sexsklavinnen für die Männer in meinem Land. 80 % der Prostituierten in Thailand stammen aus dem Isan. Sie kommen aus meinem Dorf und ähnlichen Dörfern, die es in Thailand, in Südostasien und in der gesamten Dritten Welt im Überfluss gibt. Tragischerweise werden bei Weitem zu viele dieser Mädchen und sehr jungen Frauen in den Menschenhandel verwickelt – eines der entsetzlichsten Verbrechen gegen die Menschlichkeit.

Es ist notwendig und sicherlich angebracht, dieses Thema hier zu erwähnen. Menschenhandel ist ein abscheuliches Verbrechen ohne Gnade, und ich hätte leicht eines seiner Opfer werden können. Ich gehöre zu denen, die noch Glück gehabt haben! Der Alptraum, als Sklavin verkauft zu werden, blieb mir erspart. Auch konnte ich es vermeiden, mit Menschenhändlern in Kontakt zu kommen, obwohl ich in Bangkok noch sehr jung war. Ich hatte extrem viel Glück!

»Ich wurde nie verkauft, nur ausverkauft!«

Aus jeder armen Provinz und jedem Elendsviertel in Südostasien kommen die sehr Jungen, die das Opfer von Sex- und Arbeitssklaverei werden – ein Verbrechen, das in diesem neuen Jahrtausend weiterhin unbeschränkt existiert. Die neuesten Statistiken enthüllen, dass 27 Mio. Mädchen und Jungen, Frauen und Männer weltweit in Sklaverei gehalten werden (Zwangsprostitution oder Zwangsarbeit), davon 1 Mio. Kinder in Asien.[20]

Thailand liegt oft im Zentrum dieser rücksichtslosen und brutalen Verbrechen. Human Rights Watch und unzählige NGOs betrachten Thailand als das große Transitland für Menschenhändler[21], d.h. dass hier Menschen sowohl »verschickt« als auch »empfangen« werden. Junge Frauen und Kinder aus allen Ländern der Dritten Welt sind sehr wertvoll, wenn sie in die Prostitution verkauft oder gelockt werden. Jungen werden ebenfalls ausgenutzt. Meine Provinz Ubon ist eine von vielen, in der internationale Menschenrechtsorganisationen zusammen mit offiziellen und inoffiziellen thailändischen Sozialarbeitern einschreiten – ein Versuch, die Kinder vor einem Schicksal zu bewahren, das »schlimmer ist als der Tod«.

- 200.000 Prostituierte dienen der Industrie in Thailand – ausgenommen ausländische Prostituierte.[22] Die meisten NGOs stimmen darin überein, dass 25 % bis 30 % unter 18 Jahre alt sind.
- 700.000 bis 1 Mio. Prostituierte – inklusive 200.000 thailändische Prostituierte im Ausland – werden in verschiedenen Statistiken genannt.[23] Statistiken weisen sehr unterschiedliche Zahlen auf und sind schwierig zu beurteilen, da sich dieser Teil der Sexindustrie im Untergrund abspielt.
- 200.000 Kinder werden aus Nachbarländern nach Thailand geschmuggelt, um in der Prostitution, auf Baustellen oder in Ausbeuterbetrieben zu arbeiten.[24]

Sklaverei, Knechtschaft und Zwangsarbeit sind Verbrechen, deren Täter ein Vermögen von 40 Milliarden Baht – 800 Mio. Euro – jährlich[25] allein in Thailand einheimsen, und zwar auf Kosten der Armen und Machtlosen. Allzuoft verlieren Opfer aufgrund des Schmuggels ihr Leben. Dass die Polizei hier ihre Finger im Spiel hat, ist zwar nicht dokumentiert, aber unter Opfern und denjenigen, die sie befreien wollen, durchaus bekannt. Polizisten akzeptieren Bestechungsgelder, besitzen Bordelle, vergewaltigen und ermorden ihre Opfer. Wegen der Schmiergelder, die an die Polizei und Einwanderungsbehörde fließen, ist der Menschenhandel extrem lukrativ. All diese Tatsachen machen es äußerst schwierig, wenn nicht unmöglich, diese tragischen Verbrechen zu beenden.

Weder die thailändische Polizei noch der Grenzschutz oder irgendein anderer ausländischer Beamter an den vielen Grenzübergängen, die Thailand umgeben, wurden jemals wegen Menschenhandels angeklagt.

Puongtong Simaplee

Wenn Menschenhändler Mädchen kaufen, die nicht kooperieren, werden die jungen Opfer häufig geschlagen und vergewaltigt. Sie müssen hungern, bis sie gehorchen. Sie und ihre Familien werden so lange mit dem Tode bedroht, bis die Schulden abgezahlt sind. Viele Mädchen haben ihr Leben in diesem »Verfahren« verloren. Die jungen Mädchen sollen gefügig gemacht werden, kaum eine kann entkommen. Agenten und Bordellbesitzer bevorzugen es, bei den Bergstämmen nach jungen Mädchen zu suchen, die wenig oder kein Wissen über die Sexindustrie haben. Bordellbesitzer und deren Kunden wollen Mädchen, die ungebildet und leicht zu manipulieren sind.[26]

Menschenhandel ist seit Jahrhunderten eine Tragödie größten Ausmaßes, und trotzdem kommen die Geschichten der Opfer nicht oft genug ans Licht. Nur wenn ein Verbrechen unaussprechlich schrecklich ist, wie im Fall von Puongtong Simaplee, einer siebenundzwanzigjährigen Thai, die mit zwölf Jahren in die Prostitution verkauft wurde, werden wir daran erinnert, dass die Entführung oder der Verkauf von jungen Mädchen nach wie vor geschieht. Nicht nur in Ländern der Dritten Welt, sondern auch in den Industrienationen. Diese Mädchen kommen meist aus den ärmsten Provinzen ihrer Heimatländer. Puongtongs Schicksal kam weltweit auf die Titelseiten von Zeitungen, was eher die Ausnahme ist. Die furchtbaren Schläge, die Folter und das Hungern werden täglich von Mädchen durchlebt, die in Bordellen oder anderen Formen der Sklaverei gehalten werden. Ihre Schicksale werden häufig nur von denen wahrgenommen, deren Aufgabe es ist, diese Mädchen zu befreien – und oft auch nicht dann. Oftmals können diese Mädchen nicht über den Schrecken sprechen, dem sie ausgesetzt waren. Auch nicht nach ihrer Befreiung.

Puontong erstickte an ihrem eigenen Erbrochenen, als sie im Villawood Immigration Detention Center in Sydney, Australien, im Jahre 2001 festgehalten wurde. Dort verbrachte sie die letzten drei Tage ihres Lebens. Sie wog nur 31 Kilo, litt unter Heroinentzug und hatte sich seit 65 Stunden in einen kleinen Eimer übergeben. Sie bekam keine medizinische Hilfe. Wenn solche Ereignisse nicht nur jetzt passieren, sondern auch in Zukunft nicht verhindert werden, ist dies keine zivilisierte Welt. Puontong war 15 Jahre lang eine Sklavin. Nachdem ihr Schicksal zwei Jahre nach ihrem Tod bekannt wurde, behaupteten ihre Eltern, ihre Tochter nie verkauft zu haben. Eltern von Prostituierten geben häufig diesen Kommentar ab, insbesondere dann, wenn die Kinder eines tragischen Todes gestorben sind. Wenn Eltern zugeben müssten, dass ihre Tochter als Prostituierte gestorben ist, würden sie ihr Gesicht verlieren, denn das Versagen der Tochter als Prostituierte wäre schlimmer als ihr plötzlicher Tod. Puontongs kurzes und tragisches Leben steht für vier Millionen Frauen und Kinder weltweit, die wie Gegenstände behandelt werden. Sie ist wichtig, weil ihr Schicksal das von Millionen geschmuggelter junger Frauen repräsentiert – viele haben den Alptraum überlebt, viele, so wie Puontong, nicht. Ihr Schicksal hätte deren Schicksal sein können.

Selbst wenn sich eines Tages die Behauptung, Puontong wurde den Eltern »weggenommen«, als falsch erweist, gibt es Tausende anderer junger Frauen aus Thailand und ganz Südostasien, die ihr Schicksal teilen, da sie zur Prostitution gezwungen und als Gefangene in sogenannten »sicheren Häusern« in Australien und anderen Teilen der Welt gehalten wurden. Junge Frauen berichteten, dass sie mit Tausenden von Männern schlafen mussten, um ihre vertraglich festgelegten Schulden zwischen 800.000 und 1,35 Mio. Baht – 16.000 und 27.000 Euro – abzutragen. Wenn sie sich weigern, werden sie vergewaltigt, geschlagen und auf Drogen gesetzt. Puontong hat dies kurz vor ihrem Tod zu Protokoll gegeben.[27]

Zwei Jahre nach Puontongs Tod wurde geschätzt, dass der Menschenhandel in Australien etwa 115 Mio. Euro jährlich einbringt, fünf Jahre zuvor wurden »lediglich« 40 Mio. Euro verdient, wobei 1.500 Frauen in das Geschäft involviert waren. Trotzdem verkündete die australische Regierung, Menschenhandel stelle kein Problem dar. Tatsächlich wurde im Jahre 2003 unter den neuen australischen Gesetzen niemand verhaftet oder angeklagt.

Wenn die Polizei Razzien in Bordellen durchführt, dann stoßen die Geschichten, die die Frauen zu erzählen haben, auf wenig Interesse. Die Opfer werden in Haft genommen und warten auf ihre Abschiebung. Eine mutige junge Frau berichtete den Polizeibeamten Details, nachdem einigen Mädchen die Flucht gelungen war. Die Polizei teilte jedoch mit, dass keine Ermittlungen eingeleitet werden würden. Stattdessen wurde die junge Frau abgeschoben. Ohne Zeugen kann jedoch keine Anklage erhoben werden.[28]

Thailändische Familien beuten ihre Kinder aus

>*»Thaifrauen sind nur eine andere Art von*
>*Getreide.«*   *Ein thailändischer Beamter*

In den meisten Teilen der Welt ist es unbegreiflich, wie es möglich ist, dass Eltern ihre Kinder verkaufen. Trotzdem ist es in Thailand bei den Bergstämmen und im Isan nicht ungewöhnlich – wenn auch illegal. Es gibt Menschen, die Dritte-Welt-Länder mit einer gewissen Sympathie betrachten und glauben, Armut sei der einzige Grund, weshalb Eltern ihre Kinder in sexuelle Sklaverei verkaufen. Manchmal entspricht das der Wahrheit. Mädchen werden geopfert, damit der Rest der Familie etwas zu essen hat.[29] Aber das stimmt nicht immer. Denn wenn es so wäre, wäre die Zahl der in die Sklaverei verkauften Mädchen gesunken, nachdem Länder der Dritten Welt zu Schwellenländern geworden sind wie Thailand. Stattdessen scheint es, als ob der Hauptgrund oftmals auch Habgier ist, das Verlangen nach Konsumgütern. Seit den siebziger Jahren steigt die Zahl der Mädchen, die den Norden und Isan verlassen, um in der Sexindustrie zu arbeiten.

Laut Amnesty International ist das Alter der 4 Mio. Frauen und Kinder, die in den Menschenhandel zum Zwecke der Prostitution involviert sind, bis auf neun Jahre gesunken – und manchmal sind sie noch jünger. Kinder werden verkauft, ausgetrickst oder unter Drogen gesetzt. Manche sind in ihren Betten verbrannt, als im Bordell Feuer ausbrach. Getötet von Menschenhändlern und von Polizisten – manchmal ein- und dieselben Personen.

Was das Schmuggeln von sehr jungen Mädchen betrifft, so liegt das an dem unter asiatischen Männern verbreiteten Irrglauben, dass Kinder nicht an Aids erkranken. Das ist der Grund, weshalb japanische Männer, die gesunde Mädchen verlangen, in thailändische Dörfer reisen. Sie interessieren sich für Mädchen, die »garantiert frisch, sicher und billig« sind.[30] Inzwischen werden junge Thaifrauen nach Japan geschmuggelt. Viele Asiaten, insbesondere Chinesen, »glauben, dass Sex mit jungen Mädchen ihre Potenz steigert, Geschlechtskrankheiten heilt und sie erfolgreicher im Beruf sein lässt«.[31]

Reif für den Menschenhandel

> »*Ich bedauere nur, dass ich nicht um mehr gebeten habe.*« Antwort einer Frau eines thailändischen Bergstammes auf die Frage eines Journalisten, ob sie es bereue, ihre vierzehnjährige Tochter für 500 Baht in die Prostitution verkauft zu haben.

Mädchen aus dem Isan oder von den Bergstämmen kommen aus Familien, die finanziell verzweifelt sind. Mädchen der Bergstämme werden zudem noch rassistisch diskriminiert, die thailändische Staatsbürgerschaft, eine Schulausbildung und das legale Verlassen ihrer Stadt werden ihnen vorenthalten. Sie sind jung und »reif für den Menschenhandel«. Agenten für Bordelle reisen zu den Bergstämmen oder in den Isan und halten Ausschau nach Kindern, deren verzweifelte Eltern sie für ein paar Baht verkaufen. Die Händler versprechen den Kindern Jobs in Bangkok oder in anderen großen Städten. Sie werden den Familien weggenommen und oft nie wieder gesehen. Mädchen, manche erst elf Jahre alt, werden in Bordelle gelockt[32] und Mädchen von zwölf oder 13 Jahren, falls noch nicht verkauft, werden für eine geringe Summe, die die Agenten an die Eltern zahlen, an die Sexindustrie verpfändet. Diese Praxis wird oft als »das Ernten von grünem Reis« bezeichnet.

Einige Leser werden es noch schockierender finden, dass schwangere Frauen ihre ungeborenen Kinder an Agenten verpfänden. Opiumabhänge Eltern im Norden Thailands, insbesondere an der Grenze zu Burma, lassen ihre Kinder im Stich, um ihre eigene Abhängigkeit zu finanzieren. Dorfvorsteher vermakeln die Kinder des Dorfes, um ihr eigenes Leben und die Drogensucht zu finanzieren, während andere Familien ihre Nachkommen verkaufen, um sich Fernsehgeräte anzuschaffen. Leider sind das keine Einzelfälle.[33] Kinder werden bereits mit sieben Jahren an Bordelle verkauft. Eine Siebenjährige, die mit zwölf Jahren befreit wurde, war an Aids erkrankt.[34] Mädchen, die befreit wurden, erzählen, dass sie an Bordelle verkauft und gezwungen wurden, mit vier oder fünf Männern pro Tag Sex zu haben, andere berichten von 30 Männern am Tag – und das ohne Bezahlung. Diese Dinge spielen sich täglich in Thailand ab.

Vergewaltigung und Kindesmissbrauch, angezeigt und nicht angezeigt, gehören zum alltäglichen Leben in Thailand und zeigen eine hässliche Seite des thailändischen Lebens, die bis vor Kurzem vor dem unwissenden Touristen versteckt wurde, und nur von wenig Interesse für die thailändische Öffentlichkeit war – mit wenigen Ausnahmen.

Massagesalons

Kürzlich kam ans Tageslicht, dass die thailändische Polizei in den letzten Jahren immer »weggesehen« hat, wenn es um die Arbeit von minderjährigen Mädchen in den Massagesalons des wohlhabenden Bangkoker Geschäftsmannes Chuwit Kamolvisit ging. Zum Ausgleich haben die Beamten – viele von ihnen Mitglieder einer Spezialeinheit zur Unterdrückung von Verbrechen – 12 Mio. Baht (240.000 Euro) im Monat erhalten, weiterhin Golduhren, andere Luxusartikel, Computer, Kühlschränke, Möbel, kostenfreie Massagen und Frauen. Polizeichefs und andere Beamte wurden mit Rolex-Uhren gesehen, während ein ranghoher Polizist einen Bentley fuhr. All das wurde durch Geschenke oder Barzahlungen dieses Geschäftsmannes möglich, der als »König des kommerziellen Sex« bekannt wurde. Im Jahre 2003 wurde Chuwits Vermögen auf 200 Mio. Euro geschätzt, ein Großteil hiervon wurde mit kleinen Mädchen verdient. Im gleichen Jahr wurde er angeklagt, minderjährige Mädchen in die Prostitution gezwungen zu haben[35], im darauffolgenden freigesprochen. Die Richter führten aus, es gäbe zum einen keine Beweise dafür, dass 15 Jahre alte Prostituierte in seinen Massagesalons angestellt gewesen seien und zum anderen, dass Chuwit von Zuhältern getäuscht worden sei. Widersprüchliche Aussagen wie diese sind typisch für das juristische System in Thailand, wenn es zu Gerichtsverhandlungen über »einflussreiche Personen« kommt. Jede Ausrede ist gut genug, um die schuldigen Reichen freizusprechen.

Nach seinem Freispruch ging Chuwit in das Rennen als Bürgermeister von Bangkok, in der Hoffnung, seine »neu gewonnene« Popularität spiegele sich in Wählerstimmen wider. Von 22 Kandidaten wurde er Dritter mit 300.000 Stimmen, womit er bewies, dass die Bürger von Thailand einen Mann wählen, der mit seinem Image als »böser Bube« kokettierte. Er wird mit den Worten zitiert, dass sich viele zu ihm hingezogen fühlen, weil er gezeigt hat, wie korrupt die Polizei in Thailand ist. Er hatte recht!

Auch wenn die Gesetze, die die Prostitution definierten, nun Teil unserer Rechtsordnung sind, so liegt die Anwendung dieser Gesetze in den Händen der Polizei, die Pädophile oft laufen lässt. Die Gesetze werden nicht angewandt und es scheint, als ob dies niemanden interessiert. Es war kein Geheimnis, dass Chuwit dieses Verbrechens schuldig war, da er teure Bordelle führte, in denen rund 1.000 Mädchen und junge Frauen den sexuellen Wünschen der Männer zu Diensten waren – alles unter der Tarnung als »High-Class-Massagesalons«. Und trotzdem wurde Chuwit freigesprochen. Seine Verbrechen hätten mit einer Gefängnisstrafe von bis zu 15 Jahren und einer Geldstrafe in Höhe von bis zu 300.000 Baht – 6.000 Euro – geahndet werden können. Eine laxe Ermittlung sowie Korruption sind die Gründe, weshalb Chuwit und andere in der Sexindustrie tun können, was sie wollen. Chuwit wurde für »nicht schuldig« befunden. Auch diese richterliche Entscheidung zeigt die Macht der Reichen und Einflussreichen in Thailand.

Kurz nach seinem Freispruch und der Wahlniederlage als Bürgermeister von Bangkok wurde Chuwit als Abgeordneter ins Parlament gewählt. Die Unterstützung seiner Wählerschaft zeigt, dass Thais kein Problem mit illegalen Vermögen haben – auch wenn dafür Minderjährige in Massagesalons arbeiten müssen.

»Koh ga gin ya oon.«
Alte Kühe mögen junges Gras.

Pädophile: Wer sind sie? Pädophile reisen von einem Land ins andere. Sie arbeiten als Schullehrer, in Kinderheimen, in Flüchtlingslagern als Hausmeister oder in einer Organisation, die es ihnen erlaubt, einen ständigen »Vorrat« an Kindern zu halten. Sie kennen Thailand als ein Land, das ihre sexuellen Obsessionen mit Kindern befriedigen kann. Die laxe Handhabung von Gesetzen ist der Grund, weshalb Pädophile hierher kommen. Wenn sie verhaftet werden, dann zahlen sie eine kleine Geldstrafe, die sie nicht davon abhalten wird, andere Kinder zu missbrauchen.

Ein anschauliches Beispiel, mit welcher Leichtigkeit Pädophile ihren perversen Neigungen nachgehen können, ist ein 43 Jahre alter Finne, der verhaftet wurde, weil er 445 thailändische Jungen belästigt hat, indem er pornografische Filme drehte, Fotoalben und CD-ROMs herstellte. Er wurde in Finnland zu elf Jahren Freiheitsentzug verurteilt, weil er seit 1989 mehr als 160 Akte der Pädophilie begangen hat – in Thailand. Er war in 16 Jahren 26 Mal nach Thailand gereist und suchte sich dort hauptsächlich thailändische Jungen im Alter zwischen zehn und 13 Jahren. Es waren belgische Beamte, die die finnischen Behörden alarmierten, als sein Name in einem belgischen Pädophilie-Fall auftauchte. Der Täter hat über jedes seiner Opfer Tagebuch geführt. Die Bedeutsamkeit dieser Geschichte ist, dass die finnische Polizei und die belgischen Behörden die illegalen Machenschaften dieses Kinderschänders beenden konnten. Thailändische Beamte waren in diesen Fall nicht involviert.

Von Bangkok in die Provinz:

Kinder sind in Thailand nirgendwo sicher: weder in der Schule noch in den Händen der Polizei. »Mindestens einmal pro Woche wird ein Schüler von einem Lehrer missbraucht. ... Die meisten Fälle beinhalten eine Vergewaltigung ...«[36] Einige Lehrer haben sich des Vertrauens, das ihnen entgegengebracht wird, wenn sie sich um unsere Kinder kümmern, als unwürdig erwiesen. Das Gleiche gilt für Thailands Polizei, die uniformierten Beschützer der Menschen. Sie verlangen Schmiergelder, Geschenke und kostenlosen Sex von Mitarbeiterinnen in Massagesalons. Sie verlangen Bargeld von Bettlern und unschuldigen Autofahrern, sie vergewaltigen Schulmädchen – es gibt im Grunde kein Verbrechen, vor dem sie nicht zurückschrecken.

»Wann werden wir uns der Sexindustrie entgegenstellen?«

Am 15. Mai 2005 veröffentlichte »The Nation« einen Artikel mit dieser Überschrift. Der Autor zitiert eine kürzlich durchgeführte teure Werbekampagne, die die Schönheit der Natur und die reiche Kultur in Thailand hervorhob. Im Grunde war diese Kampagne ein Versuch, das Image loszuwerden, eine der Sexhauptstädte der Welt zu sein. Der Autor des Artikels unterstützte Forderungen von NGOs wie

1. Ausländer kommen nach Thailand und nutzen den einfachen Zugang zur Sexindustrie, was auch verfügbare Kinder beinhaltet, weil die Ausländer wissen, dass die Chancen gut stehen, nicht verhaftet und bestraft zu werden.
2. Eine immer größere Anzahl von Kindern arbeitet in der Sexindustrie, weil sie keinen anderen Weg sehen, sich zu versorgen, und Pädophile hieraus ihren Vorteil ziehen.
3. Korruption bei der Polizei, Apathie von Bürgern und die Scheinheiligkeit der thailändischen Regierung sind Gründe, dass diese Industrie weiterhin besteht.

Als Fazit bleibt festzuhalten, dass Thailand nicht gewillt ist, seine lukrative Sexindustrie aufzugeben, weil diese eine gute und schnelle Einkommensquelle darstellt.

Wie jung ist zu jung?

Ein perfektes Beispiel ist ein Wettbewerb, der im Jahre 2003 unter dem Titel »Miss Sexy Body« stattfand. Spärlich bekleidete Mädchen zwischen drei und zwölf Jahren, mit Kostümen, die bestenfalls Striptänzerinnen tragen, wurden dazu ermutigt, provokativ zu tanzen. Zwar wurde der Titel kurz vor Beginn des Wettbewerbs geändert, doch sprechen die angeführten Tatsachen für sich.

Solche Veranstaltungen gibt es häufig in Thailand. Kein Wunder, dass es so einfach ist, junge Mädchen auszubeuten, wenn das von

DIE UNGESCHMINKTE WAHRHEIT

ihren Eltern und anderen Erwachsenen unterstützt wird. Kinder wollen einfach nur gefallen und anerkannt werden. Dies gilt insbesondere für Mädchen, die ja in der thailändischen Gesellschaft als weniger wertvoll erachtet werden als Jungen. Es ist einfach zu verstehen, weshalb Thailand so viel Pädophile anzieht. Armut und Ausbeutung von Kindern – wie der Schönheitswettbewerb – kreieren ein Umfeld, in dem Pädophile sich nicht um ihre Opfer sorgen müssen. Diese Kriminellen können sich sicher fühlen, denn bis vor Kurzem haben sowohl die thailändische Regierung als auch die Öffentlichkeit gezeigt, wie wenig Interesse gegenüber Pädophilen aufgebracht wird, selbst wenn sie verhaftet werden.

Wettbewerb »Miss Sexy Body«
Foto Apichit Jinakul, mit freundlicher Genehmigung der Bangkok Post

Thailands sexuelle Scheinheiligkeit

Eine Fotokampagne, in der Teenager in knappen Ledershorts und Tops »Due Confidence«-Kondome bewerben, widerspricht schamlos der von der Regierung ausgesprochenen Direktive, Sex unter Teenagern zu verhindern.

Wenn Thailands High-Society ihre Freundinnen zur Schau stellt und so in die Schlagzeilen kommt, wenn prominente Regierungsbeamte Luxusprostituierte für sexuelle Dienste bezahlen – was für Vorbilder sind das? Im Dezember 2003 wurde geplant, Parlamentsabgeordneten zu verbieten, Geliebte zu haben und Bordelle zu besuchen. Die Parlamentarier waren entsetzt – einer meinte, er habe ein Recht auf eine Geliebte. Ein anderer teilte mit, nach Einführung eines solchen Gesetzes seien nur noch 30 von 200 Parlamentariern für ihren Beruf qualifiziert.

Während die Werbebranche und die Parlamentarier damit beschäftigt sind, ihre sexuellen Phantasien in aller Öffentlichkeit auszuleben, schlägt der Kultusminister vor, die Ausstrahlung von 18 Liebesliedern zu verbieten, da diese dazu beitrügen, »Treulosigkeit zu romantisieren und sexuelle Promiskuität zu fördern«. Wilasinee Phiphitkul, Assistenzprofessor an der Chulalongkorn-Universität, sagte, »... wenn die Regierung wirklich soziale Unmoral anpacken will, dann sollte definiert werden, was richtig und was falsch ist, damit diese Standards auf allen Gebieten angewendet werden können«. Natürlich wird das niemals passieren. Es wäre für viele logisch, wenn die Regierung diese Standards zuerst bei sich selbst anwenden würde, um mit gutem Beispiel voranzugehen. Aber die Parlamentarier werden niemals ihre »mia nois« aufgeben oder hochrangige Beamte ihre Luxusprostituierten. Sie haben bereits ihrem Zorn über eine solche Idee Luft gemacht. »Moral« kommt in ihrem Vokabular nicht vor – jedenfalls nicht, wenn es sie selbst betrifft.

ZEHNTES KAPITEL

Cedrik und die Schweiz

Cedrik hatte einen Freund, der in Bangkok arbeitete. Dieser fuhr gelegentlich am Wochenende die zwei Stunden nach Pattaya. Ein oder zwei Monate nach Cedriks Rückkehr in die Schweiz erzählte ihm sein Freund, dass er mich mit einem anderen Mann in Pattaya gesehen hätte. Sofort bekam ich einen Anruf aus der Schweiz. Ich stellte klar, dass ich mich nur mit jemandem unterhalten hätte, und dass ich treu war. Ich sagte, dass ich Cedrik liebte und niemals in die GoGos zurückkehren würde. »Ich werde mich immer um meine Familie kümmern« ist das einzige Versprechen, das ich nicht brechen werde. Cedrik glaubte, dass ich ihn nicht betrügen würde, solange er Geld schickte. Das war nicht nur sein größter Denkfehler, das ist die Schwachstelle im Denken der meisten Farangs. Sie glauben, Prostituierte sind treu, weil sie über das gleiche Wertesystem verfügen. Ich kann nicht verstehen, weshalb diese Männer das glauben, und kann nur vermuten, dass sie dieses Vertrauen gegenüber Prostituierten in ihrem eigenen Land nicht hätten.

Cedrik und ich telefonierten ein paar Monate lang regelmäßig. Zuerst rief er tagsüber an, aber als er hörte, dass ich möglicherweise fremdging, rief er nachts an. Ich musste zu Hause sein, um seine Anrufe entgegenzunehmen. Ich wartete einfach auf seinen Anruf um 23 Uhr oder Mitternacht und ging danach zur Arbeit. Nach einer Weile sagte ich ihm, seine Anrufe weckten meine Schwester auf, die früh aufstehen musste, um zur Schule zu gehen. Er glaubte mir und rief früher an. So konnte ich schon früher weggehen.

Cedrik kam einige Monate später nach Pattaya zurück. Vor seiner Ankunft hatte ich gearbeitet und jeden Monat zwischen 800 und 1.000 Euro verdient. Hinzu kamen seine großzügigen Überweisungen, so dass ich monatlich über fast 1.500 Euro verfügte.

Dazu kam das Geld, das ich für den Verkauf seines Laptops erhalten hatte. Mittellose Thais tun alles, damit Geld in ihre Haushaltskasse kommt. Ich hatte für mich und meine Familie eine recht profitable Situation geschaffen, und nichts würde mich davon abhalten, so weiterzumachen.

Meine schweizer Heirat

Die glückliche Zeit endete für mich, als Cedrik zurückkam und für die Hochzeit bereit war. Wir fuhren nach Ubon, um buddhistisch zu heiraten. Für mich war das wie ein Arbeitsvertrag mit einer einmaligen Vorauszahlung und einem monatlichen Vorschuss. Cedrik war glücklich und sehr aufgeregt. Für die Zeremonie nahm er ein paar Freunde aus Bangkok mit in mein Dorf. Er gab meiner Mutter einen Brautpreis von 1.000 Euro und Goldschmuck im Wert von 400 Euro. Für die Hochzeitsfeier zahlte er weitere 800 Euro, viel Geld für eine Heirat auf dem Land. Cedriks Extravaganz erlaubte es meiner Mutter, in unserer Gemeinde »Gesicht zu machen«. Sie hatte nicht nur seit Jahren mit all dem Geld, das ich ihr schicken konnte, »Gesicht gemacht«, nun konnte sie auch von meiner Heirat profitieren. Kein Thailänder würde Geld zahlen, um eine »Ex«-Prostituierte zu heiraten. Thais wissen, dass der Brautpreis dem Zweck dient, eine Jungfrau zu kaufen. Farangs wissen das nicht! Thailänder im Isan heiraten Prostituierte, um an das Geld der Ehefrauen heranzukommen. Thailändische Prostituierte im Isan heiraten Farangs eigentlich nur, damit sie an das Geld der Ehemänner herankommen.

Cedrik kaufte im Laden an der Ecke ein paar Flaschen Cola. Er bezahlte, nahm die Flaschen und ging. Das zwölfjährige Mädchen hinter der Theke raste aus dem Laden und schrie hinter ihm her. Cedrik wusste nicht, dass er gemeint war und ging weiter. Das Mädchen begann zu fluchen. »Du Dieb! Weißes Schwein!« Und schlimmer. Ich hörte die Aufregung, und wusste, dass es nur eine Person im Dorf gab, zu der sie so sprechen würde. Ich ging hin-

CEDRIK UND DIE SCHWEIZ

aus, um nachzusehen. Cedrik wusste nicht, dass in den kleinen Geschäften die Cola gekauft und dann in kleine Plastiktüten mit Eis umgefüllt wird. Die Flaschen werden nicht mitgenommen. Ich brachte die Flaschen schnell zurück und klärte das Missverständnis auf. Tag für Tag kamen die Nachbarn, um einen Blick auf Cedrik zu werfen. Er war weit und breit der einzige Weiße.

Zur Hochzeit kamen Dutzende von Familienangehörigen, zusammen mit Freunden und Nachbarn aus der gesamten Provinz. Die meisten von ihnen kannte ich nicht. Einige von ihnen brachten ihre Töchter mit, damit diese von Cedriks Freunden begutachtet werden konnten. Kaum hatte meine Mutter ihre Verwandten und Bekannten über Hochzeit, freies Essen und freie Getränke informiert, erschienen sie wie durch Zauberei. Sie feierten den ganzen Tag und die ganze Nacht und sie tranken, bis sie nicht mehr stehen

Ein Geschenk von Cedrik. Ich nannte ihn Tim – der beste Freund eines Mädchens. Ich bin 18 Jahre alt.

konnten. Im Grunde feierte meine Familie die neue Einkommensquelle, die ich aufgetrieben hatte.

Eine Heirat mit einem Farang bedeutete einen nicht enden wollenden Strom von monatlichen Zahlungen an meine Familie – für immer. Meine Mutter würde nie wieder arbeiten müssen – falls sie das je wirklich getan hatte. Sie konnte nicht nur ihren Kopf hoch halten, sie konnte auch arrogant werden. Sie war nun nicht mehr eine einfache Dorffrau, deren Tochter in der großen Stadt »arbeitete«. Sie war nun die Mutter einer Tochter, die mit einem Farang verheiratet war. Die Hochzeitsfeier selbst war ein Erfolg. Cedrik wurde ein glücklich verheirateter Mann. Er konnte nun bei seinen Freunden zu Hause angeben, dass er mit einer zierlichen und hübschen Thai verheiratet war.

Nun wurde es Zeit, meine Abreise vorzubereiten. Mein Fernseher, Videorecorder, Geschirr und ein Großteil meiner Kleidung sollten nach Ubon gehen. Ich mietete einen Laster, um alles nach Hause transportieren zu lassen. Die Fahrt würde zehn Stunden dauern. Trotzdem waren die Kosten, die Cedrik trug, minimal.

Viel wichtiger war meine Schwester, die nun aufs Land zurück musste. Das wurde ein ernstes Problem, denn sie wollte kein Dorfleben in der Provinz mehr führen. Dennoch hatte ich bereits eine Fahrkarte für sie besorgt. Sai konnte nicht allein in Pattaya bleiben. Ich würde nicht erlauben, dass sie in einem Ort bliebe, in dem Tag und Nacht Farangs herumschlichen und minderjährige Mädchen als Trophäen in ihrer Sammlung einreihen wollten.

Es dauerte nicht lange, bis ich Post von der Schweizer Botschaft erhielt. Mein Visum lag bereit und konnte in Bangkok abgeholt werden. Es war alles so einfach. Da ich das erste Mal nach Europa fliegen würde, war ich verständlicherweise sehr aufgeregt. Ich raste nach Bangkok, holte mein Visum ab, fuhr nach Pattaya zurück, packte meinen Koffer und bestellte mein Ticket nach Zürich. In weniger als einer Woche saß ich in einem Flugzeug auf dem Weg in die Schweiz.

Es wurde später zur Gewohnheit, für meinen Vater zu beten, wenn ich ein Flugzeug bestieg, das mich nach Europa bringen sollte. Ich weiß nicht, wie weit Gebete reichen, aber ich glaube, Europa ist zu weit weg. Außerdem wohnen die Geister nicht in Europa, sondern in Thailand, Kambodscha, Burma und Laos.

Als ich in der Schweiz ankam, merkte ich, dass es sogar im Sommer kühl und trocken war. Ich konnte mir nicht vorstellen, wie erst die Winter aussehen sollten. Müde und desorientiert lief ich im Flughafengebäude herum. Die Beschilderung war in Deutsch, Englisch und Französisch, aber nicht in Thai. Die Schweiz ist von Thailand nicht nur, was die Strecke betrifft, weit entfernt, sondern auch kulturell.

Cedrik traf mich hinter dem Zoll. Seine erste Tat bestand aus dem Ansteuern eines Stundenhotels, in dem er Sex mit mir haben wollte. Er fragte nicht, ob ich hungrig oder müde wäre. Überhaupt schien er in keiner Weise um mich besorgt zu sein. Sex war sein einziger Gedanke, und die letzte Betätigung, die ich in diesem Moment ausüben wollte. Daher weigerte ich mich. Er war ziemlich verärgert, um es milde auszudrücken. Unsere Ehe hatte keinen guten Beginn. Er wollte mich nicht seiner Mutter vorstellen, bevor er mit mir im Bett war. Auch ich ärgerte mich. Und ich weigerte mich nachzugeben.

Die Fahrt nach Hause dauerte eine Stunde. Ich fand sein Haus nicht nur hübsch, ich fand es unglaublich, dass ich nun hier leben sollte. In Ubon gab es solche Häuser nicht. Der Boden wurde von schönen weißen Teppichen bedeckt, Cedriks Mutter besaß drei Autos. Ich hatte eine wundervolle neue Welt betreten, die sauber und bequem war. Mir war bekannt, dass sein Vater Selbstmord begangen hatte, als das Geschäft der Familie pleitegegangen war. Ich wusste, wie es ist, wenn man seinen Vater verliert. Doch Cedrik hatte Glück, denn seine Mutter liebte ihn. Sie liebte es, für ihn etwas zu tun, sich um ihn zu kümmern. Sie war das genaue Gegenteil meiner Mutter, die sich nur dafür interessierte, wie ich sie unterstützen konnte.

Die Schweizer sind bedacht, alles präzise an seinem Platz zu lassen. Thais leben in einem angehäuften Chaos, in dem alles, was sie besitzen, zu sehen ist. Ich war mir nicht sicher, wie gut sich meine Isan-Philosophie in diese Welt eingewöhnen würde, aber ich wollte es auf jeden Fall versuchen.

Mit Cedriks Mutter hatte ich bereits ein paarmal telefoniert, nun stand ich ihr gegenüber. Im Gegensatz zu ihrem Sohn sprach sie gut englisch, und sie war viel klüger. Auch wenn unser Kennenlernen gut verlief, merkte ich bereits jetzt, dass sie irgendwann in der Zukunft zum Problem werden konnte. Wir sprachen über meine Pläne und meine tiefe Zuneigung zu ihrem Sohn – Letzteres war von hoher Wichtigkeit für sie.

Wir sprachen darüber, wie ich mich in der Schweiz einleben, Französisch lernen, eine Schule besuchen und ein leistungsfähiges Familienmitglied werden könnte. Ich war nicht in der Stimmung für so ein Gespräch, auch wenn ich versuchte, freundlich zu sein. Ich war gerade aus Thailand in die Schweiz geflogen, ein zehnstündiger Flug, und ich war sehr müde. Weshalb niemand daran dachte, wie ich mich nach so einer langen Reise fühlen könnte, verstand ich nicht. Ich wollte mich nicht unterhalten, ich wollte nur schlafen. Irgendwie hatte ich das Gefühl, dass Cedriks Mutter diese Situation ausnutzen wollte, um herauszufinden, weshalb ich ihren Sohn geheiratet hatte.

Jeden Morgen, wenn Cedrik zur Arbeit ging, blieb ich mit seiner Mutter, einer Rentnerin, zu Hause. Sie und ich unterhielten uns über eine Vielzahl von Dingen, meistens aber über meine Beziehung zu ihrem Sohn. Sie war ernsthaft besorgt, ich könne ein schlechtes Mädchen sein, das ihren Sohn verletzen wolle. Nichts hätte von der Wahrheit weiter entfernt sein können. Ich wollte Cedrik wirklich glücklich machen, auch wenn er ein unreifer Junge und ein Muttersöhnchen war. Sie glaubte mir nicht.

Ich musste auch sicherstellen, dass nichts und niemand die wahre Aufgabe in meinem Leben behinderte: die Unterstützung meiner Familie. Hier würden wir uns nie einig werden.

Ich wünschte mir, dass Cedriks Mutter arbeitete, dann hätte ich mehr Zeit für mich in dem Haus gehabt. Ich wollte die vielen Zimmer erkunden und den ganzen Schnickschnack in den Regalen. Als ich aufwuchs, hatten wir nicht das Geld, so schöne Sachen zu kaufen. Wir hatten nur Geld für Lebensmittel und lebensnotwendige Dinge. Aber nicht genug, um mich zur Schule zu schicken, geschweige denn schöne handbemalte Keramik anzuschaffen.

Zweimal nahm ich den Bus in die Stadt. Für eine Thai war es trotz Sommers ungemütlich kalt. Immerhin war ich die heiße Sonne gewohnt, und das 365 Tage pro Jahr. Fahrgäste starrten mich an, ich sah wohl nicht wie ein normaler Passagier aus. Ich war klein, zierlich und dunkelhäutig. Ich war so groß wie eine zehnjährige Schweizerin. Ich zahlte den Bus und setzte mich. Es kann sein, dass nicht alle starrten, aber einige taten es. Zumindest glaubte ich es. Thais sind misstrauisch.

Als ich mein Ziel erreichte, sprang ich aus dem Bus, um im makellosesten Land der Welt spazieren zu gehen. Ich hätte mir niemals träumen lassen, dass eine Stadt so sauber sein kann. Nicht nur die Straßen waren immer gefegt, die Häuser sahen aus, als ob sie frisch gestrichen wären, Autos glänzten, und jeder war hervorragend angezogen. Ich fragte mich, wie sie das machten. Bei Autos und Lastwagen waren keine sichtbaren Auspuffgase vorhanden. Ich konnte es nicht glauben. Weshalb zogen Autos, Laster und Motorräder in Thailand schwarze Rauchschwaden hinter sich her, die das Atmen unmöglich machten, Ruß auf der Haut ablagerten und die Augen brennen ließen? Was könnten thailändische Ingenieure von diesem kühlen bergigen Land alles lernen?

Während ich die Stadt und ihre Umgebung erkundete, konnte ich die wunderschönen schneebedeckten Berge sehen. Ich wünschte, ich hätte meiner Mutter und meinen Schwestern zeigen können, wie schön die Schweiz war. In Ubon oder sonstwo in Thailand gab es nichts, was so war wie das hier. Die Luft war kühl und trocken. Wie in einem Kühlschrank. Ich wünschte mir, lange bleiben zu können.

Jedesmal wenn ich nach Hause kam, wartete Cedriks Mutter auf mich. Sie war gespannt darauf zu hören, was ich gesehen hatte, und fragte mich aus. Ich sprach über teure Preise, unglaubliche Sauberkeit und die ausnehmend schönen Berge.

Cedrik kam jeden Tag gegen 17 Uhr nach Hause. Nun war ich nicht mehr den penetranten Fragen seiner Mutter über meine Zukunft ausgeliefert. Der einzige Grund, weshalb ich »glücklich« über sein Kommen war. Die Kommunikation mit ihm gestaltete sich schwierig. Er sprach kaum englisch und wollte es auch nicht lernen. Stattdessen gab er mir Bücher, ich sollte mich mit Französisch beschäftigen. Eine Sprache, an der ich kein Interesse hatte. Ich glaubte, für ihn müsste es einfacher sein, Englisch zu lernen. In ganz Europa wird englisch gesprochen, wenn auch nicht überall als Muttersprache. Man muss weder Gelehrter noch Globetrotter sein, um zu wissen, dass Englisch die Weltsprache ist. Ich hatte Englisch gelernt und konnte von Europäern wohl das Gleiche erwarten.

Cedrik und ich schliefen jede Nacht miteinander, aber unser Sex war klinisch und langweilig. Er wollte sogar ein Kondom beim oralen Sex tragen. Im Schlafzimmer war er unerfahren und wusste nichts über Vorspiel oder sexuelle Lust, außer für ihn selbst. Ich war sicher, dass er nie einen Pornofilm gesehen hatte. Vielleicht hätte ich ihm einen empfehlen sollen?

Nach einer Woche kamen wir auf die Finanzen zu sprechen. In Pattaya hatte sich Cedrik sehr gut um mich gekümmert – finanziell. Ich bekam auch Geld von anderen Männern, die nach Hause zurückgekehrt waren, während ich wie immer arbeiten ging. Ich bat Cedrik darum, seine Zahlungen an mich fortzusetzen. Er antwortete, ich sei nun in der Schweiz. Ich sei seine Frau, er würde sich um mich und meine Bedürfnisse kümmern. Ich bräuchte nun kein eigenes Einkommen mehr. Er verstand nicht, dass er ohne Warnung die einzige Lebensgrundlage meiner Familie gestrichen hatte. Er stellte sich zwischen mich und das Geld, das mir zustand. Er dachte wohl, ich schlafe mit ihm für Bed & Breakfast. Sex ist niemals kostenlos, wenn ein Mädchen meinem Beruf nachgeht!

Cedrik glaubte, dass das Geld, das er mir geschickt hatte, mein einziges Einkommen gewesen und es nur für mich und meinen Unterhalt bestimmt war. Tatsächlich war sein Geld nicht viel mehr als ein Drittel meiner monatlichen Einnahmen gewesen und demnach weniger, als ich jeden Monat meiner Mutter schickte. Ich konnte ihm jedoch nicht sagen, dass ich auch von der Großzügigkeit anderer Männer gelebt hatte und zusätzlich noch arbeiten gegangen war.

Ich fühlte mich meiner Freiheit beraubt, auf jeden Fall wurde ich um mein Einkommen gebracht. All das ließ mich überlegen, was ich tun könnte, um legal eine neue Geldquelle zu finden. Ich hatte einen jungen Schweizer geheiratet, um meinen Lebensstil zu verbessern und finanziell abgesichert zu sein. Die Schweiz war ein hübsches Land, und ich lebte in einem schönen Haus. Aber ich konnte die Sprache nicht verstehen, und ich langweilte mich zu Tode. Hinzu kam, dass ich 8.000 km von zu Hause entfernt war, weit weg von Klebereis, scharfem Essen, Hitze und dem Nachtleben, an das ich mich so gewöhnt hatte.

Ich besprach diese Themen mit Cedrik, was sich wegen seiner begrenzten Englischkenntnisse gelinde gesagt als schwierig erwies. Nun sah ich mich gezwungen, eine Entscheidung zu treffen. Ich glaubte, keine andere Wahl zu haben. Am zehnten Tag meines Aufenthaltes in der Schweiz sagte ich ihm zum letzten Mal, dass ich monatlich Geld nach Hause schicken müsse. Cedrik war unnachgiebig. Er sagte, er hätte bereits jeden Monat Geld überwiesen, als er in der Schweiz war und ich in Thailand. Er hätte den Brautpreis bezahlt, Goldschmuck für die Familie gekauft und einen Laptop für mich. Da dies sein letztes Wort war, erklärte ich ihm, dass ich nach Hause musste. Da er mir mein einziges Einkommen verweigerte, müsste ich wieder in meinem früheren Beruf arbeiten.

Verkürzte Ehe

Cedrik war nicht nur todunglücklich, er war auch furchtbar böse. Er war dabei, den Sex zu verlieren, für den er glaubte, im Voraus bezahlt zu haben. Und was konnte es für einen jungverheirateten Mann Demütigenderes geben, als die neue Frau an die Prostitution zu verlieren? Er war gekränkt, gedemütigt, sehr wütend und noch mehr verletzt. Er sagte, er würde mir nicht erlauben, nach Thailand zurückzukehren, wo er doch innerhalb des letzten Jahres so viel Geld für mich ausgegeben hatte. Ich würde seine Frau bleiben und in der Schweiz wohnen. Dummerweise hinkte seine soziale Reife Jahrzehnte hinter seinem wirklichen Alter her, auch hatte er kein Verständnis für Frauen – schon gar nicht für Thais. Um beim Thema zu bleiben: Er wusste nichts über Thaifrauen, die in der Sexindustrie arbeiteten. Auch wenn wir uns nun schon einige Zeit kannten, hatte er kein Verständnis für mich entwickelt – und ich nicht für ihn. Unsere Lebenserfahrungen waren grundverschieden, unsere Ansichten 180 Grad gegensätzlich. Eine Annäherung schien nicht möglich, so als ob unsere Sichtweisen in Stein gemeißelt worden wären.

Ich begann, meinen Koffer zu packen. Wie genau ich nach Thailand zurückkehren oder zunächst einmal zum Flughafen gelangen könnte, war mir noch nicht ganz klar. Das war momentan weniger wichtig als mein Einkommen. Wenn Cedrik kein Geld für meine Familie zur Verfügung stellte, würde ich nichts mehr für ihn zur Verfügung stellen: Ich kehrte nach Thailand zurück. Er ahnte nicht, dass ich ihn nur unter der Prämisse geheiratet hatte, dass weiterhin Geld an meine Familie floss. Das hätte ich vorher mit ihm klären sollen! Nun wurde offensichtlich, dass er glaubte, ich würde ihn wirklich lieben. Er musste noch viel über das Leben lernen und noch viel mehr über Bargirls.

Ich nahm meinen Pass, doch Cedrik riss ihn mir aus der Hand. Ein Kampf entbrannte. So sehr ich konnte, biss ich ihn in den Arm. Er begann zu schreien und ließ schließlich den Pass fallen. Ich griff danach und entschuldigte mich bei Cedrik. Ich sagte ihm, er habe kein Recht, mir meinen Pass vorzuenthalten, er gehöre mir. Was mich betraf, war ich nicht der Meinung, Cedrik hätte mich gekauft. Er hatte nur eine Kaution hinterlegt und mich gemietet – und nun war er mit den weiteren Zahlungen im Rückstand.

Cedriks Mutter hörte uns, und kam ins Zimmer gerannt. Sie war schockiert darüber, wie sehr ich ihren Sohn gebissen hatte. Natürlich konnte keiner von ihnen meine Verzweiflung verstehen.

Sie würden niemals verstehen, dass Cedriks Kontrolle über meinen Pass bedeutete, dass meine Familie zurechtkommen musste, ohne ihre Grundbedürfnisse befriedigen zu können. Ich konnte das nicht erlauben. Ich hatte mit Männern geschlafen, seit ich 14 war, um meine Familie zu ernähren. Und ich würde es jetzt nicht ohne Bezahlung tun.

Zuerst fuhren wir ins Krankenhaus, damit Cedriks Arm in der Ersten Hilfe versorgt werden konnte. Die Wunde war tief. Ich befand mich im Wartezimmer, während seine Mutter in einen anderen Raum ging. Alle sprachen französisch, ich konnte nichts verstehen. Warum habe ich keinen Engländer geheiratet, sondern jemanden, der französisch sprach? Ich wartete, während Cedriks Wunde behandelt wurde.

Cedriks Mutter kam schließlich zurück. Sie war irritiert, ein Gefühl, das ich nachvollziehen konnte. Ich versetzte mich einen Moment lang in ihre Lage und stellte mir vor, mein Sohn hätte monatelang ein Mädchen unterstützt, um sie dann nach Hause zu holen, damit sie seine Frau werde. Aber nach ihrer Ankunft hätte sie ausschließlich ihre Undankbarkeit gezeigt, und nach zehn Tagen den Sohn körperlich angegriffen, weil sie wieder in ihre Heimat zurück wollte. Cedriks Mutter meinte, ich müsse einen Psychologen konsultieren. Was mich betraf, fühlte ich mich gut. Aber ich war bereit, alles zu tun, damit ich die Schweiz verlassen und nach Pattaya zurückkehren konnte.

Nach der Behandlung von Cedriks Arm saßen wir zu dritt im Büro des Psychologen. Cedriks Mutter glaubte, ich sei verrückt, nicht nur, weil ich mich so brutal verhalten hatte. Sie verstand nicht, wie es mir möglich war, ihren Sohn nicht zu lieben. Vermutlich waren viele Mütter so. Der Psychologe sprach lange. Cedrik und seine Mutter unterhielten sich mit ihm auf Französisch, er übersetzte für mich in Englisch. Ich erklärte, dass ich nicht verrückt war, sondern einfach meinen Pass haben wollte, um nach Thailand zurückkehren zu können. Er stimmte überein, dass dies wohl die beste Lösung sei und übersetzte unsere Diskussion für Cedriks Mutter. Ich durfte meinen Pass behalten.

Wir kehrten nach Hause zurück, wo ich meine Sachen packte. Wir waren übereingekommen, dass es besser für uns alle sei, wenn ich die Schweiz verließe. Es ist Praxis in Pattaya, dass ein Bargirl von einem Farang ein Geschenk erhält, wenn die gemeinsame Zeit vorbei ist. Ein Abschiedsgeschenk für die Zeit und die Mühe, die sie sich gemacht hat, unabhängig davon, was sie zuvor bereits erhielt. Cedrik und seine Mutter, beide völlig unbedarft, was die Beziehungen von Bargirls und Farangs anbelangte, wussten nichts über diesen Brauch. Ich hatte auf dem Rückflug nichts weiter als das, was schon auf dem Hinflug in meinem Besitz gewesen war. Abgesehen von einem One-Way-Ticket in die Heimat.

Cedriks Mutter nahm meine Koffer. Da sie glaubte, ich würde mir einen anderen Mann suchen, anstatt nach Thailand zurückzukehren, rief sie die Polizei. Diese eskortierte mich zum Flughafen, auf dem ich etwa vier Stunden in einem kleinen Zimmer warten musste, bevor ich das Flugzeug bestieg, das mich nach Hause brachte. Es war einmal etwas anderes, auf dem Flug der Swiss Air von Farangs bedient zu werden. Normalerweise bediente ich Farangs.[1] Ein Traum schien wahr zu werden. Als ich auf dem Flughafen Don Muang landete, fühlte ich mich, als ob ich von einem

---

[1] Nach einem oder zwei Jahren in Pattaya stellte ich mich einmal auch für einen Job als Kellnerin vor. Ich musste einsehen, dass Kellnerinnen jeden Baht, den sie bekommen, hart verdienen. Und noch mehr. Sie haben auch verdient, Trinkgeld zu bekommen. Meine Karriere als Kellnerin dauerte nicht lange, nicht einmal einen Tag. Das lag nicht an der harten Arbeit, dem Bedienen von Farangs oder der schlechten Bezahlung. Das Gehaltsproblem hätte ich einfach lösen können, indem ich Männer, die ich während der Arbeit kennenlernte, abends noch einmal getroffen hätte. Touristen zahlen einem Mädchen, von dem sie glauben, sie sei eine Kellnerin, also ein ehrliches Mädchen, mehr als einem Bargirl. Ich hätte das Doppelte von jedem Kunden bekommen und so sehr viel weniger Männer treffen müssen. Doch die Arbeit als Kellnerin passte nicht zu meinem Lebensstil, weil von mir verlangt wurde, jeden Tag acht bis neun Stunden zu arbeiten und das 26 Tage pro Monat. In Thailand wie in den meisten armen Ländern nutzen Leute mit Geld ihre Macht immer wieder aus. Der Besitzer des Restaurants stellte keine Ausnahme dar. Er behandelte alle Angestellten schlecht. Nachdem er mich einmal angebrüllt hatte, schrie ich zurück. Ich verfluchte ihn auf Englisch und ging. Die Gäste waren entsetzt, als sie hörten, dass eine Kellnerin ihren Chef auf Englisch anschrie, und sich offensichtlich nicht um ihren Job scherte.

katastrophal langen Urlaub heimkehrte. Nun würde ich wieder mein eigener Herr sein.

Eines Tages wollte ich wieder nach Europa, dem Land der Farangs. Sie lebten so gut und waren so zuvorkommend. In meinem Land war das ganz anders. Ich fragte mich, weshalb meine Leute nicht so umsichtig sein konnten. Fürs Erste musste ich aber in Pattaya bleiben und arbeiten. Weshalb Leute sich so unterschiedlich benahmen, konnte ich ein andermal überlegen, wenn ich die Muße dazu finden würde.

ELFTES KAPITEL

TOURISMUS UND SEXTOURISMUS

Tourismus

Die Menschen lieben es, nach Thailand zu reisen. Wir haben schätzungsweise 10 Mio. Besucher pro Jahr. Hotels stellen an Flughäfen ihre eigenen Taxis zur Verfügung, um die erwartungsvollen Reisenden, die auf einen spannenden Urlaub gut vorbereitet sind, schnell in ein komfortables Zimmer zu bringen. Vieles ist auch in Englisch ausgeschildert, selbst in kleineren Städten. Klimatisierte Busse fahren jeden Tag zu interessanten und historischen Orten, die jeder Besucher sehen will. Die neueste Errungenschaft ist die Hochbahn in Bangkok, die das Durchqueren der Stadt schnell und effizient werden lässt und zudem auch Spaß macht. Für jemanden, der das erste Mal in Thailand ist, ist es auch recht einfach, mit einem Reiseführer unter dem Arm mein Land von Mae Sai im Norden bis nach Phuket im Süden zu durchqueren.

Viele Touristen kommen nach Thailand, weil für wenig Geld viel geboten wird. Es herrscht ein Wettbewerb zwischen den Fluglinien, so dass Langstreckenflüge relativ billig sind. Beispielsweise gibt ein durchschnittlicher deutscher Tourist kaum mehr als 700 Euro für einen Hin- und Rückflug nach Bangkok aus. Ein gutes Hotel kostet zwischen 30 und 60 Euro, und für 40 Euro »Taschengeld« pro Tag kann man alles kaufen, was das Herz begehrt – inklusive ein junges Mädchen wie mich! Es gibt kaum einen Grund, weshalb männliche deutsche Touristen ihren Urlaub woanders verbringen sollten. Viele Amerikaner und Asiaten finden das auch. Letztere kommen aus Japan, Korea, Hongkong, Singapur und Taiwan. Sie haben so viel Geld wie Farangs. Und alle können einen wunderbaren Urlaub verbringen, ohne Euro, Dollar, Yen oder Won zählen zu müssen.

Sextourismus

Drei von Thailands beliebtesten Touristenmagazinen sind »Look«, »Touristways« und »Thailand«, die überall kostenlos erhältlich sind: in Hotels, Reisebüros, Restaurants, Kaufhäusern, Kinos, Ladengeschäften und an Kiosken. Diese Blätter, auf deren Titelseite immer die Schönheit meines Landes angepriesen wird, kann man kaum übersehen. Ein traditionelles Lotusblumengesteck, das Loi-Krathong-Fest, der beeindruckende Tempel der Morgenröte, Wat Pohs goldene Buddhastatuen, eine Elefantensafari in Chiang Mai oder andere exotische kulturelle Attraktionen. Die spannungsgeladene Erwartungshaltung der Touristen wird so noch weiter gefördert, und sie wissen, dass sie das richtige Land ausgewählt haben, um ihren wohlverdienten Urlaub zu verbringen.

Wenn der interessierte Leser »Touristways« aufschlägt, wird er auf den ersten zehn Seiten Anzeigen finden, die für maßgeschneiderte Anzüge zu unglaublichen Preisen werben. Der Mittelteil des Magazins besteht aus 21 Seiten in Schwarz-Weiß, 16 Seiten geben über die bekanntesten Touristenziele Auskunft, ein Hotelführer, Telefonnummern von Fluglinien und Botschaften und eine Karte von Thailand. Auf 25 Seiten findet man Massagesalons, die Frauen für die Prostitution zur Verfügung stellen. »Kittens Massage and Escort Service«, »Sexy Doll Massage and Escort Service«, »Hot Special Girls« und »Number 1 Models«, um nur einige wenige zu nennen.

Vier weitere Seiten innerhalb dieser 25 machen Reklame für Begleitagenturen. Der Rest dieses Minitouristenführers ist gefüllt mit bunten Hochglanzanzeigen für weitere Massagesalons und Begleitagenturen mit hübschen langbeinigen Mädchen in verführerischer Unterwäsche, die kaum Raum für Phantasie lässt. Der halbe Reiseführer verkauft Sex.

Bei den anderen beiden genannten Touristenmagazinen verhält es sich ähnlich. Thailands nicht besonders gut gehütetes Geheimnis ist allseits bekannt, und jedermann ist eingeladen, an der Party teilzuhaben. Die Sexindustrie hat einen großen Anteil an den Geschäften, die die Thais mit Touristen machen.

Im Gegensatz zu Europa bietet Thailand ein kostengünstiges Gut an: Hübsche Mädchen bleiben die ganze Nacht bei den Touristen, und das kostet so viel wie ein durchschnittliches Abendessen in einem Restaurant in Deutschland. Der Preis für junge und attraktive Prostituierte liegt in Deutschland durchschnittlich bei 100 Euro – für eine Stunde! Das ist der Grund, weshalb Touristen – Farangs genauso wie Asiaten – stattdessen nach Thailand kommen, wo der Freier für die ganze Nacht mit einer hübschen jungen Frau nur umgerechnet 20 Euro berappen muss.

Wenn man männliche Touristen fragt, woran sie denken, wenn sie an Thailand denken, dann wird die Antwort häufig lauten: »Junge sexy Frauen, die stets zu Diensten sind.« Das ist der Grund, weshalb die meisten Touristen in Thailand Männer sind.

Sexuelle Verfügbarkeit von Frauen war schon immer ein Teil der thailändischen Kultur. Thailändische und burmesische Könige tauschten jahrhundertelang untereinander junge Frauen als Geschenke aus. Frauen haben immer eine Rolle in Haushalt, Landwirtschaft und Kindeserziehung gespielt. Schon immer waren sie wenig mehr als Besitz. Es ist nur eine weitere Art der Ausbeutung, die in meinem Land existiert.

Zu einem Wandel in der Geschichte der thailändischen Prostitution kam es, als in den sechziger Jahren US-amerikanische Truppen während des Vietnamkrieges nach Pattaya kamen, um sich von den Strapazen des Krieges zu erholen. Pattayas Image eines verschlafenen Fischerdorfes änderte sich schlagartig. Der Ort wurde dafür berühmt, über hübsche Frauen zu verfügen, die sexuelle Dienste für wenige Baht anboten. Amerikanischen Soldaten zu dienen wurde ein lukratives Geschäft.

Touristen würden immer noch nach Thailand kommen, auch wenn dort keine jungen Frauen mehr »erhältlich« wären. Aber ohne all diese Männer, die genau aus diesem Grund nach Thailand reisen, würden Flughäfen, Hotels, Geschäfte, Restaurants und Bars nicht mehr genug verdienen, um profitabel arbeiten zu können. Die Wahrheit ist, dass das »Herz« der thailändischen Tourismusindustrie schwer angeschlagen wäre. Dass viele junge Frauen dankbar sind, wenn sie die Möglichkeit haben, Geld zu verdienen, ohne in einem Ausbeutergeschäft arbeiten zu müssen, ist eine andere traurige Wahrheit.

Der Blickwinkel der Sextouristen

Kunden gehen die Patpong entlang. Man trifft sie im Nana Entertainment Plaza, in der Soi Cowboy oder in Pattaya. Immer haben sie die »Taschen voller Geld«. Einige stellen ihr Geld und ihre Kreditkarten in der vergeblichen Anstrengung zur Schau, ihr mangelndes Selbstbewusstsein zu steigern. Meine Kunden haben mir gesagt, dass sie uns als »kleine exotische Huren« oder »20-Euro-Sexmaschinen« ansehen, die bereit sind, für Geld jeden erniedrigenden sexuellen Akt über sich ergehen zu lassen. Ihnen würde nie einfallen, dass dieselben Mädchen Kinder haben und versuchen, ihre Familien zu ernähren, oder dass es sich bei ihnen auch um Menschen handelt. Die Kunden denken, wir sind Müll, sie müssen ihre Egos mit Bargeld aufpumpen und uns so zeigen, wie toll sie sind. Ihr Mangel an Selbstbewusstsein ist fern jeder Erklärung. Diejenigen von uns, die mit Männern für Geld schlafen, haben immer das Gefühl von Unzulänglichkeit, weil wir glauben, dass wir nichts anderes können. Aus diesem Grund erkennen wir unzulängliches Verhalten sofort, wenn wir es sehen. Einige Kunden sollten sich in psychiatrische Behandlung begeben! Nur Vereinzelte sind nett und haben ein aufrichtiges Interesse an unserem Wohlergehen.

Manchmal ging ich mit Männern mit, die mich überhaupt nicht interessierten. Einmal war einer wirklich gemein und sagte mir, ich sei keine Schale Reis wert. In seinen Augen stand ich gesellschaftlich so niedrig, dass ich nicht einmal 5 Baht wert war. Er und viele andere Männer nannten uns »LBFM« oder »Little Brown Fucking Machines«. Wir stammen aus einer Gesellschaft und einer Region, die so arm ist, dass wir unsere Slums in der Provinz verlassen müssen, um mit diesen betrunkenen und ekelhaften Typen zu schlafen, für die sich keine Frau der Welt mehr interessiert. Die Männer projizieren ihre Gefühle der Demütigung und Zurückweisung auf das verletzlichste Ziel – auf uns, die wir verzweifelt auf ihr Geld warten und uns für ein paar Baht missbrauchen lassen. Sie nennen uns »Lügner und Diebe«, wenn wir sie überreden wollen, uns Geld für Familienbelange zu überweisen. Wir erdulden all das, um unsere Geschwister zur Schule zu schicken, Schulden der Familie zu bezahlen und um aus dem finanziellen Abgrund herauszukommen, in den wir hineingeboren wurden. Die Touristen, die ab und zu für Sex nach Thailand kommen, sind anders, aber diejenigen, die regelmäßig nach Thailand fliegen, um Sex zu haben, haben psychische Probleme, die genauso groß sind wie unsere finanziellen.

Der Blickwinkel der Bargirls

In Wahrheit sehen Bargirls das Geld und nicht den Mann dahinter. Unser größtes Problem ist, dass unsere Kunden uns als Menschen kaum wahrnehmen. Sie mögen sich für kurze Zeit zu uns hingezogen fühlen, das kann manchmal auch länger dauern, aber egal wie viel Geld sie uns zahlen und wie lange sie bei uns bleiben – manchmal sogar Jahre –, sie haben keinen Respekt vor uns. Wir sind ihre Spielzeuge, ihre Konkubinen. Die schmerzvolle Einsicht ist, dass sie uns bezahlen und wir Massenware sind. Auch wenn wir unser Einkommen als Prostituierte verdienen, bedeutet das noch lange nicht, dass wir keine Gefühle haben. Wir wollen als gleichberechtigte menschliche Wesen behandelt werden. Kein Mann aus Thailand oder dem Isan, keines unserer männlichen Familienmitglieder sieht uns als gleichberechtigt an. Wir schätzen es, wie Farangs uns bezahlen, und dass einige um unser Wohlergehen besorgt sind. Trotzdem gibt es genügend, die meinen, wir seien keine Menschen.

Unsere Kunden sehen uns nicht als Menschen an, weil sie nicht verstehen können, dass wir ungewollt Opfer des kulturellen und sozialen Systems unseres Landes sind. Farangs geben während ihres Urlaubs pro Tag mehr aus, als die meisten Thaifrauen in einem ganzen Monat verdienen. Einige von uns geben ihr Geld für Handys, Goldschmuck und Alkohol aus, aber viele von uns schicken fast ihr ganzes Geld nach Hause, um das karge Einkommen der Familie aufzubessern. Manche von uns machen beides. Die Familien borgen oft Geld, das mit hohen Zinssätzen an Geldverleiher zurückgezahlt werden muss. Nicht zuletzt wird das geliehene Geld für Lottolose ausgegeben, wenn Thais meinen, die Glückszahlen zu kennen. Weshalb sie an die richtigen Zahlen glauben? Weil sie meinen, ihre Träume würden diese symbolisieren. Wir Thais glauben, wir müssten auf die 8 setzen, wenn wir von Fischen träumen. Frösche stellen die Nummer 9 dar usw. Wir setzen auch gern auf Nummern, die uns von Mönchen gesagt wurden – nachdem diese eine Spende von uns als Geste unserer Anerkennung erhalten haben.

Meine Möglichkeiten

Wenn ich keine Prostituierte geworden wäre, hätte ich in Ubon als Tagelöhnerin gearbeitet und täglich zwischen 100 und 120 Baht verdient, und das bei einem 10- bis 12-Stunden-Tag. Das ist der Grund, weshalb eine Konserve mit süßer Ananas aus Thailand in Europa so billig ist. Sie ist billig in der Herstellung, ergo ist sie billig für den Verbraucher. Im Laufe der Zeit wurde mehr Arbeit in Fabriken oder auf Golfkursen in Touristenorten angeboten. Letzteres ist ein relativ neues Geschäft, das hauptsächlich von Japanern in Anspruch genommen wird. Mädchen können um die 4 Euro pro Tag plus Trinkgelder verdienen. Weil das ein Hungerlohn ist, verkaufen sich viele Caddys nach dem Spiel an die Golfer. Mit 1,45 m und 34 kg war ich viel zu klein, um Golftaschen zu schleppen. Caddys sind nicht die einzigen weiblichen Angestellten, die man »mieten« kann, wenn der Arbeitstag vorbei ist.

Prostituierte, die mit Sextouristen zusammen sind, verdienen zwischen 300 und 500 Euro pro Monat. Attraktive und zielstrebige Mädchen können mehr als 1.500 Euro im Monat machen – so wie mir das relativ häufig gelang. Einige besitzen Häuser, die von ihren Kunden bezahlt wurden, Fonds, die ihren Kindern oder Geschwistern den Schulbesuch ermöglichen sowie den Kauf von Handys, Motorrädern und Autos. Mädchen aus Bordellen bekommen niemals solche Zahlungen. Mit der Zeit hatte der Sextourismus immer größeren Einfluss, und mittellose Mädchen sahen die Prostitution als eine Alternative an. Auch wenn Sextouristen in Thailands Sexindustrie eine eher geringe Rolle spielen, zahlen Touristen vier- bis zehnmal mehr als einheimische Männer, die Bordelle aufsuchen.

In den sieben Jahren, die ich in der Sexindustrie arbeitete, führten Männer mit mir ausgedehnte Gespräche über alles und nichts. Ich saß still da und hörte aufmerksam zu, als seien sie die weisesten Menschen, die ich je getroffen hatte. Solange sie mich für das Zuhören bezahlten, konnte mir das nur recht sein. Ich nickte mit dem Kopf, riss meine Augen auf, verschloss meine Ohren und sagte ab und zu, dass ich verstünde. Meine Zierlichkeit, mein vorgegebenes Interesse und meine Jugend machten mich bei ihnen beliebt, und sie wurden außerordentlich großzügig. Tatsächlich bezahlten mich einige Farangs, damit ich mir anhörte, was sie von anderen Farangs, die nach Thailand kamen, hielten. Eines Tages, ich war 17, schrieb mir einer von ihnen einen Brief. Er fühlte sich wohl in gewisser Weise schuldig, weil er mit einem Mädchen in meinem Alter zusammen gewesen war. Das wenige Geld, das er dafür bezahlen musste, war nicht das Thema. Ich glaube, er hoffte, sich durch seine Beichte von seinen Schuldgefühlen befreien zu können. Oder er hoffte, ich würde beim nächsten Mal meinen Preis heruntersetzen. »Träum weiter!«

Tui

Meine Freundin Tui, die nicht als Bargirl arbeitet, nahm kürzlich einen Job in einem guten Krankenhaus in Pattaya an. Sie bekommt etwa 5.500 Baht – 110 Euro – im Monat, was als gutes Gehalt gilt. Sie musste als Sicherheit 4.250 Baht hinterlegen. Von Farangs wird nicht verlangt, dass sie bei ihren Arbeitgebern eine Sicherheit leisten. Eines Abends vergaß Tui, die Klimaanlage in ihrem Büro abzustellen. Am nächsten Tag musste sie 875 Baht Strafe zahlen. Das waren 15 % ihres monatlichen Gehaltes. Der Strom, der verbraucht wurde, kann kaum mehr als als 100 Baht gekostet haben. Kürzlich ist ihr Onkel gestorben, und sie musste für drei Tage in ihre Heimatstadt zurückkehren. Diesmal musste sie 1.300 Baht Strafe zahlen, fast ein Viertel ihres Monatsgehalts. Dieses Gebaren ist Standard in guten thailändischen Firmen. Man kann sich vorstellen, wie das in einer Firma aussieht, die einen nicht ganz so guten Ruf hat. Das ist einer der Gründe, weshalb ich entschied, meinen eigenen Weg zu gehen. Ich wollte weder für einen thailändischen Geschäftsmann arbeiten noch für einen Zuhälter, der zwischen dem Käufer meiner Dienste und mir steht.

Manche Thaimädchen warten bereits als Kinder darauf, endlich alt genug zu sein, um nach Bangkok, Pattaya oder Phuket gehen zu können, so dass sie endlich so viel Geld verdienen können, wie es anderweitig nicht möglich wäre, zumal sie über eine nur geringe Bildung verfügen.

Thip

Thip, die Hübscheste meiner Freundinnen, ging 1997 nach Japan, um dort zu arbeiten, wo sie etwa 120.000 Baht – 2.400 Euro – im Monat verdiente. Ihr Leben in Japan verlief ruhig, bis sie eines Tages von Beamten der Einwanderungsbehörde in einem thailändischen Restaurant befragt wurde. Thip war mit einem 3-Monats-Visum eingereist, befand sich aber schon zwei Jahre in Japan.

Nachdem sie zwei Wochen in Abschiebehaft gesessen hatte, wurde sie zusammen mit anderen Thaifrauen abgeschoben.

Nach ihrer Ankunft in Thailand wurden sie von Beamten empfangen, die ihnen die Pässe abnahmen und sie zu einem Ort brachten, an dem sie Berufe wie Näherin oder Friseuse erlernen sollten. Mit dieser Tätigkeit hätten sie knapp 5.000 Baht im Monat verdienen können. Thip tat, was jedes kluge freischaffende Barmädchen tun würde. Sie ging nach Pattaya, wo sie 1.500 Baht pro Tag verdienen konnte. Thais, die in der Sexindustrie arbeiten, können ohne Probleme in ihre Dörfer zurückkehren, solange sie für das Wohlergehen ihrer Familie sorgen, d.h. beim »Gesicht machen« unterstützen. Es war für Thip nicht peinlich, in ihr Dorf zu gehen, nachdem sie in Japan als Prostituierte verhaftet worden war. Sie hatte jeden Monat Geld nach Hause geschickt. Ich hatte ihr einmal gesagt, was für ein Glück sie hätte, so hübsch zu sein. Sie antwortete: »Großartig, dann kann ich viel Geld als Prostituierte verdienen.«

Ich habe nie an die Sexindustrie gedacht, als ich in Ubon lebte, aber für andere ist es nur ein Geduldsspiel. Selbst wenn sie eine Ausbildung haben, wenden sich viele Thaimädchen dem ältesten Gewerbe der Welt zu, um ihre Familien zu unterstützen und in ihren Dörfern »Gesicht zu machen«.

Suputa

»Ich bin kein Bargirl, ich habe Hunger, aber kein Geld. Darum gehe ich mit Männern.« Mit 20 war Suputa 1,50 m groß und wog 35 kg. Sie kam aus Surin, nahe der kambodschanischen Grenze. Ihre Muttersprache war Suay, ein Thaidialekt, der dem Khmer sehr verwandt ist. Mit zwölf Jahren begann sie, in einer Textilfabrik zu arbeiten. Sie arbeitete zwölf Stunden täglich, sechs Tage die Woche und verdiente rund 3.500 Baht – 70 Euro – im Monat. Auch wenn es illegal war, sie in diesem Alter anzustellen, bekam sie den Job, weil ihre Mutter in derselben Fabrik arbeitete.

Nach vielen Jahren als Arbeitssklavin kam sie nach Pattaya, um im »19th Hole Super Club« zu arbeiten, einer Sportbar. Sie arbeitete als Kellnerin und verdiente 4.000 Baht im Monat zuzüglich rund 2.500 Baht an Trinkgeldern. Manchmal traf sie Kunden nach Feierabend und bekam dafür 1.000 Baht. Es war keine schwere Entscheidung: Die Arbeit als Näherin für 70 Euro im Monat war mit Sicherheit weniger wert als die einer »Escort-Kellnerin« für ein ungleich höheres Einkommen. Durch das höhere Einkommen »Gesicht zu machen« überwiegt bei Weitem den Gesichtsverlust, wenn man als Teilzeit-Prostituierte arbeitet.

Irgendwann erzählte sie mir, dass es einmal kein Essen im Haus gab, als sie zehn war. Ihre Mutter sagte ihr, sie solle zu ihrer Großmutter gehen, um zu sehen, ob es dort etwas Essbares gäbe. Als Supata, die zu dem Zeitpunkt 34 kg wog, zu ihrer Großmutter kam, fragte sie, ob sie etwas essen könne. Ihre Großmutter sagte: »Na gut, aber iss nicht zu viel.« Das ist die Armut des Isan, einem Gebiet, das ein Drittel von Thailand ausmacht. Noch nicht einmal meine Familie war so arm.

Geld: Das nationale Streben

Alle würden gerne mehr Geld haben. In Thailand will jeder mehr Geld haben. Aber in Thailand ist die ganze Nation nur hinter dem Geld her. Hier hat man entweder Geld und lebt ein komfortables Leben – ein Leben, das auf den krummen Rücken der Armen basiert – oder man ist einer dieser Armen. Um in Thailand »Gesicht zu machen«, muss man Geld haben, und je mehr Geld man hat, umso mehr Respekt wird einem entgegengebracht. Ich wollte, dass meine Familie Respekt erhält, anstatt Respekt zu zeigen und sich vor den Wohlhabenden verneigen zu müssen.

Auf dem Land hat man Sex normalerweise erst nach der Heirat. Ich wusste zuerst nicht, was ich davon halten sollte, mit Touristen für Geld zu schlafen. Ich habe nie daran gedacht, als ich noch im Isan lebte. Als ich nach Bangkok kam, musste ich feststellen, dass viele Mädchen in den Bars und den GoGos kein Problem damit hatten, mit Männern mitzugehen. Und diese Mädchen hatten nicht nur viel Geld, sie besaßen auch viel Goldschmuck. Sie konnten jeden Monat 10.000 Baht nach Hause schicken, tolle Sachen tragen und gut englisch sprechen. Ich wollte so sein wie sie und haben, was sie hatten. Ich wollte für meine Familie »Gesicht machen«, vor allem aber, dass mich meine Mutter zu Hause mit offenen Armen empfängt.

Verantwortung

Um das große Problem der Prostitution in Thailand, den Philippinen, Kambodscha oder sonstwo zu lösen, sollte man sich eher mit der Situation, die Prostitution hervorbringt, befassen, als mit der Prostitution selbst. Sextourismus ist der einzige Weg, mit dem sich rund 30.000 Mädchen in Thailand allein ihren Lebensunterhalt verdienen. Diese Zahl beinhaltet nicht die Hunderttausende von Mädchen, die bezahlten Sex mit Einheimischen haben. Es sollten weder die Mädchen noch die Touristen verantwortlich gemacht werden. Genauso wenig kann man jemandem vorwerfen, im Westen preisgünstige Textilien oder Lebensmittel zu kaufen, die in einem Ausbeuterbetrieb in Südostasien hergestellt oder geerntet wurden. Man kann den Vorwurf nur an die Regierung und die Geschäftselite adressieren, die das gesamte Land kontrollieren. Nur sie sind verantwortlich!

ZWÖLFTES KAPITEL

ERWEITERUNG MEINES HORIZONTS

Rückkehr nach Pattaya

Nach meinem kurzen Abenteuer in der Schweiz fuhr ich nach meiner Ankunft in Bangkok sofort nach Pattaya weiter, wo ich am Nachmittag eintraf. Ich stellte meinen Koffer in ein Apartment, das ich mochte, und ging zu Dave, der verständlicherweise überrascht war. »Was ist passiert? Ich dachte, du bleibst länger als zwölf Tage in der Schweiz«, waren seine ersten Worte. Ich sagte ihm, dass das anfangs nicht unbedingt klar gewesen war, da ich meinen Aufenthalt vom Geld abhängig gemacht hätte. Weil es keines gab, musste ich zurück.

Ich borgte mir von Dave 6.000 Baht, um die Miete zu zahlen und ein Motorrad leihen zu können. Danach fuhr ich nach Bangkok, um Steve zu treffen, den ich einige Jahre zuvor in der »Thermae« kennengelernt hatte. Direkt nach meiner Rückkehr nach Pattaya hatte ich ihn angerufen, und wir hatten uns verabredet. Wir wollten eine Woche nach Chiang Mai fahren. Ich hatte schon immer gedacht, er könne für längere Zeit mein Freund sein. Mit Bargeld ausgestattet, sprang ich in den Bus. Ich fand ein billiges Zimmer in Bangkok und wartete bis zum späten Abend. Dann ging ich in die »Thermae«. Während ich auf Steve wartete, traf ich Jörg. Er war die falsche Person am falschen Ort. Er sah mich an und sagte: »Du hast doch Aids. Warum arbeitest du hier?« Um ihn zu schockieren, antwortete ich: »Warum nicht? Ich muss immer noch essen, Miete zahlen und meinen Schwestern Geld schicken.«

Nach vielen Stunden Warten und mehreren Softdrinks erschien Steve endlich. Seine ersten Worte waren nicht die, die ich erwartet hatte. Er sagte, ich wäre dick. Ich dachte: »Na, der hat Nerven!« Wenn ich auch sonst nichts hatte, hatte ich doch Vertrauen in mein Aussehen. Ich war zierlich, hatte den durchtrainierten Körper einer GoGo-Tänzerin, und ich fand mich sehr sexy. Ich wusste es besser! Trotz unseres Fehlstarts beim Wiedersehen hatten wir eine tolle Zeit in Chiang Mai. Nach unserem Urlaub ging Steve wieder arbeiten. Ich auch. Mit Steve hatte ich die bis dato schönste Beziehung gehabt.

Ich richtete mich in meinem neuen kleinen Apartment ein und machte Zukunftspläne. Finanziell ging es mir nicht besser als in der Schweiz zwei Wochen zuvor. Auf der anderen Seite war ich in einem reichen und schönen Land gewesen, das erste Mal in Europa überhaupt. Ich musste einen Weg finden zurückzukehren – irgendwie!

Meine erste Nacht in Pattaya war ohne besondere Vorkommnisse. Es war, als ob ich nie weg gewesen wäre. Das Wetter hatte

sich nicht verändert. Es ändert sich sowieso kaum innerhalb eines Jahres. Es ist immer warm, auch während der kühlen und der regnerischen Jahreszeit. Meine Freundinnen waren immer noch dort, auch viele der Touristen, die ich vor etwas über zwei Wochen gesehen hatte.

Ich machte meine Runden und sah mir die Bars an. Für meinen nächsten Job brauchte ich eine Bar mit vielen Kunden. Ich wollte nicht in einer Bar sitzen, in der meine Arbeit zunächst darin bestand, potentielle Kunden in die Bar zu locken. Es gehörte zur Aufgabe der Bar, für Kundschaft zu sorgen. Wenn sie erst einmal saßen, wurde ich auf den Plan gerufen. Es gibt Bargirls, die Kunden in die Bar bringen – im Allgemeinen sind das die jüngsten und hübschesten Mädchen. Die Verschlagenen versuchten dann, Drinks und Bar-fines zu bekommen. Ich konnte beides, aber ich bevorzugte es, wenn das »junge Blut« die Arbeit erledigte, während ich mich darum kümmerte, die Kunden von ihrem Geld zu trennen. Immerhin war ich schon ziemlich lange in dem Geschäft und reichlich erfahren.

Ich entschied mich schließlich für eine Bar in Nord-Pattaya. Mit 18 konnte ich legal in einer Bar arbeiten, aber auch mit 16 – als ich in Pattaya mit der Arbeit begann – hatte die Polizei weggesehen. Für eine Summe, die im monatlichen Schmiergeld des Barbesitzers bereits enthalten war.

Die Bemühungen der Regierung haben gefruchtet, und ein Großteil der minderjährigen Mädchen ist aus den Bars und GoGos verschwunden. Ich hätte nie gedacht, dass das in einer derartig kurzen Zeit geschafft werden würde. Trotzdem gibt es Polizeibeamte, die nicht hinsehen und den Mädchen die Arbeit erlauben – für ein gewisses Entgelt. Das Schmiergeld, das die Barbesitzer zahlen müssen, wird durch größeren Umsatz wieder hereingeholt.

In- und ausländische NGOs sowie Medienberichte hatten in der letzten Zeit das hässliche Gesicht Thailands, vor allem Pattayas, beleuchtet. Die Regierung versucht nun, diesen Gesichts-

»Soi 7«, Nachtschicht – Kunden werden angelockt

verlust schnell wieder wettzumachen, indem sie das »Nicht unter 18«-Gesetz mit Härte umsetzt. Sie ist aber nur im Aufrechterhalten der Fassade erfolgreich. Junge Mädchen sind weniger offen in der Barszene anzutreffen. Trotzdem gibt es unzählige in Pattaya, die ihren Weg finden, um Männer für Geld zu treffen. Eine große Anzahl von Sextouristen und Sexrentnern suchen »zu Hause« nach diesen Mädchen. Daher arbeiten Minderjährige nun beispielsweise als Zimmermädchen, um diesen Männern begegnen zu können.

Türklopfer

Viele Minderjährige arbeiten weiterhin in Pattaya, wenn sie auch nicht legal in den Bierbars und GoGos tätig sein können. Trotzdem können sie Männer in Kaufhäusern, in Restaurants oder auf der Beach Road kennenlernen. Während meiner Zeit war »klopf klopf klopf« das Geräusch, mit dem Minderjährige auf Kundenfang gingen. Auf der Suche nach einem Quickie klapperten sie die Apartments ehemaliger Kunden ab und verbrachten den Nachmittag und frühen Abend damit, durch die Straßenzüge zu laufen, in denen Rentner und Auswanderer lebten, wenn sie nicht zuvor einen Kunden im Kaufhaus oder am Strand getroffen hatten. Es gibt im Grunde keinen Unterschied zu Drückerkolonnen. Nän und ich haben ab und zu unsere Kunden auf diese Weise angesprochen. Wenn einer unserer Stammkunden Zeit hatte, besuchten wir ihn. Wenn nicht, drehten wir unsere Runden und klopften an Türen, bis wir einen fanden.

Pattayas berüchtigte Beach Road,
minderjährige Mädchen halten nach Kunden Ausschau,
im Uhrzeigersinn von links oben: 16, 15, 14 und 14 Jahre alt

ERWEITERUNG MEINES HORIZONTS

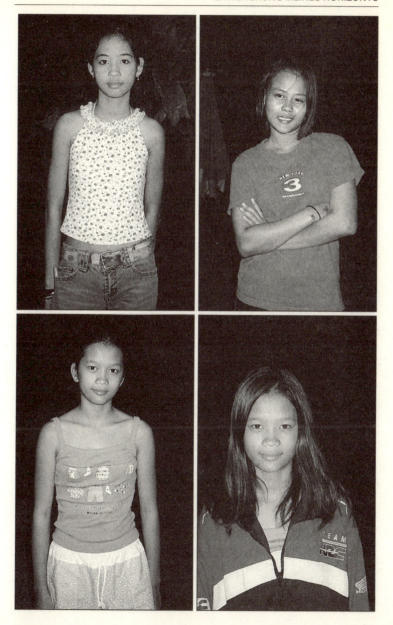

ERWEITERUNG MEINES HORIZONTS

Eine Sechzehnjährige lügt bezüglich ihres Alters und entwendet ein Handy

Ein australischer Tourist brachte ein Mädchen, das er mit aufs Zimmer genommen hatte, zur Polizei und erklärte, sie hätte sein Handy gestohlen, als er unter der Dusche stand. Schockiert reagierte er auf die Mitteilung der Polizei, dass das Mädchen erst 16 Jahre alt sei.

Der Tourist, ein 60 Jahre alter australischer Staatsbürger, teilte dem ermittelnden Polizisten mit, dass er die Pattaya Beach Road entlanggegangen sei, als ein Mädchen, das sich selbst »Wan« nannte, auf ihn zukam und ihm anbot, für 500 Baht mit ihm zu schlafen. Koming fragte das Mädchen, wie alt es sei, da es sehr jung aussah. Als Wan ihm sagte, sie sei 20, nahm er ihr Angebot an und brachte sie in sein Hotel.

Er ging ins Badezimmer, um zu duschen, während Wan auf dem Bett saß. Dann stahl sie sein Handy und rannte weg. Er folgte ihr und bat einen Motorradfahrer um Hilfe. Sie konnten das Mädchen stellen, und Koming entschied sich, es zur Polizei zu bringen, damit es eine Verwarnung erhielt. Wan erklärte, sie sei erst 16 und hätte bezüglich ihres Alters gelogen. Sie gab zu, das Handy entwendet zu haben. Die Polizei verwarnte sie und erinnerte sie daran, dass es für Sechzehnjährige illegal sei, sexuelle Dienste anzubieten. Gegen den Ausländer wurde kein Ermittlungsverfahren eingeleitet, obwohl er ein minderjähriges Mädchen mit in sein Hotelzimmer genommen hatte.

PattayaMail, 10./16. Juni 2005

Beach Road – eine Mutter (links), die ihre Töchter verkuppelt:
17 Jahre (Mitte), 15 Jahre (rechts). Auch wenn Mütter
aus dem Isan ihr Geld meist per Geldautomaten erhalten,
kümmert sich diese selbst um das Geschäft

Miss Fotogen

Ich lebte im Zentrum Pattayas und arbeitete im Norden, nur einen Katzensprung entfernt. Meine Bar war nicht gerade toll, trotzdem gab es genügend Kunden, und einen Wettbewerb mit anderen Mädchen musste ich kaum fürchten. Ich war erst ein paar Tage dort, als ich sowohl Glück als auch Pech hatte. Ich traf Paul, einen alten Bekannten. Paul war ein Fotograf, für den ich gelegentlich als Modell gearbeitet hatte. Er zahlte gut, zwischen 2.000 und 3.000 Baht — 40 und 60 Euro – für eine zweistündige Sitzung. Wir hatten uns schon lange nicht mehr gesehen, weil wir uns gegenseitig schnell auf die Nerven gingen. Diesmal musste es anders sein! Ich hatte niemanden, der mir Geld schickte. Ich brauchte Geld, und wenn das bedeutete, mit Paul zusammenzuarbeiten, dann sollte es so sein. Wir verabredeten uns für den folgenden Tag, und ich begann erneut eine Karriere als Modell.

Paul fragte, ob ich daran interessiert wäre, mehr Geld als sonst zu verdienen. Wie immer war ich sehr interessiert am Thema Geld. Ob ich wieder für Nacktaufnahmen posieren wolle? Ich war es gewohnt, auf der Bühne oder in Hotelzimmern nackt zu sein, also machte ich mir nichts daraus. Das Geld, das mir Paul für die Bilder zahlte, war weitaus mehr als die 1.000 Baht, die ich mit einem normalen Kunden für in Stunden verdiente. Ich dachte, ich würde eine neue Karriere beginnen, oder zumindest regelmäßig etwas dazuverdienen können. Paul fotografierte mich ein paar Stunden, und ziemlich oft gingen wir danach noch essen. Für die Aufnahmen hielt er sexy Kleidung bereit. Manchmal gab er mir auch Geld, damit ich Sachen für die Aufnahmen kaufen konnte. Er zahlte gut, und ich gab ihm immer das Wechselgeld zurück – bei anderen Männern machte ich so etwas nicht. Anderen Männern sagte ich grundsätzlich, ich brauche mehr Geld, auch wenn sie mir bereits genug gegeben hatten.

Ich blieb nicht lange in der Bar in Nord-Pattaya, nur ein paar Tage. Ich brauchte die Bar nicht, um Männer zu treffen, und ich hatte keine Lust, dort täglich sieben Stunden an 28 Tagen pro Monat herumzuhängen. Ich konnte meine Zeit finanziell lohnender verbringen. Jetzt war ich ein Modell!

Gut einen Monat lang posierte ich für Paul zwei- oder dreimal pro Woche. Wenn es mir passte, traf ich dann noch Männer. Paul machte Aberhunderte von Bildern, die jeden Mann reizen mussten. Am Beginn der Sessions trug ich Kleider, die Stück für Stück fallen würden, bis ich nackt war. Paul hatte unzählige bunte und freizügige Kostüme, die ich trug und nicht trug. Er besaß auch eine ganze Schatzkiste voller Schmuck. Einige dieser Stücke hatten echte Steine und waren sehr wertvoll, andere waren einfacher Strass. Am Ende jeder Session trug ich nur noch Pauls Schmuck auf der Haut.

Er machte provokante Fotos von mir, während ich duschte, badete oder auf dem Bett saß und lag. Jedes Schmollen und jede Pose sollten die »animalischen Instinkte« der Männer ansprechen. Das Flirten mit der Kamera war wie meine zweite Natur. Es bestand kaum ein Unterschied zu dem, was ich auf der Bühne oder in Hotelzimmern machte. Paul und ich schossen in jeder erdenklichen Umgebung Fotos. Angefangen von seinem Hotelzimmer bis hin zu den exquisiten Stränden von Phuket, Koh Samui und Koh Similan. So viel Geld hatte ich noch nie zuvor verdient, und ich verkaufte noch nicht einmal Sex.

Gezeigt wurde ich in »Oriental Dolls«, »Oriental Women«, »Asian Beauties« und »Asian Hotties«. Paul liebte mein Aussehen, er war ein guter Fotograf. Ich verdiente so viel Geld, dass ich mich nicht auf die Suche nach Männern begeben musste, es sei denn, ich wollte. Von diesem Job lebte ich gut und konnte Geld nach Hause schicken. Für den Moment brauchte ich daher nur das Geld, das Paul mir gab.

Nach zwei Monaten hatte Paul genug Bilder von mir gemacht. Er brauchte neue Gesichter, aber er meinte, er sei nicht sehr erfolgreich bei der Suche nach Thaimädchen, die für ihn arbeiteten. Die meisten Thais, auch die, die nackt in den GoGos tanzten, nahmen sein Angebot nicht an. Selbst dann nicht, wenn sie bei Paul mehr verdient hätten als mit ihrer üblichen Arbeit. Pornographie wird in

Thailand so sehr verachtet, dass Pauls Angebote die Mädchen verängstigten. Es ist schwer, ein Bargirl in eine Situation zu bringen, in der sie Geld ablehnt. Die Ironie in ihrer Weigerung, als Modell zu arbeiten, liegt darin, dass sie ihren Lebensunterhalt verdienen, indem sie für wenig Geld nackt tanzen. So werden sie nie reich. Aber wenn ihnen die Gelegenheit gegeben wird, nackt Modell zu stehen und so ihr Einkommen erheblich zu verbessern, lehnen sie ab.

Pornographie wird in Thailand nicht nur nicht akzeptiert, sie ist auch illegal. Prostitution ist an jeder Straßenecke zu haben, aber Fotos sind tabu! Wir verstecken alles, was uns unzumutbar erscheint und bauen eine Fassade auf. Fotos zerstören diese Fassade. Sie sind ein Beweis, der nicht geleugnet werden kann. Pauls Probleme, neue Gesichter zu finden, führten mich zu meiner nächsten Karriere.

Eine ganz besondere Modellagentur

Paul fragte, ob ich ihm dabei behilflich sein könnte, Mädchen zu finden, die für ihn arbeiteten. Ich erklärte ihm, sein Problem habe nichts mit dem Gehalt zu tun, das er anbot, denn das war extrem gut. Das Problem bestand darin, dass er das Angebot unterbreitete. Ich wusste, ich könnte die Mädchen leicht überreden, mit ihm eine Fotosession zu machen, womit ich mir eine Provision verdienen konnte. Auch wenn er keine weiteren Fotos von mir benötigte, verdiente ich immer noch gutes Geld mit unserer neuen Abmachung. Ich wurde Agentin.

Paul und ich gingen in die Bars und die GoGos in Bangkok und Pattaya, um die schönsten Mädchen mit den besten Figuren zu finden. Nacht für Nacht suchten wir Dutzende von Bars auf. Paul war extrem wählerisch. Wenn ich Mädchen fand, von denen ich wusste, sie würden auf Fotos großartig wirken, war er noch lange nicht zufrieden. Bis 2 Uhr morgens klapperten wir Bar für Bar ab. Wenn Paul doch ein Mädchen fand, das ihm gefiel, gab er ihr einen Drink aus, und ich sprach mit ihr über seinen Vorschlag.

Auch wenn die Mädchen zuerst immer ablehnten, konnte ich sie nach einer Weile doch überzeugen, anzunehmen. Ich erklärte, dass sie in der Nacht möglicherweise kein weiteres Angebot erhielten. Und wenn doch, dann nicht mehr als die Hälfte oder sogar nur ein Drittel von unserem. Ich ließ meine Überredungskünste spielen. Ich wies auch darauf hin, dass man vom Fotoshooting weder Aids noch Geschlechtskrankheiten bekäme. Das Mädchen wäre möglicherweise in der Lage, in der Zukunft noch mehr Fotos und entsprechendes Geld zu machen.

Als Agentin erhielt ich 1.000 Baht für jedes Mädchen, das ich rekrutierte, und ich war sehr erfolgreich in meiner Arbeit. Ich überredete die Mädchen nicht nur, für Paul zu arbeiten, während der Sessions fungierte ich auch als Dolmetscherin. Die Bezahlung war für die Tätigkeit verhältnismäßig in Ordnung. Sie machte mir Spaß und war auf jeden Fall besser, als mit Männern für Geld mitzugehen.

Filmkarriere

Paul machte Tausende von Fotos. Er »besaß« einige wirklich ausgesprochen hübsche Mädchen. Mich inklusive. Mit einigen der Mädchen konnte man gut arbeiten, während andere schwierig waren und schnell wieder gehen wollten. Die pflegeleichten fotogenen Mädchen bekamen neue Angebote. Die anderen, die nur Probleme verursachten, hatten nicht mehr diese Chance.

Nachdem wir einen großen »Stall« voller Mädchen hatten, die sowohl hübsch anzusehen als auch fotogen waren, verfolgten wir ein anderes Ziel: Film. Zuerst war ich die Hauptdarstellerin. Verführerisch sprach ich in die Kamera, während ich mich auf provokante Art und Weise auszog.

Mit Fotos verdiente man viel, aber in Filmen steckte noch weitaus mehr Geld. Für eine Stunde bekam ich 3.000 Baht. Ich übernahm eine der Hauptrollen in »Amazing Bangkok 1999«, und ich sprach »Sex! Sin! And Sun! In Phuket«.

Wenn ich Videos drehte, tat ich so, als wäre ich eine der Frauen, die ich in europäischen oder amerikanischen Pornofilmen gesehen hatte. Es war nicht weiter schwierig und machte viel Spaß. Ich hätte meiner kleinen Schwester nie erlaubt, so etwas zu tun, aber mir machte es nichts aus. Das Filmen wurde zur Routine, ich vergaß, dass ich eigentlich in Pattaya war, um Männer für Geld zu treffen. Ich hätte mir nicht erträumen lassen, so viel Geld fürs Schönsein zu verdienen und dafür, jemandem zu erlauben, mich zu filmen.

Alle Mädchen bekamen das gleiche Gehalt. Paul duldete keine »Primadonnen« unter seinen Darstellerinnen. Zu filmen bedeutete viel Arbeit, Paul war Regisseur und Kameramann in einem. Solange er die Modelle bezahlte, taten sie genau das, was er und ich von ihnen verlangten.

Es dauerte nicht lange, bis Paul zwei Mädchen vor seiner Kamera auftreten ließ. Es bestand im Grunde kein Unterschied zu den Soloauftritten. Nun duschten oder badeten wir gemeinsam, streichelten uns von Kopf bis Fuß zärtlich und küssten uns. Wir versuchten, zwanglos auszusehen, wenn wir uns gegenseitig abtrockneten, die Handtücher fallen ließen und uns dann verführerisch Richtung Bett bewegten. Dort gaben wir für die Kamera eine Vorstellung voller Lust und Verlangen. Zumindest versuchten wir das. Manchmal waren wir zwei, drei oder sogar vier. Ein gutes Geschäft für alle. Jedes der Mädchen bekam 3.000 Baht. Das ist das Dreifache von dem, was ein Mann für eine ganze Nacht zahlte und genauso viel, wie unsere Familien auf den Feldern im Isan in einem ganzen Monat verdienten.

Paul produzierte einen einstündigen Porno für Gesamtkosten von 12.000 Baht – 240 Euro – und verkaufte die Filme, die ausschließlich verführerische Schönheiten aus Thailand zeigten, in Europa oder Amerika. Farangs zeigen großes Interesse an exotischen und mysteriösen Asiatinnen. Paul verdiente viel Geld, wir verdienten viel Geld.

Bei einigen Gelegenheiten fuhren wir zu den Inseln, die vor Pattaya gelegen waren, oder in den Süden Thailands nach Phuket und Koh Samui. Wir mieteten ein Schnellboot, schickten den Kapitän weg und filmten stundenlang. Wir rannten die schneeweißen Strände entlang oder tollten in den Wellen des kristallklaren Wassers herum. Innerhalb eines Jahres müssen wir über ein Dutzend Videos gedreht haben. Ich liebte es, diese Filme zu machen, denn ich verdiente gutes Geld, und ich hatte mich in die Kamera verliebt. Ich war Pauls erstes Starlet und machte mir keine Sorgen um Konkurrenz.

Paul sagte uns, dass es der Traum eines jeden Mannes wäre, seine Zeit mit solch exotischen und hübschen nackten Frauen auf einer tropischen Insel zu verbringen. Er bannte die Phantasien der Männer auf Film. Wie seine Verkaufszahlen belegten, lag er richtig. Ständig gab es neue Bestellungen. Wir waren zu jung, um zu verstehen, wie das andere Ende von Pauls Geschäft aussah. Aber das mussten wir auch nicht. Wenn Farangs bereit waren, für Pauls Videos viel Geld zu bezahlen, und Paul bereit war, uns viel Geld zu bieten, wenn wir nackt am Strand herumrannten, dann spielten wir mit. Wir wären gerne bereit gewesen, Tag für Tag stundenlang herumzurennen.

Reiseleiterin

Ich war auch eine Reiseleiterin in Videos, die überall in Thailand gedreht und in der ganzen Welt verkauft wurden. Es ist schon erstaunlich, was ein junges Mädchen erreichen kann, wenn sie Geist und Körper einbringt. Ich drehte Videos über Bangkok, die wundervollen Inseln Phuket und Samui sowie über den weniger attraktiven Küstenort Pattaya. Ich bekam viele Tausend Baht für ein Video und das Beste war, dass ich meine Kleidung anbehalten konnte. Die Spielzeit dieser Videos betrug drei Stunden, und von mir wurde mehr verlangt als in den Filmen zuvor. Ich hatte Glück, diesen Job zu bekommen, denn ich sprach gut englisch, war hübsch und hatte Humor. Wenn mein Englisch perfekt gewesen wäre, aber mein Aussehen nur durchschnittlich, dann hätte ich nie die Chance erhalten, in diesen Reisevideos aufzutreten.

Um den ersten Film zu drehen, wurde ich nach Phuket geflogen. Viele weitere Flüge folgten. Ein armes Mädchen aus der Provinz flog auf eine schöne exotische Insel, um ein Touristenvideo zu drehen, das in die ganze Welt verkauft wurde. Ich lebte einen Traum, der schöner war, als ich mir jemals zu erhoffen gewagt hatte. Mein Traum war wahr geworden!

Ich helfe einem Mädchen, ins »Geschäft« einzusteigen

Während ich alles dafür tat, mich aus dem »Geschäft« herauszuhalten, erzählte mir eine Nachbarin, eine Freundin wolle dort einsteigen. Sie fragte, ob ich ihr dabei helfen könne. Ich sagte ihr, sie wüsste genau, was ich getan hatte, und dass sich das nicht von der Tätigkeit der anderen 10.000 Bargirls in Pattaya unterschied. Sie gab zu, dies zu wissen, dachte aber, ich könnte trotzdem weiterhelfen, wo ich doch so viele Männer kannte. Nun erfuhr ich, dass die Sechzehnjährige nicht nur als Bargirl arbeiten, sondern ihre Jungfräulichkeit verkaufen wollte. Ich mochte da nicht mit hineingezogen werden, aber die beiden übten Druck auf mich aus und sagten immer wieder, wie sehr die Familie das Geld benötigte. Schließlich willigte ich ein.

Es dauerte nur ein paar Tage, bis ich einen Mann fand, der die Jungfräulichkeit eines Mädchens zu einem »fairen Preis« kaufen wollte. Diese Leute sind nicht gerade knapp in Pattaya, viele kommen nur aus diesem Grund hierher. Dieser Mann war bereit, für die Jungfräulichkeit eines 16 Jahre alten Mädchens 20.000 Baht – 400 Euro – zu zahlen, was ich als angemessen betrachtete. Zwar war es nicht der Preis, den ich Jahre zuvor selbst erzielt hatte, aber immer noch eine Menge Geld in Pattaya. Ich teilte dem Mädchen das Angebot mit, sie akzeptierte. Nachdem sie das Geld erhalten hatte, zahlte sie mir eine Provision von 3.000 Baht. Der Mann gab mir ebenfalls 3.000 Baht. Ich verdiente 6.000 Baht – über 100 Euro – mit einer Sache, für die ich gar kein Geld haben wollte.

Eigentlich wollte ich hier gar nicht tätig werden, dem Mädchen aber auch helfen, Geld zu verdienen. Im Nachhinein wünschte ich, ich hätte die Provision nicht angenommen. Weder von dem Mädchen noch von dem Mann. Oder ich hätte seine Provision dem Mädchen geben sollen. Ich war nicht besser als die Mama-san, die meine Jungfräulichkeit verkauft hatte.

Ich tat alles, damit meine Schwestern keine Prostituierten wurden. Und hier half ich einer Sechzehnjährigen, ins Geschäft einzusteigen. Das gehört mit zu den schlimmsten Dingen, die ich je getan habe, und ich habe es immer wieder bedauert. Ich werde ständig das Gefühl haben, diese Fehlentscheidung meinerseits wiedergutmachen zu müssen. Von da an schwor ich zu helfen, Mädchen vor der Sexindustrie zu bewahren und nicht ihren Einstieg zu erleichtern.

DREIZEHNTES KAPITEL

SO VIELE BEWERBER, SO WENIG ZEIT

JOHAN AUS SCHWEDEN

Da das Geschäft nach ein paar Monaten nicht mehr gut lief, endete meine »Filmkarriere« so plötzlich, wie sie begonnen hatte. So sah ich mich gezwungen, in Pattaya meiner ursprünglichen Beschäftigung nachzugehen. Hier traf ich Johan.

Das erste Mal, als ich ihm begegnete, war er mit einem Freund vor dem »19th Hole Super Pub« in der Nähe der Walking Street essen. In dieser Nacht arbeitete ich nicht, ich war unterwegs, um Obst zu kaufen und Farangs zu beobachten. Johan sah mich an, was ich bemerkte. Wir lächelten uns an. Wegen seiner fehlenden Lässigkeit und seines deutlichen Unbehagens war er offensichtlich neu in Pattaya. Seinen Freund, der neben ihm saß, hatte ich schon oft gesehen. Ich bot Johan Bananen an, aber er lehnte ab. Ich war es nicht gewohnt, abgewiesen zu werden, und wollte ihn nun wirklich kennenlernen. Daher warf ich mein Motorrad um, weil ich hoffte, er würde mir dabei helfen, es wieder aufzurichten. Bevor er aufstehen konnte, half mir ein japanischer Tourist. Mich ärgerte, dass Johan nicht sofort die Möglichkeit ergriffen hatte, mir zu helfen. Und ich ärgerte mich noch mehr über mich selbst, weil Johan nicht sofort auf meine Avancen eingegangen war. Üblicherweise taten Männer das! Später sollte ich erfahren, dass Johan sehr schüchtern war.

Zwei Tage später sah ich Johan mit seinem Freund in einer Bar sitzen. Die Bar, in der ich arbeitete, lag nur einen Steinwurf entfernt. Durch eine Freundin ließ ich Johan ausrichten, wo ich zu finden wäre. Einen Moment später winkte er und kam herüber. Wir tranken ein paar Bier, während ich ihn überzeugte, dass ich seine Zeit wert war, und er daher die Bar-fine zahlen könne. Ich versuchte Johan dazu zu bewegen, auch die Bar-fine für meine Freundin zu zahlen, damit er uns beide mitnehmen konnte. Johan lehnte ab, meine Freundin weinte. Sie hatte die Gabe, zu Showzwecken schnell in Tränen auszubrechen. In unserem Beruf ist das ein Talent, das man gut einsetzen kann. Sie wollte nicht mit uns mitgehen, hätte sich aber über einen freien Abend gefreut – nachdem sie die Provision für die Bar-fine erhalten hat, versteht sich.

Mit Johan verbrachte ich auf seiner ersten Reise nach Thailand zwölf Tage. Pro Nacht zahlte er mir 1.000 Baht, beschwerte sich aber, dass das viel zu teuer wäre. Weil ich wusste, dass er es sich leisten konnte, gab ich ihm keinen Nachlass. Nach zwölf Tagen mit ihm hatte ich begonnen, einige Gefühle für ihn zu entwickeln. Er unterschied sich von anderen Männern. Er war nett zu Frauen und zu Menschen im Allgemeinen. Er war höflich, zuvorkommend und hatte gute Manieren. Sein Reisepartner, Jesper, zahlte einer Frau niemals mehr als 500 Baht pro Nacht. Er betrog sogar ein junges Mädchen, indem er für ihre Entjungferung nur 2.000 Baht zahlte. Ich hielt von ihm nichts. Nur ein böses und ekelhaftes Individuum nimmt einem armen Mädchen ihr kostbarstes Gut weg, ohne anständig dafür zu bezahlen.

An Johans letztem Tag in Pattaya war die Geldwechselstube geschlossen und der Geldautomat funktionierte nicht, so dass Johan kein Geld mehr hatte. Ich weiß immer noch nicht, weshalb ich ihm vertraute, aber ich lieh ihm 5.000 Baht für unsere Abschiedsfeier. Am nächsten Tag musste Johan nach Schweden zurück, ich brachte ihn zum Flughafen in Bangkok. Wir tauschten Fotos aus und blieben in Verbindung. Alle zwei Wochen rief ich in Schweden an. Als John, ein ehemaliger Kunde aus England, nach Thailand kam, meldete ich mich nicht mehr.

John aus England

Ich arbeitete in »Soi 8«, als ich John das erste Mal traf. John lief an der Bar vorbei, sah mich und kehrte sofort zurück. Er setzte sich und kaufte mir einen Drink. Recht schnell bezahlte er die Barfine. Nach nur einem Tag wollte er, dass ich lange bei ihm blieb. Er zahlte sechs Monate lang 2.500 Baht – 50 Euro – am Tag, das war der gesamte Zeitraum, den er in Pattaya verbrachte. Das nenne ich einen guten Freund! Schließlich musste er nach England, aber nur für drei Monate. Als er ging, zog ich in das Nirun Condotel.

Nach drei Monaten kehrte John nach Thailand zurück. Er verbrachte viel Zeit damit, nach mir zu suchen, und fand mich schließlich in meinem neuen Apartment. John wusste, dass meine Schwester Sai bei mir wohnte. Er wollte hier ein Geschäft eröffnen, wusste aber nicht wie oder welches Geschäft. Er zog einen Eisladen in der Second Road in Betracht, stattdessen wurde es ein kleines Restaurant. Eine Menge Arbeit erwartete uns! Da John Spendierhosen trug, überredete ich ihn, mir ein Motorrad zu kaufen.

John gab mir 250.000 Baht – 5.000 Euro –, damit ich selbst ein Geschäft eröffnen konnte, aber ich war nicht bereit, irgendetwas zu kaufen oder zu eröffnen und gab das Geld zurück. Mir ist klar, dass der Leser das kaum glauben kann, aber ich gab das Geld wirklich zurück! Später gab er mir wieder Geld, damit ich ein eigenes Restaurant in der Soi Buakhow eröffnen konnte, allerdings nicht annähernd so viel. Er gab auch Dave die 6.000 Baht, die ich nach meiner Rückkehr aus der Schweiz geliehen hatte.

Unsere Beziehung dauerte noch zwei Monate. Weil er meine Schwester Sai nicht leiden konnte, ergaben sich Probleme. Da war er nicht der Einzige! Ständig stritt er mit ihr, so wie fast jeder. Da ich Sai liebte, stellte ich mich immer auf ihre Seite. Das führte letztendlich zu Johns Entscheidung, sich von mir zu trennen. Für eine Weile brach es mir das Herz. Ich mochte ihn, und er war sehr großzügig. Aber um ehrlich zu sein, ich grämte mich nicht lange, denn ich wusste, Johan war noch da.

Johan und ich hatten zwei Monate lang keinen Kontakt gehabt, obwohl er wieder in Pattaya war. Er suchte nach mir in jedem GoGo der Stadt und kontaktierte Dave, um mich zu finden. Da Dave wusste, dass ich mit John zusammen war, behauptete er, nicht zu wissen, wo ich sei. Eines Tages sah ich Johan auf der Straße, aber sprach ihn nicht an. Es war mir peinlich, dass ich mich so lange nicht gemeldet hatte. Ich wusste nicht, was ich sagen sollte und beauftragte daher Sai ihm zu sagen, wie sehr ich ihn vermisste. Ferner sollte sie den Namen seines Hotels herausbekommen. Schließlich erfuhr ich, dass Johan für sechs weitere Wochen bleiben wollte. Da ich nun den Namen seines Hotels wusste, entschloss ich mich, ihm eine Überraschung zu bereiten. Er war äußerst erfreut, mich zu sehen, und wir blieben bis zu seiner Abreise nach Schweden zusammen. Er fragte mich, ob ich einmal Urlaub in Schweden machen wollte. Ich antwortete, ich würde darüber nachdenken.

Jürgen aus Deutschland

Nicht lange nach Johans Abreise traf ich Jürgen. Wir verbrachten einige Wochen miteinander und verstanden uns gut. Er sagte mir, dass ich in seinem Land viel Geld verdienen könne. Er würde alles arrangieren, damit ich nach Deutschland fliegen könne, um dort zu arbeiten. Ferner versprach er, mich zu heiraten, wenn ich mit ihm nach Köln ginge. In Thailand hatte ich keine weiteren Aussichten, als in Pattaya zu arbeiten, daher erklärte ich mich einverstanden. Ich musste nicht lange überlegen, um zu beschließen, dass Deutschland mein nächstes Zuhause sein würde. Jürgen gab daraufhin den Antrag auf ein Visum bei der deutschen Botschaft in Bangkok ab.

Als es Zeit wurde, zur Botschaft zu gehen, kam Dave mit, um mir beim Ausfüllen von noch mehr Papieren zu helfen. Es war umständlicher, als ich mir vorgestellt hatte. Wir hatten den Bus um 6 Uhr von Pattaya aus genommen, um früh dort zu sein. Trotzdem gab es schon eine lange Schlange, und wir mussten uns anstellen.

Es kostete den ganzen Tag, uns durch die Bürokratie durchzuarbeiten. Nachdem wir stundenlang angestanden hatten, mussten wir unseren Platz aufgeben, weil wir keine Kopie von einem unserer Formulare hatten. Es wäre effizienter gewesen – eine Tugend, für die die Deutschen doch bekannt sind! –, wenn sie eine Kopie für uns angefertigt hätten. Ich habe diesen Akt der Höflichkeit erwartet, nachdem ich die Schweizer kennengelernt hatte. Doch die Deutschen weigerten sich. Dave musste die Botschaft verlassen und einen Kopierladen suchen. Nach seiner Rückkehr mussten wir eine neue Nummer ziehen und uns hinten anstellen. Erst am Ende des Tages hatten wir dieses lange, ermüdende und ärgerliche Verfahren abgeschlossen.

Wir aßen etwas, um uns von der Anstrengung zu erholen und für die zweieinhalbstündige Busfahrt nach Pattaya zu stärken. Zu meiner Überraschung musste ich für unser Essen selbst bezahlen. Dave war sauer, weil wir den ganzen Tag auf der Botschaft zugebracht hatten, und die Mitarbeiter dort nicht gerade hilfsbereit gewesen waren. Da ich mit Jürgens Geld bezahlte, störte es mich nicht weiter. Die Anspannung, was die Papiere betraf, war nun vorüber. Jetzt konnte ich mich in den nächsten zwei Wochen wieder ganz auf meine Arbeit in Pattaya konzentrieren. Ich rief Jürgen am nächsten Tag per R-Gespräch an und teilte ihm mit, dass ich alle erforderlichen Unterlagen bei der Botschaft eingereicht hatte. Jürgen war begeistert. Den wahren Grund über seinen hemmungslosen Jubel sollte ich noch herausfinden. Es dauerte zwei Wochen, bis ich das Visum bekam. Als ich es in Händen hielt, hatte ich das Gefühl, ein Druck sei von mir genommen worden. Nun konnte ich mich endlich wieder entspannen, denn ich flog erneut nach Europa. Diese Reise sollte weit erfolgreicher verlaufen als meine erste, das wusste ich.

Wieder einmal wurde es Zeit, ein Flugticket zu reservieren und sich auf die Abreise aus Thailand vorzubereiten. Meine 15 Jahre alte Schwester konnte nun nicht weiter bei mir wohnen, ich musste sie nach Ubon schicken. Das wollte sie, wie zuvor, natürlich nicht. Sie lebte lieber in Thailands bescheidener Antwort auf Las Vegas.

Doch diesmal war Sai unerbittlich in ihrem Bestreben, bei ihren Freunden in Pattaya zu bleiben. Ich machte mir Sorgen, dass sie weglaufen könnte. Sie hatte zwei Jobs, einen in einem Kaufhaus und einen in einem Restaurant als Kellnerin in der Nähe unseres Apartments. Sie benutzte ihr Einkommen als Taschengeld. Um die Rechnungen kümmerte ich mich immer. Wenn sie wegrannte, würde sie möglicherweise so enden wie ich. Es war immer die gleiche Sorge, die mich bewegte.

Sai weigerte sich, nach Ubon zurückzukehren. Stattdessen wollte sie bei ihrer Freundin wohnen und weiterhin ihrer Arbeit als Kellnerin nachgehen. Ich befürchtete, dass sie möglicherweise keine Kellnerin bleiben würde. Es gibt so wenig Geld, wenn man in Thailand einer normalen Tätigkeit nachgeht. Ich hatte Angst, sie würde für so wenig Geld nicht so lange arbeiten wollen. Trotzdem musste ich nach Deutschland. Und meine kleine Schwester würde dann in Pattaya zurückbleiben – alleine.

Sai baut ihre eigenen Sandburgen am Pattaya Beach, sie ist 14 Jahre alt

Ein Brief an Sai von jemandem, der Dich liebt

Was meine Schwester mir bedeutet

Wenn etwas, was meine Schwestern tun, sie glücklich macht, dann sollen sie es einfach tun. Ich will mich selbst um alle schmerzvollen Dinge des Lebens kümmern. Sie können den glücklichen Pfad für sich beanspruchen. Ich habe zwei Schwestern, aber keine denkt daran, bei mir zu bleiben.

Meine kleine Schwester Sai. Kennst Du Dich in diesem Moment? Du bist wie ein angeschlagenes Glas, das jeden Moment auseinanderbrechen könnte. Du musst vorsichtig sein. Die Wege führen in viele Richtungen. Manche sind gut, andere sind schlecht. Manche sind einfach abgeschnitten. Sackgassen.

Ich kenne die Wege nicht, bevor ich sie nicht beschritten habe. Wohin werden sie führen oder sind es Sackgassen? Und Du, welchen Weg wirst Du einschlagen? Der Weg, auf dem Du gerade stehst, weiß nicht, wohin er führt oder wie das Ende aussieht. Eigentlich führt jede Frau ihr eigenes Leben und geht andere Wege.

Sai, Du hast eine Schwester, aber Du liebst sie nicht. Sai, Du kannst niemals meine Gefühle verstehen. Denn Du liebst Dich nicht. Du wirst niemals eine Schwester lieben, nicht einmal mich.

Du hast große runde Augen. Als Du klein warst, waren das wundervolle und hübsche Augen für mich. Aber jetzt sehen Deine großen hübschen Augen nicht mehr weich aus. (Nicht wie von einem netten Menschen.)

Deine Augen berichten von Hass und Verzweiflung. Das sind Augen einer langen Zeit ohne Glück. Wenn ich in Deine Augen blicke, sehe ich viel Schmerz und Traurigkeit. Du brauchst wahrscheinlich von jemandem Liebe und Verständnis. Und ich bin sicher, dass ich nicht dieser Jemand bin.

Jetzt bist Du 15 und wirst bald 16 sein. Sai, Nong Lak, »kleine Liebe«. Wenn Du eines Tages einsam bist und jemanden brauchst, dann blicke in den Spiegel. Stelle Dich vor den Spiegel und sieh Dich an. Das ist der Mensch, den Du brauchst.

Du wirst wie ein Kind sein, bist aber ein Teenager. Die Wege in diesem Alter sind gefährlich. Das Alter ist gefährlich. Ein kleines Kind hat auf meinem Schoß gesessen, ich habe es umarmt und geküsst. Aus diesem Kind ist ein anderer Mensch geworden.

Du bist sehr wichtig für mich. Du stehst mir am nächsten. Sai, kannst Du Dich erinnern, dass wir Schnecken in den Reisfeldern gesucht haben, nach Fischen und Fröschen Ausschau gehalten haben? Und im Fluss schwammen, zusammen mit den Büffeln?

Ich war diejenige, die alle jeden Tag zur Schule gebracht hat. Jetzt gibt es drei von uns, Sai, Nong Ying und mich. Das Leben, das wir als Kinder führten, war die glücklichste Zeit, die wir je hatten. Glaubst Du nicht, Sai?

Wenn ich die Zeit anhalten oder die Uhr zurückdrehen könnte, dann würde ich diese Zeiten gerne noch einmal erleben. Die Zeiten, als wir durch die Reisfelder liefen, mit schmutzigen Händen, als wir Wasser aus Brunnen tranken, nach Pilzen suchten und wir das Harz der Bäume sammelten, um daraus Kerzen herzustellen.

Das war für mich schöner, als einen kurzen Rock zu tragen. Und hochhackige Schuhe, um in den Discos Männer für die Nacht zu treffen. Denn das bin nicht ich. Wie ich es geliebt habe, ein Kind zu sein.

Die Zeit rast

Diese Jahre sind schnell vergangen. Die Geburtstage seit meinem vierzehnten Lebensjahr kamen und gingen, als ob sie erst am Vorabend stattgefunden hätten. Manchmal habe ich Probleme, mich an diese Zeit zurückzuerinnern. Alles raste an mir vorbei. Ich war die ganze Nacht weg. Jede Nacht. Manchmal sah ich nur den Sonnenuntergang, ab und zu den Sonnenaufgang. Mein Leben unterschied sich nicht wesentlich von dem der anderen Tänzerinnen, abgesehen davon, dass meine »Karriere« bereits mit 14 begonnen hatte. Nun war ich 19 Jahre alt.

Ich hoffte, dass Sai kein Leben wie ich führen würde, wenn ich ihr regelmäßig Geld aus Deutschland schickte. Ich versuchte, meine Abreise gut vorzubereiten. Wieder einmal sagte ich mein letztes Gebet am Bangkoker Flughafen auf. Ich werde immer glauben, dass sich ein Gebet in Thailand von einem in einem Farang-Land unterscheidet. Wie gesagt, wir haben unterschiedliche Geister in unserer Welt und ich glaubte nicht, dass die Geister mich von Deutschland aus gehört, geschweige denn erhört hätten. So nahm ich jetzt meine letzte Chance wahr. Und genau wie vor dem Flug in die Schweiz betete ich für meinen Vater.

Ich traf in Deutschland ein. Wieder einmal war ich sehr weit weg von zu Hause. In Deutschland war ich aus einem einzigen Grund: Geld machen. Ich war von Anfang an ehrlich und habe Jürgen nicht getäuscht. Jürgen war auch ehrlich zu mir – zumindest glaubte ich das. Er wollte, dass ich arbeitete, um Geld zu verdienen. Darüber herrschte Einverständnis. Ich wollte in einem Massagesalon arbeiten und viel Geld verdienen, denn die Männer sollten glauben, ich sei viel jünger, als es in Wirklichkeit der Fall war. Ich sollte ihnen sagen, ich sei 16, damit ich höhere Trinkgelder bekäme. Jürgen und ich wollten mein Einkommen 50 : 50 teilen, und von seinem Anteil sollten die Einrichtung, Miete und Lebensmittel bezahlt werden. Das war zumindest der ungeschriebene Vertrag zwischen uns.

Das Missverständnis zwischen uns begann, als Jürgen von mir erwartete, auch mit ihm zu schlafen. Ich sollte nicht nur mit Männern im Massagesalon Sex haben und Jürgen von meinen Einnahmen 50 % abgeben, er erwartete auch sexuelle Gefälligkeiten. Ich war damit einverstanden, das Geld, das ich verdiente, 50 : 50 zu teilen, denn in Deutschland verdiente ich fünfmal mehr als in Pattaya. Ich hatte, abgesehen von meiner Familie, keine finanziellen Verpflichtungen. Aber wenn Jürgen Sex mit mir wollte, dann musste er dafür bezahlen. Noch einmal: Sex war nicht umsonst! Sex war mein einziger Weg, Geld zu verdienen. Jürgen und ich hatten eine ernste Auseinandersetzung, die schnell geschlichtet werden musste. Ich sagte Jürgen, wenn er 50 % meines Einkommens verlangte, dann könnte er es vergessen, mit mir zu schlafen. Er war verletzt. Er meinte, ich hielte mich nicht an meinen Teil der Abmachung. Was ihn anbelangte, so standen ihm 50 % meines Lohnes und kostenloser Sex zu. Ich meinte, dass er damit mehr als 50 % verlangte. Sex hat seinen Preis und war nicht billig. Ich verstand nicht, weshalb er so viel forderte.

Nachdem ich begonnen hatte, Geld zu verdienen, behielt Jürgen mein Gehalt ein, um das Flugticket nach Deutschland abzuzahlen. Ich konnte nicht fassen, dass er nun auch noch verlangte, dass ich meinen Flug selbst bezahlte. Unsere Vereinbarung wurde langsam, aber sicher untragbar. Er zahlte das Ticket, um 50 % meines Einkommens und kostenlosen Sex zu erhalten. Als er nun mein Erspartes nahm, um den Flug zu bezahlen, wusste ich, dass ich nach einem Ausweg suchen musste.

Deutschland war zu kalt für mein thailändisches Blut, auch wenn ich bereits das Klima der bergigen Schweiz kennengelernt hatte. Das war allerdings im August gewesen. Jürgen wollte nun nach Spanien fahren. Da ich kein Spanisch sprach, fragte ich mich, wie ich mich dort verständlich machen sollte. Ich erwartete nicht, dass Jürgen diese Sprache sprechen konnte. Daher zögerte ich, was die Reise anbelangte. Allerdings war es sicherlich besser, als Jürgen immer die Hälfte meines Geldes zu geben. Abgesehen davon war das Wetter verbesserungsbedürftig.

Als wir in Spanien waren, wurde ich regelrecht unglücklich mit Jürgen. Ich war auch in Deutschland nicht gerade glücklich mit ihm gewesen, doch unsere Lage schien nun den Punkt der Ausweglosigkeit zu erreichen. Ich sehnte mich nach Johan, der mich immer so gut behandelt hatte. Ich wollte ihn wiedersehen, und ich wollte mich definitiv von Jürgen trennen. Also rief ich Johan von meinem Hotel in Spanien aus an. Es kümmerte mich nicht, dass die Anrufe sicherlich teuer waren. Jürgen musste sie bezahlen.

Ich erzählte Johan, dass Jürgen mich benutzte, um Geld zu verdienen. In meinen Augen fließt der Strom des Geldes zwischen Farangs und mir immer nur in eine Richtung und zwar in meine. Nicht umgekehrt. Johan sorgte sich um mein Wohlergehen. Obwohl ich mit Jürgen in Spanien war, besuchte mich Johan für eine Woche. Jürgen war sauer, aber er konnte nichts machen.

Spanien – und auch Deutschland

Von Deutschland aus – meine kurze Karriere als »Masseuse« hinter mir lassend – fuhr ich nach Spanien, um mich von der Kälte und den Zahlungen an Jürgen zu erholen. Spanien war eine willkommene Abwechslung. Ich hatte in der Schweiz und in Deutschland gelebt und die Kälte Europas kennengelernt. Nun genoss ich die Wärme Spaniens.

Als Jürgen herausfand, dass Johan nach Spanien kommen wollte, um mich zu sehen, sperrte er mich bis 3 Uhr morgens auf den Balkon. Er war sehr böse, da er seinen kleinen braunen »Goldesel« nicht in bare Münze umwandeln konnte.

Jürgen hatte nicht genug Geld für die Hotelrechnung. Er schickte mich vor die Tür und sagte, ich solle anschaffen gehen. Da ich nach Europa gekommen war, um Geld »auf diese Weise« zu verdienen, interessierte es ihn nicht, ob ich es in Deutschland oder in Spanien machte. Er sagte immer, ich hätte ein einfaches Leben, weil ich viel Geld für wenig Einsatz bekäme. Er ahnte wohl nicht, wie schwer es war, so jeden einzelnen Baht zu verdienen. Jürgen wusste nichts über die Opfer, die ich erbringen musste. Und es kümmerte ihn auch nicht!

Als Johan in Spanien ankam, trafen wir uns in seinem Hotel. Ich war sehr froh. Eine Woche würden wir zusammen haben, und ich versuchte, aus jedem Moment das Beste zu machen. Ich sagte ihm, dass ich mir nicht vorstellen konnte, heil aus der Sache mit Jürgen herauszukommen, ehe ich nicht nach Thailand zurückkehrte. Wir diskutierten daher meine Möglichkeiten. Wir sprachen auch über die guten alten Zeiten und den Spaß, den wir in Thailand zusammen gehabt hatten. Es war meine zweite Europareise, und ich wollte wirklich, dass diesmal alles klappte. In das sozial und wirtschaftlich ruinierte Thailand zurückzukehren, war das Letzte, was ich wollte. Dort hätte ich wieder als – nach europäischen Maßstäben – schlecht bezahltes Bargirl arbeiten müssen. Auch wollte ich mich nicht mehr dem Wettbewerb mit den jungen und hübschen Thaimädchen aussetzen, da ich bereits 19 war.

Nach ein paar Tagen traf Johan eine spontane Entscheidung: Er würde mich nach Schweden mitnehmen. Natürlich war das von Anfang an mein Plan gewesen, denn ich hatte jeden Grund, meine Zeit mit jemandem zu verbringen, mit dem mich eine gegenseitige Zuneigung verband. Außerdem musste ich mich aus der zerstörerischen Situation mit Jürgen befreien, wenn ich auch zugeben muss, dass ich über das Wetter in Schweden kaum nachdachte. Bald sollte ich herausfinden, was das Wort »kalt« wirklich bedeutete. Am Ende der Woche reiste Johan nach Schweden ab, ich ging zurück zu Jürgen ins Hotel.

Jürgen weinte, als ich ihm meine Entscheidung, ihn zu verlassen, mitteilte. Er sagte, er liebe mich, und ich würde unser Abkommen brechen. Ich sagte ihm, ich sei weder seine Angestellte noch seine Geliebte. Er verlangte beides und bekam nichts. Später erfuhr ich, dass er vorher bereits eine Filipina aus demselben Grund nach Deutschland geholt hatte.

Sofort nach unserer Ankunft in Deutschland bestieg ich gespannt ein Flugzeug Richtung Schweden. Als ich abflog, sagte Jürgen: »Du hast so viel Glück, mich zu kennen. Du wirst zu mir zurückkommen!« Ich traf ihn ein paar Jahre später in Pattaya wieder. Er fragte, ob ich zu den bereits vereinbarten Konditionen zu ihm zurückkehren wolle. Ohne weiter nachzudenken, lehnte ich ab. Mein sonst kaum vorhandenes Selbstwertgefühl war zumindest in diesem Augenblick präsent.

Als ich in Schweden ankam, musste ich feststellen, dass das Reisebüro, in dem ich das Ticket gekauft hatte, versäumt hatte zu überprüfen, ob ich im Besitz eines schwedischen Visums war. Europäer können natürlich innerhalb Europas ohne Visum herumreisen, Thais können das nicht.[1] In Spanien konnte ich ohne Probleme einreisen, weil sie Touristen aus aller Welt gewohnt waren. Aber bei meiner Ankunft in Schweden verweigerten mir die Grenzbeamten, wenn auch sehr höflich, die Einreise. Ich war auf einem schwedischen Flughafen, konnte aber nicht nach Schweden hinein. Johan wartete hinter der Passkontrolle auf mich. Er konnte mit den Beamten sprechen, doch solange ich nicht im Besitz eines Visums war, durfte ich nicht einreisen.

Die Grenzpolizei informierte mich, dass ich nach Deutschland zurückkehren musste, um ein Visum in der schwedischen Botschaft zu beantragen. Mir wurde gesagt, dass dies eine einfache Formalität sei und nicht weiter schwierig, solange Johan für mich bürgte. Johan kaufte für uns Flugtickets: Schweden – Deutschland – Schweden. Es würde nur einen Tag dauern, das schwedische Visum zu erhalten. Ich war ausgesprochen böse über diesen unerwarteten Zwischenfall. Ich stand nur wenige Meter vor einer Einreise in Schweden, um mit Johan ein neues Leben zu beginnen. Nun wurde ich gezwungen, umzukehren und nach Deutschland zurückzufliegen.

Als ich auf dem Flughafen in Köln ankam, raste ich in Jürgens Wohnung, um einige meiner Kleidungsstücke mitzunehmen. Es ist ein übliches Verhalten von Bargirls, einige ihrer Sachen in den Apartments der Ex-Freunde zurückzulassen. Auf diese Weise haben sie immer einen Grund zurückzukehren. Die übliche Erklä-

---

[1] Der Vorfall ereignete sich vor Inkrafttreten des Schengener Abkommens.

rung ist dann die einer ungeplanten Reise, immer verbunden mit dem Willen, zum Freund zurückzukehren. Ich aber hatte keine Lust zur Rückkehr. Ich kehrte lieber nach Thailand zurück, als mit Jürgen zu leben, mein Einkommen zu teilen und kostenlosen Sex zu bieten!

Ich nahm ein Taxi in das Hotel, das Johan für die Nacht ausgesucht hatte, und dann fuhren wir beide in das schwedische Konsulat nach Hamburg, um einen Visumantrag zu stellen. Meine Unterlagen wurden freundlich entgegengenommen. Europäer sind immer nett zu hübschen jungen Thaimädchen. So würde man mich nie in Thailand behandeln, es sei denn, ich wohnte in einem Fünf-Sterne-Hotel. Touristen werden in Thailand mit größter Freundlichkeit behandelt, aber sie kommt nicht aus den Herzen der Thais. Auch die Mitarbeiter von Behörden haben kein wirkliches Interesse, dem Behördengänger zu helfen. Gearbeitet wird erst dann, wenn Bargeld den Besitzer wechselt. Im Gegensatz dazu bieten Europäer einen guten Service an, weil sie wirklich helfen wollen.

Am nächsten Tag flogen Johan und ich nach Schweden. Ich hatte Jürgen verlassen und war aus Deutschland geflohen. Nun war ich gespannt auf das neue Leben, das ich beginnen wollte. Nach der Landung präsentierte ich an der Passkontrolle stolz mein Visum. Die Beamten hießen mich gütig willkommen: »Versagod!«

*Sonniges Spanien,
ein Lächeln für Johan*

VIERZEHNTES KAPITEL

Endlich Schweden

Ich hätte nicht glücklicher sein können. Nun kam ich in Schweden, einem reichen europäischen Land, an. Und das zusammen mit einem jungen, gut aussehenden Mann, der mich gern hatte. Aber kaum trat ich aus dem Flughafengebäude ins Freie, war ich vor Kälte wie gelähmt. Noch nicht einmal Winter, gingen mir die bittere Kälte und der eisige Wind durch und durch. Ich hatte nicht gewusst, dass es auf diesem Planeten so kalt werden konnte. Wahrscheinlich würde ich aus der Wärme meines neuen Zuhauses nicht mehr vor die Tür gehen.

Sai in Schwierigkeiten

Kurz nachdem ich ein neues Leben mit Johan begonnen hatte, meldete sich eine von Sais Freundinnen bei mir. Ich machte mir Sorgen, Sai könne vielleicht in etwas Illegales verwickelt sein. In Pattaya kann man schnell auf die schiefe Bahn geraten, man muss es noch nicht einmal darauf ankommen lassen. Sai hatte angefangen, Yabah zu nehmen, ein in Thailand beliebtes Amphetamin. Sie saß nun im Gefängnis. Über eine Freundin bat sie mich um Hilfe. Ich schickte eine Kaution, die eher ein Schmiergeld für die Polizei darstellte. Nachdem das Geld eintraf, wurde das Verfahren eingestellt und meine Schwester freigelassen. Das alles für 100 Euro, 5.000 Baht.

Ein Leben in Muße

Da ich über ein Touristenvisum verfügte, durfte ich nicht arbeiten und lebte daher »ein Leben in Muße«. Ich kümmerte mich um den kleinen Haushalt, der bei zwei Leuten anfiel, verbrachte viel Zeit damit, Fernsehen zu gucken oder ins Fitness-Studio zu gehen. Häufig besuchte ich Johans Eltern. Dennoch langweilte ich mich. Ich fragte Johan, ob er ein schwedisches Visum für meine Freundin Bee besorgen könne.

Bee: Ein Fisch im Wasser

Mehrere Monate vor meiner Reise nach Deutschland traf ich Bee, eine von Yings Freundinnen. Das erste Mal, als sie mich in Pattaya besuchte, fragte sie mich, wie es möglich war, dass Mädchen so viele schöne Dinge wie Motorräder, Goldschmuck und schöne Kleidung besitzen konnten. Wichtiger noch war, weshalb sie über so viel Geld verfügten. Ich sagte ihr die Wahrheit. »Sie schlafen mit Touristen.« Sie fragte: »Das ist alles?« Sie war an dem Geschäft so interessiert wie ein Fisch an Wasser. Sie war neugieriger als die meisten Mädchen, die das erste Mal nach Pattaya kommen. Normalerweise muss man nicht viel reden, um die Mädchen für das Geschäft zu begeistern, sobald sie sehen, um wie viel Geld es geht. Es dauerte nicht lange, bis Bee nach Bangkok zog, um in der Szene zu arbeiten.

Schon recht bald konnte Johan für Bee ein Visum besorgen. Die Schweden verfügen über liberale Einreisebestimmungen. Ich bekam nicht nur ein dreimonatiges Touristenvisum, sondern meiner Freundin wurde erlaubt, mich zu besuchen. Ich war begeistert darüber, mit jemandem in meinem Dialekt zu sprechen und einheimisches Essen zu kochen.

Bee und ich hatten eine wunderbare Zeit, als wir durch das Land fuhren. Da ich Stockholm bereits kannte, wurde ich Bees Reiseführerin. Ich konnte kaum glauben, dass ich in einem europäischen Land als Reiseleiterin fungierte und meiner Freundin die tollsten Kaufhäuser zeigte. Wieder einmal dachte ich, ein Traum wäre wahr geworden. Wir waren zwei mittellose junge Mädchen, die aus der Unterschicht Thailands stammten. Nun erkundeten wir Schweden und wurden von den Menschen hier als gleichwertig angesehen – mehr oder weniger jedenfalls. Vielleicht hatte unser Aussehen etwas damit zu tun, zumindest bei Männern. Das würde in Bangkok niemals passieren, und auch nicht in irgendeiner anderen Region Thailands. Ich könnte nach Laos fahren und würde dort in einem ethnischen Sinne als gleichwertig gelten. Aber ich wäre immer noch eine Frau. In Schweden war ich Frauen und Männern gleichgestellt.

Eines Tages nahmen Bee und ich ein Taxi. Der Fahrer war Marokkaner. Er fragte, woher wir kämen. Ich sagte es ihm. Daraufhin fragte er, ob wir zu ihm nach Hause fahren wollten. Dort könnten wir ein paar seiner Freunde treffen und Sex haben. Ich verneinte. Er glaubte, dass alle Thailänderinnen als Stripperinnen arbeiteten und alle Stripperinnen Prostituierte seien. Was mich betraf, stimmte es nicht. Ich war kein Bargirl mehr. Bee fragte mich in Thai, was sie von dem Freund des Fahrers für einen Quickie bekommen könnte. Ich war über die Frage erstaunt, sagte ihr aber, sie solle 2.500 Kronen (ca. 250 Euro) verlangen. Überraschenderweise erklärte sich der Fahrer einverstanden. Bee war begeistert, immerhin bekam sie das Zwölffache des in Thailand geltenden Preises.

Bee war nach Schweden gekommen, um einen Ehemann zu finden, aber das gelang ihr nicht. Als sie später in Thailand eine Reise nach Phuket unternahm, traf sie einen wundervollen Dänen, der sie nach Dänemark mitnahm. Vielleicht ist es wahr, dass sich das, was man schon immer sucht, hinter dem eigenen Haus befindet.

Rückkehr nach Thailand: Ein neues Visum

Nach drei Monaten in Schweden flog ich nach Thailand zurück, um ein neues Visum zu beantragen und um meine Mutter in Ubon zu besuchen. Für jedes Mädchen, das für längere Zeit außerhalb ihres Dorfes gelebt hat, ist es extrem schwierig, zu ihren primitiven und provinziellen Wurzeln auf dem Land zurückzukehren. Nach fünf Wochen hatte ich genug. Ich merkte, dass ich Spaß, Musik und das Nachleben von Pattaya brauchte. Dorthin flüchtete ich und blieb zwei Monate.

In Pattaya wohnte ich in einem Hotel, das Johans Freund Paul gehörte. Manchmal unterrichtete ich Paul in Thai. Er wollte sprechen, lesen und schreiben üben. Meine Mutter besuchte mich, sie »arbeitete« sogar für einen Monat in dem Hotel. Für meine Mutter hatte ich mehr Zeit als in den fünf Jahren zuvor zusammengenommen. Sie hatte keinerlei Interesse an Pattaya, denn sie wollte in dieser Stadt weder wohnen noch arbeiten, um ihren Lebensunterhalt bestreiten zu können. Meine Mutter wartete einfach nur ungeduldig darauf, dass ich nach Schweden ging, damit sie die Früchte meines neuen Lebens ernten konnte.

Regelmäßig ging ich ins »Royal Garden«, um etwas zu essen und alte Freundinnen zu treffen. Bis mein neues Visum vorlag, musste ich Zeit totschlagen. Im Gegensatz zu früher führte ich ein ruhiges und abgesondertes Leben, wenn ich auch ab und zu abends mit Paul ausging. Ich war nicht nach Pattaya gekommen, um Männer zu treffen. Nach fünf Jahren hatte ich einen Mann, der für mich emotional, körperlich und – am wichtigsten – finanziell sorgte.

Ich holte Ying das erste Mal nach Pattaya, damit sie sehen konnte, wo ich so viele Jahre gelebt hatte. Meine einzige »richtige« Schwester wollte Pattaya schon immer kennenlernen. Nur noch 18 Monate trennten sie von ihrem Abitur. Ich habe gearbeitet, um ihr diesen Abschluss zu ermöglichen, der mir immer versagt geblieben war. Niemand hatte mir jemals diese Gelegenheit gegeben. Ich war sehr stolz auf sie, und ich hoffte, dass auch sie auf mich stolz wäre.

Sie wusste nicht so recht, was sie von Pattaya halten sollte. Sicherlich waren die Unterschiede zu ihrem Dorf extrem. In Pattaya mochte sie die Kinos und die modernen, klimatisierten Kaufhäuser. So etwas gab es im Dorf nicht, und die meisten Einwohner dort wussten nicht einmal von deren Existenz. Ying gefielen auch die tropische Brise und das Geräusch der Wellen, die sich am Strand brachen. Abgesehen davon gibt es nicht viel in Pattaya, außer man verdient nachts sein Geld.

Ich wieder in Schweden und Sai wieder in Schwierigkeiten

Die schwedische Botschaft informierte mich, dass mein Visum abholbereit sei. Schon bald würde ich wieder nach Schweden fliegen. Ich begann zu packen und mich auf die Reise vorzubereiten. Dieses Mal hatte ich keine Möbel oder elektronischen Geräte, die ich vorher nach Ubon schicken musste. Meine Abreise konnte stressfrei ablaufen.

Ich war noch nicht lange in Schweden, als ich einen Anruf wegen Sai erhielt. Sie saß schon wieder im Gefängnis, weil sie Yabah zu sich genommen hatte. Ich sollte erneut Geld schicken, damit sie freigelassen wurde. Das brachte mich in Verlegenheit. Ich hatte gedacht, dass sie nicht mehr auf Yabah war und ihr Leben endlich in den Griff bekäme. Wie sehr man sich doch täuschen kann! So lange sie in Pattaya war, geriet sie regelmäßig in Schwierigkeiten. Das Schmiergeld für Sais Freilassung schickte ich meiner Mutter. Diesmal gab es jedoch keine Garantie, denn das war schon Sais zweite Verhaftung. Zu wissen, dass meine kleine Schwester im Jugendgefängnis einsaß, verstörte mich. Ich befürchtete, dass sie wieder zu ihren schlechten Freunden zurückkehren, Drogen nehmen und vielleicht sogar Straftaten verüben würde, wenn ich das Schmiergeld erneut zahlte. Doch ich sah keine andere Möglichkeit, als das Geld meiner Mutter zu schicken, damit sie die Freilassung meiner sechzehnjährigen Schwester aus dem Gefängnis erreichen konnte. Doch anstatt ihr zu helfen, behielt meine Mutter das Geld, »machte Gesicht« und ließ meine Schwester sechs Monate lang in einem thailändischen Knast schmoren.

Eines war meiner Schwester nach ihrer Freilassung klar: Sie wollte das Jugendgefängnis nie wieder von innen sehen. Daher sah Sai sich gezwungen, nach Ubon zurückzukehren. Meine Mutter erlaubte ihr nicht, ohne Aufpasser weiter in Pattaya zu bleiben. Ich wünschte, sie wäre wie Ying, eine gute Schülerin, die bereits in die elfte Klasse ging. Das hätte mein Leben und das meiner Mutter sehr vereinfacht. Wenn sie nicht herausgefunden hätte, dass sie adoptiert worden war, wäre sie vielleicht wie Ying. Aber wer weiß das schon.

Sai hat beinahe die neunte Klasse beendet, eine Leistung, die ihr eine angemessene Anstellung ermöglichte. Mit einem Realschulabschluss hätte sie einen Arbeitgeber finden können, der sie krankenversichert hätte. Nicht zu sprechen von den vier freien Tagen pro Monat und weiteren Annehmlichkeiten. Doch sie brach kurz vor dem Abschluss die Schule ab und geriet sofort in Schwierigkeiten. Sie hat ihre Chance vertan. Ich hatte viel Zeit und Geld investiert, um ihr ein gutes Leben, eine gute Schulausbildung zu ermöglichen, damit sie fähig wäre, ihre Zukunft nach ihren Wünschen zu gestalten. All das war verloren, als sie nicht mehr zur Schule ging und anfing, Yabah zu schlucken. Ich war verbittert und unheimlich verletzt. Meine Anstrengungen waren alle umsonst gewesen!

Ich tanze wieder

Mein Leben in Schweden gefiel mir. Dank Johans Großzügigkeit konnte ich zur Freude meiner Mutter jeden Monat Geld nach Thailand schicken. Doch ich konnte nicht tagein, tagaus zu Hause herumsitzen und unproduktiv sein. Bald fand ich einen Job, bei dem ich das tun durfte, was ich am besten konnte: exotisches Tanzen. Ich verdiente viel mehr als in Thailand. Zwar war ich nicht die einzige Thai, die tanzte, aber ich war die kleinste und jüngste. Daher wurde mir viel Aufmerksamkeit geschenkt.

Mein erster Arbeitstag bestand darin, auf der Bühne zu zeigen, was ich konnte. Ich bot eine recht auffällige Vorstellung, die ich mir in meinen Jahren als GoGo in Pattaya angeeignet hatte. Ich tanzte wie in Thailand, ich tanzte, als ob ich Kunden auf mich aufmerksam machen wollte. Zu meiner Überraschung lachten Tänzerinnen und Zuschauer über mich. Ich hatte mich lächerlich gemacht! Früher war ich eines der begehrtesten Mädchen auf der Bühne gewesen, und plötzlich war ich Gegenstand des Gelächters. Was auch immer ich falsch gemacht hatte, musste geändert werden, denn die Chance, gutes Geld in Form Schwedischer Kronen zu verdienen, wollte ich nicht an mir vorübergehen lassen.

Stripperinnen in Thailand geben eine eher gymnastische Vorstellung, bei der sie ihre Bikinihöschen anbehalten – meistens jedenfalls. Schwedische Frauen wollen nicht, dass Asiatinnen in ihren Clubs arbeiten und mobben sie, um ihren »Abgang« zu beschleunigen. Sie glauben alle, dass wir nach Europa kommen, um unseren früheren Job auszuüben. Tatsächlich sind wir mit unserem exotischen Aussehen, der dunklen Haut und den filigranen Körpern meistens die besseren Tänzerinnen und werden von den europäischen Männern bevorzugt behandelt. Mein erster Arbeitstag war ein regelrechtes Desaster. Eine meiner Kolleginnen stahl meinen BH. Später wurde mein Name in den Ablaufplan geschrieben, ohne dass ich darüber informiert wurde. Ich verlor 600 Kronen (60 Euro), weil ich nicht zur Arbeit erschien. Einige der Mädchen wollten mir das Leben so erbärmlich wie möglich machen. Es gelang ihnen.

Eines Tages raste ich wie verrückt in der Umkleidekabine des Clubs herum. Die Managerin kam herein und fragte, was ich hier noch machen würde, ich hätte längst auf der Bühne stehen müssen. Ich sagte ihr, ich suche nach meinem Kostüm, das ich bald darauf im Mülleimer fand. Eine schwedische Tänzerin hatte es weggeworfen. Sie konnte kleine Asiatinnen nicht leiden, die im Rampenlicht standen und die Aufmerksamkeit bekamen, die sie für sich selbst beanspruchte. Es hat lange gedauert, bis die Tänzerinnen merkten, dass ich es ehrlich meinte, und nur Geld für meinen Lebensunterhalt verdienen wollte. Einige dieser Mädchen wurden später meine Freundinnen.

Lockvogeltaktik

Außer ein paar Worten, die Johan mir beigebracht hatte, konnte ich kein Schwedisch sprechen, so dass ich mich mit den Kunden in Englisch unterhalten musste. Ich log sie an, wenn ich versprach, ich würde alles für sie tun. Nur um sie dazu zu bewegen, ein Zimmer zu mieten, um einen privaten Tanz von mir zu sehen. Ich praktizierte, was jedes andere Mädchen in dem Club tat – die Lockvogeltaktik einer Stripperin. In der Bar sagte ich zu einem Kunden. »Komm in mein privates Zimmer, ich leck dich.« (»I lick you.«) Im Zimmer würde sich dann herausstellen, dass ich angeblich »Ich mag dich«, (»I like you«) gesagt hatte. Wie man erwarten konnte, waren viele dieser Männer sauer. Aber nicht alle. Und wenn einige wütend wurden, baten die Türsteher sie, den Club zu verlassen. Weigerten sie sich oder wurden handgreiflich, wurden sie hinausbegleitet.

Normalerweise tanzten wir die ganze Nacht. Gegen Mitternacht gab es eine Pause. Gerne ging ich zum nächsten Supermarkt, um Lebensmittel und Snacks einzukaufen. Nudeln, Hühnchen, Sandwiches, Drinks. Wir brauchten das, um bei Kräften zu bleiben. Tanzen und Kunden in die Irre führen war anstrengend. Nur wenige der Mädchen aus dem Westen boten an, einkaufen zu gehen, immer waren es Asiatinnen und die Lateinamerikanerinnen. Eines Nachts, als ich von jedem der Mädchen ein paar Kronen erhalten hatte, ging ich einkaufen und legte alles auf den Tisch, als ich zurück war. Eines der Mädchen erkundigte sich nach dem Preis ihres Snacks. Da sie jeden Abend das Gleiche aß, wusste sie ihn genau. Doch gerade an diesem Tag hatte ich keinen Kassenbon. Sie und einige der anderen fragten sofort, wie viel Wechselgeld sie denn nun bekämen. Ich knallte die Münzen auf den Tisch und rief, dass sie das jetzt unter sich ausmachen könnten. Schwedische Frauen finden Asiatinnen anscheinend nicht so toll wie die Männer.

Ein andermal sprach ein Schwede sehr schlecht über Thaimädchen: »Sie sind alle Huren. Sie wollen nur Geld. Sie sind Lügner und Diebe!« Ich konnte meinen Zorn kaum unterdrücken, auch wenn meine Vergangenheit hier präzise beschrieben wurde. Meine Schwestern waren keine Huren! Ich sagte ihm, dass ich ihm einen blasen würde, wenn er in mein privates Zimmer käme, und zwar für einen Sonderpreis von 1.500 Kronen, etwa 150 Euro. Das waren die Kosten für das Zimmer und einen Lap-Dance. Als wir das Zimmer betraten, lächelte ich ihn an und ging. Den Türstehern sagte ich, dass er mich geschlagen hätte. Der Mann wurde gebeten, den Club sofort zu verlassen. Männer dürfen Frauen in dem Club nicht anfassen. Ich wusste, dass ich mich falsch verhalten hatte, aber gegenüber einer Thai schlecht über Thais zu sprechen, ist ein noch größerer Fehler.

Nicht alle Männer, die exotische Tanzclubs aufsuchen, sind dumm. Manche kommen, um sexy Mädchen tanzen zu sehen, ihnen gefällt es, sexuell angeregt zu werden, und sie sind bereit, dafür zu zahlen. Einer der Kunden sah mir eine Weile beim Tanzen zu und sprach mich in meiner Pause an. Schließlich fragte er nach einem Tanz im Privatzimmer. Nach einer recht langen Vorstellung und einigem Smalltalk gab er mir über 10.000 Kronen Trinkgeld. Vier Tage danach, an meinem freien Tag, kam er wieder. Als ich einen Tag später zur Arbeit erschien, sah ich, dass er mir ein weiteres Trinkgeld von 5.000 Kronen hinterlassen hatte, um seine Anerkennung zu zeigen. Es ist wundervoll, einen großen Geldbetrag zu verdienen, ohne zur Arbeit gehen zu müssen. Ich fühlte mich wie nie zuvor – außerordentlich besonders. Ich erlebte reine, unverfälschte Euphorie, so viel Geld zu verdienen, ohne meinen Körper verkaufen zu müssen. Es gibt Stripperinnen in Schweden, die an ihren freien Tagen als Escorts arbeiten und für ein einfaches Abendessen ohne sexuelle Extras bis zu 2.000 Kronen nehmen. Die Extras werden später separat verhandelt. Aber diese Art von Tätigkeit übte ich nicht länger aus.

Da ich in Schweden arbeitete, konnte ich Geld sparen, während ich eine Reise meiner Mutter nach Europa vorbereitete. Ich half Ying dabei, auf die Fachhochschule in Korat zu gehen, kaufte Land, baute in meinem Dorf ein neues Haus und verbesserte die Lebensqualität meiner Familie im Allgemeinen. Fast alles ist gut gegangen. Das einzige Problem, von den eisigen Temperaturen in Schweden abgesehen, war Sai, für die ich so viel getan hatte. Sie hatte einen nichtsnutzigen Typen zum Freund, wurde irgendwann schwanger und mit 17 Jahren Mutter. Ich ließ mich überreden, ihr ein letztes Mal zu helfen, und finanzierte eine kleine Boutique im »Lotus Superstore« in Ubon.

Reflexion

Ich habe eine Freundin, die in Deutschland lebt. Sie wuchs genauso auf wie ich. Sie verkaufte ihre Jungfräulichkeit mit 16, arbeitete in der Szene, bis sie einen Deutschen traf, der sie bei sich aufnahm und sich um sie kümmerte. Wir teilen unsere Gefühle bezüglich der Vergangenheit und unserer Schande. Wir hatten Geld gebraucht und waren zu jeder Perversität bereit gewesen, die sich Sextouristen leisten konnten. Die Allgemeinheit weiß wenig über das Leben von Bargirls, nachdem sie nicht mehr in der Sexindustrie arbeiten. Sie haben wohl auch keinen Grund, sich darüber Gedanken zu machen. Doch die, die sich mit unserer Zwangslage eingehender beschäftigt haben, wissen, dass wir uns in therapeutische Behandlung begeben müssten, wenn wir unseren psychischen Schmerz lindern und ein einigermaßen normales Leben führen wollen. Leider wissen nur wenige Mädchen von dieser psychologischen Hilfe. Und selbst wenn, hätten sie meist weder die Einsicht noch die Mittel, solch einen Luxus in Anspruch zu nehmen.

Wenn ich Johans Familie besucht habe, dann wurde mir immer bewusst, was mir fehlte, als ich aufwuchs: eine Familie, die sich um mein Wohlergehen sorgte. Ich weiß, was für ein Glück ich hatte, nach Schweden zu ziehen. Ich lebe ein Leben, das ein unglaublicher Traum für eine Thai aus der Provinz ist. Mein Leben in Schweden ist relativ einfach, sicher und bequem. Fast wie im Himmel, wenn auch kühler.

Freistellung

Ich habe im Nachtclub aufgehört und stattdessen begonnen, Schwedisch zu lernen. Ich bin ernsthaft dabei, mein Leben zu ändern. Dieses Buch zu schreiben und so viele Erinnerungen wachzurufen, hat mich motiviert, das Tanzen aufzugeben. Meine nächste Tätigkeit, was auch immer es sein wird, soll weitaus respektabler sein. Zur Schule zurückzukehren, war der erste Schritt. Auch wenn das Gehalt einer Stripperin recht hoch ist, wenn man bedenkt, wie wenig Schulbildung die Tänzerinnen meist haben, weiß ich, dass ich mehr kann. Ich habe mir bereits bewiesen, dass ich alles, was ich will und brauche, haben kann, ohne mit Sextouristen schlafen zu müssen.

In den ersten vier Monaten des Jahres 2002 habe ich meiner Mutter 10.000 Euro geschickt. Von diesem Betrag sollte sie für 4.000 Euro Land in meinem Namen kaufen, die restlichen 6.000 Euro waren für mein Sparbuch und den Lebensunterhalt meiner Mutter bestimmt. Ich musste herausfinden, dass meine Mutter die 6.000 Euro innerhalb von nur vier Monaten vollständig ausgegeben hatte, und sie wollte immer noch mehr. Die Summe von 1.500 Euro pro Monat übersteigt das Achtzehnfache eines durchschnittlichen Familieneinkommens in meinem Dorf.

Meine Mutter schimpfte mit mir, als ich ihr sagte, dass ich nicht mehr in dem Nachtclub arbeitete. Sie verlangte mehr Geld. In unseren Telefonaten erzählte sie immer wieder, dass die Eltern anderer Bargirls in ihrem Dorf von ihren Töchtern mehr Geld bekämen. Ich wusste, dass sie log. Selbst wenn die Eltern anderer Mädchen aus dem Isan erzählten, die Töchter in Bangkok, Pattaya, Europa oder Amerika würden 2.000 Euro pro Monat schicken, war das eine Lüge. In Wahrheit verglichen sie die Gehälter ihrer Töchter, die diese durch Prostitution verdienten. Aber das hätten sie niemals zugegeben. Eine andere Wahrheit ist, dass sie lügen, um noch mehr »Gesicht machen« zu können.

Ying wurde mit einem Motorrad, schönen Kleidern und einem Handy beschenkt. Sie durfte Abitur machen und hat noch sehr viel mehr bekommen. Trotzdem ist sie unzufrieden. Sie ist in die Fußstapfen meiner Mutter getreten, indem sie nach immer neuen Konsumgütern verlangt. Sie lebt, als ob sie aus einer Familie der Mittelklasse stammt, und möchte ständig mein Geld kassieren. Wo es herkommt, ist ihr egal. Ying unternimmt auch immer den Versuch, die Peinlichkeit ihrer Herkunft – das ärmliche Dorf im Isan – sowie mich und meinen ehemaligen Beruf zu verschweigen. Wenn sie mit mir telefoniert und dabei Männer in der Nähe sind, weigert sie sich, unseren Dialekt zu sprechen, weil sie dann sofort als Hinterwäldlerin erkannt werden würde. Was Frauen über sie denken, ist ihr egal. Oft vergleiche ich Yings Leben, die jetzt 17 ist, mit meinem damaligen Leben. Sie wird niemals erahnen, was ich durchmachen musste, damit sie jetzt so sein kann, wie sie ist. Sie hat keine Ahnung, was für ein Glück sie hat. Und es interessiert sie nicht einmal.

Ying musste niemals Verantwortung übernehmen, noch irgendwelche Vorwürfe anhören. So konnte sie ihren künstlerischen Talenten nachgehen und ihre schulischen Fähigkeiten unter Beweis stellen, für die sie oft Anerkennung erhielt. Sie wurde immer als kluges »gutes Mädchen« bezeichnet. Sie war beliebt. Niemals hatte sie einen Grund, sich selbst unter Beweis zu stellen. Sie konnte ihr Leben beinahe so leben, wie man es einem Kind wünschte, wenn man bedenkt, dass sie in einem Dorf im Isan aufwuchs. Sie konnte dieses Leben nur haben, weil ich mich für sie geopfert habe.

Farangs haben mir jahrelang gesagt, dass meine Familie mich ausbluten lässt. Schweden, die meine Lebensgeschichte kennen, haben diese Aussage bestätigt. Aus diesem Grunde habe ich mich letzten Endes entschieden, meiner Familie nur noch 100 Euro pro Monat zu schicken. Das ist die Summe, die meine Schwestern bekommen würden, wenn sie eine Arbeit in meinem Dorf annehmen. Ich schenke ihnen 100 Euro, Monat für Monat. Sie müssen nicht dafür arbeiten. Niemand gab mir jemals Geld für nichts. Als Antwort auf meinen Entschluss hat auch meine Mutter eine Entscheidung gefällt. Wieder einmal, nachdem ich ihr sieben lange Jahre Geld geschickt habe, bin ich in ihrem Hause nicht mehr willkommen. Ihr Haus? Das ist mein Haus! Es ist das Haus, das ich gekauft und möbliert habe. Und zwar mit Einkünften aus jahrelangen physischen und psychischen Opfern. Opfer, die mein ganzes Leben lang nachwirken werden!

Auch wenn es viele Jahre gedauert hat, habe ich nun eingesehen, dass die Farangs recht hatten, die mir sagten: »Deine Mutter behandelt dich wie du deine Kunden: wie einen wandelnden Geldautomaten.« In den letzten Jahren bin ich für meine Mutter und meine Schwestern nur eine Geldquelle gewesen. Ich wäre jetzt wohlhabend, wenn meine Familie zumindest einen Teil des Geldes angelegt und nicht alles so leichtsinnig ausgegeben hätte.

Meine Mutter will mich nicht mehr sehen, es sei denn, ich habe bei meiner Rückkehr 4.000 Euro in der Tasche. Ich war das schwarze Schaf der Familie, bis ich begann, Geld nach Hause zu schicken. Ich habe nichts verstanden. In Wirklichkeit war ich immer noch das schwarze Schaf der Familie, obwohl ich Geld nach Hause schickte. In all den Jahren ließ mich meine Mutter in dem Glauben, ich sei in unserem Zuhause willkommen und hätte den Tod meines Vaters wiedergutgemacht. Kaum habe ich den monatlichen Geldfluss reduziert, behandelt sie mich so wie immer. Wie eine Aussätzige!

Diese fehlende Dankbarkeit ist für gewöhnlich die Antwort von Müttern aus dem Isan, wenn die Töchter, die ihre jungen Leben jahrelang für die Familie geopfert haben, die Gelder reduzieren, die sie nach Hause schicken. Vielleicht wollen sie auch nicht mehr in der Sexindustrie arbeiten. Auch in diesem Falle können sie keinen großzügigen Unterhalt mehr leisten. Eltern, meistens die Mütter, werden weiterhin in den Häusern wohnen, die ihre Töchter bezahlt haben, während die Mädchen vielerorts in Holzbaracken leben. Sie müssen ein Kind oder mehrere ernähren, und das von einem Tageslohn von 70 Baht, den sie in Schuh- oder Textilfabriken verdienen. Die Millionen von Baht, die sie mit dem Verkauf ihrer Körper verdient haben, sind längst ausgegeben – von ihren Eltern und allen anderen Mitgliedern der Großfamilie. Wenn das Geld erst einmal verbraucht ist, so wendet sich die Familie ab.

Ebenso die Freunde, die in früheren Zeiten Nutznießer des Geldes gewesen sind.

Diese jungen Frauen werden wegen des Missbrauchs ihrer Körper häufig krank. Sie sind auch allein. Um alles schlimmer zu machen, werden ihren Kindern, die nicht in Thailand geboren wurden, häufig nicht die Staatsbürgerrechte zuerkannt oder ihnen wird die Schulausbildung verweigert. Einigen fällt es schwer, in die Normalität zurückzukehren. Manche werden alkoholabhängig, andere begehen Selbstmord.

Träume von Spanien – wieder einmal

Es ist Mai, und die Temperaturen in Schweden steigen mittags bis auf 4°C. Schweden ist sehr entgegenkommend, und ich hoffe, nächstes Jahr einen schwedischen Pass zu bekommen. Nicht vielen Ausländern, vielleicht hundert pro Jahr, wird ein thailändischer Pass ausgestellt. Nur einige aus dem Westen sind darunter. Europäische Länder und die USA erlauben andererseits sehr vielen Ausländern, die jeweilige neue Staatsbürgerschaft anzunehmen. Asiatische Länder wollen nicht, dass Ausländer Bürger ihres Landes werden.

Wenn ich im Besitz eines schwedischen Passes bin, werde ich in Spanien arbeiten können. Beide Länder sind Mitglieder der EU. Schweden war wundervoll, und ich habe den liberalen Zuwanderungsgesetzen viel zu verdanken. Ebenso dem Gesundheitswesen und dem Bildungssystem. Ein Visum, eine gute Krankenversicherung und eine Sprachenschule können mich aber nicht vor der schonungslosen Kälte bewahren. Spanien bietet viele Vorteile wie warmes Klima und Mallorca, ein Touristenort wie Pattaya, in dem eine Nachteule aufblüht.

Ich in der Krise

E-Mail an Dave von Johan: *Lon hat davon gesprochen, sich das Leben zu nehmen. Ihr Verhalten ist oft manisch-depressiv, auch wenn das noch nicht diagnostiziert wurde. Sie ist geradezu ekstatisch fröhlich und verfällt dann in Selbstmordgedanken. Sie hat versucht, die Autotür auf der Autobahn zu öffnen. Ein andermal stand sie am geöffneten Fenster in meiner Wohnung im 5. Stock. Ich fand das nicht sehr witzig.*

Vor Kurzem fuhr sie zu einer Freundin 150 km außerhalb Stockholms. Ich saß mit einem Freund in einer Hotelbar, als sie mich anrief. Sie rastete aus, denn sie meinte, ich hätte sie nicht mehr gern. Sie sagte ihrer Freundin, sie würde spazieren gehen und verschwand. Ihre Freundin machte sich Sorgen und rief die Polizei. Am frühen Morgen rief mich die Polizei an, die Lon im Haus einer Frau aufgegriffen hat. Anscheinend wanderte Lon ziellos umher, warf alles weg, was ihr gehörte, auch Geld und Schmuck. Eine Frau fand sie, brachte sie zu sich nach Hause und rief die Polizei. Sie sagte, Lon hätte davon geredet, in den Fluss zu springen. Lon gab der Polizei meine Adresse in Stockholm.

Johan in der Krise

Johan hat seinen Job verloren. Der Verlust seines Arbeitsplatzes ist ein schwerer Schlag. Er verbringt jede Minute des Tages damit, Arbeit zu suchen. Ohne Erfolg. Verständlicherweise ist er sehr gereizt. Das Zusammenleben mit ihm ist schwierig geworden. Schlimmer ist, dass er Depressionen hat. Er ist daran gewöhnt, das Leben eines Yuppies zu führen, der sich alles leisten kann, was er will. Nun sind die Ersparnisse aufgebraucht, so dass er uns nicht länger versorgen kann. Es hat mir nie gefallen, dass er der Haupternährer war, hauptsächlich, weil er immer so großzügig war. Ich will ihm in dieser Krise beistehen und tanze wieder in einem Nachtclub. Ich habe mich damit getröstet, dass Tanzen in Europa nicht das

Gleiche ist wie in Thailand. Ich verkaufe in Schweden nicht mehr als sexuelle Phantasien.

Etwas später

Johan ist sehr böse über den Umstand, dass ich meiner Mutter bis vor Kurzem so viel Geld geschickt habe. Auch wenn ich die Überweisungen nun erheblich reduziert habe, kam diese Entscheidung wohl zu spät. Er ist sehr aufgebracht. Das und der Verlust seiner Arbeit haben zu unserer Trennung geführt. Ich habe den besten Freund verloren, den ich je hatte. Und das nur wegen der ständigen finanziellen Forderungen meiner Mutter. Meine Bereitschaft, ihre Geldgier zu stillen und sie beim »Gesicht machen« zu unterstützen, sind Entscheidungen, für die ich die volle Verantwortung übernehmen muss.

Johan hat seine Wohnung aufgegeben und ist zu seinen Eltern gezogen, weil er sich die Miete nicht länger leisten konnte. Ich wohne in einem kleinen Haus außerhalb von Stockholm, das der thailändischen Managerin meines Clubs gehört. Sie kam aus ähnlichen Gründen wie ich vor zwölf Jahren nach Schweden. Sie wollte etwas Geld sparen und ihr Leben und das ihrer Angehörigen verbessern. Nun besitzt sie zwei Häuser und führt einen profitablen Nachtclub. Eines Tages würde ich gerne ihren Erfolg nachahmen.

Noch später, meine Notizen an Dave

Johan hat Schweden verlassen, um einem Freund bei dem Aufbau eines Geschäftes in Spanien behilflich zu sein. Nun bin ich allein, und ich vermisse ihn ganz schrecklich. Ich bin depressiv und habe angefangen zu rauchen. Mein Leben besteht aus Doppelschichten im Club, ich tanze 16 Stunden pro Tag. Ich komme nach Hause, schlafe ein wenig, und gehe dann wieder zur Arbeit. Da ich nicht länger mit Johan zusammenlebe, habe ich keine Lust, nach Hause zu gehen. Im Club mache ich manchmal ein Nickerchen, wenn nicht zu viele Kunden da sind.

Ich komme mit meinem Leben nicht mehr zurecht und kann nicht mehr für mich sorgen. Ich habe ein gebrochenes Herz, weil Johan mich wegen seiner Arbeit in Spanien verlassen hat. Ich fühle mich im Stich gelassen, auch wenn ich weiß, dass das niemals seine Absicht war. Ich wurde in ein Krankenhaus in Stockholm eingeliefert und werde hier noch einige Wochen bleiben. Ich muss viele Tabletten nehmen, auch noch Monate nach meiner Entlassung. Ich kann nicht mehr arbeiten. Diagnose: klinische Depression und Schizophrenie. Ich habe die Entscheidung gefällt, Ende August 2003 nach Thailand zurückzukehren. Es gibt für mich keinen Grund mehr, in Schweden zu bleiben. Johan ist weg, und ich kann nicht mehr arbeiten. Ich suche mein Seelenheil in meinem Heimatland. Mein Leben muss weitergehen. Niemals vorher lief in meinem Leben alles so glatt, und nun geht alles in die Binsen.

Der schwedische Staat hat sich zwei Monate um mich gekümmert und wird dies auch weiterhin tun, bis ich kräftig genug bin, alleine reisen zu können. Ich hätte niemals eine solche Behandlung in meinem Heimatland erfahren, und dabei bin ich noch nicht einmal schwedische Staatsbürgerin. Ich werde Schweden immer dankbar sein, dass ich meine Menschenwürde wiedererlangen konnte, indem mir Gelegenheit gegeben wurde, Geld zu verdienen und zu sparen, ohne meinen Körper zu verkaufen. Ich danke auch für die ärztliche und psychiatrische Unterstützung, die mir wegen des Gesundheits- und Wohlfahrtssystems zuteil wurde. Und auch für die wirtschaftliche Hilfe.

Dank des großzügigen schwedischen Sozialversicherungssystems erhalte ich, solange ich in Schweden wohne, ein monatliches Kranken- und Arbeitsunfähigkeitsgeld von 790 Euro. Nun werde ich als klinisch depressiv und schizophren bezeichnet. Ich bin körperlich krank und habe wegen der vielen Tabletten, die meine Krankheit unter Kontrolle bringen sollen, stark zugenommen. Es ist Zeit, nach Hause zu gehen. Johan ist weg, ich kann nicht allein sein. Selbst für die einfachsten Aufgaben brauche ich Hilfe.

FÜNFZEHNTES KAPITEL

Home Sweet Home?

Rückkehr nach Thailand

Am 29. August 2003 kehrte ich nach Thailand zurück. Ich hatte meinen Bruder, der in Bangkok wohnte, gebeten, mich vom Flughafen abzuholen. Er kam nicht. Sein Verhalten war typisch und zu erwarten gewesen. Die Verantwortung, die Männer aus meinem Dorf zeigen, lässt mehr als zu wünschen übrig. Wenn er gewusst hätte, dass ich ihm etwas mitbringen würde, wäre er pünktlich am Flugplatz erschienen. Trotz der vielen Tabletten, die ich immer noch nehmen musste, war ich fähig, mir selbst ein Hotel zu suchen und meinen Bruder von dort aus anzurufen. Es dauerte nicht lange, da bat er mich, die Hin- und Rückfahrkarten für meinen Bruder und dessen Frau nach Ubon zu zahlen, damit sie meine Mutter besuchen konnten. In den elf Stunden, die es gedauert hatte, von Schweden nach Thailand zu fliegen, hatte ich mich wieder in den Geldautomaten der Familie verwandelt. Da hatte sich nichts geändert. Ich war zurückgekommen, um wieder ihre Haupteinnahmequelle und ihr finanzieller Retter zu werden. Immerhin kannten sie mich so seit sieben Jahren.

Ich hatte meiner Mutter in den letzten paar Monaten kein Geld geschickt, weil ich krank gewesen war und im Krankenhaus gelegen hatte. Nach meiner Ankunft erfuhr ich, dass sie 30.000 Baht geliehen hatte, von denen sie erwartete, dass ich dafür aufkäme – inklusive der Zinsen von 5 bis 10 % monatlich für drei Monate. Meine Schwestern haben sich nie um das Wohlergehen meiner Mutter gekümmert, und jetzt, mit 43 Jahren, würde es meiner Mutter nicht im Traum einfallen, zu arbeiten. Sie hat sich daran gewöhnt, automatisch von mir und mir allein das Geld zu beziehen, das sie für ein komfortables Leben benötigte.

September 2003 – Verlorenes Land

Meine Mutter unterrichtete mich heute darüber, dass sie meinem Bruder Land gegeben hat. Land, das mir von meinem Großvater dafür versprochen wurde, dass ich mich nach seinem Tode um meine Großmutter kümmere. Ich habe meinen Teil des Vertrages eingelöst, ich bin sogar weit darüber hinausgegangen. Aber das machte keinen Unterschied für meine Mutter. Nichts hat sich geändert. Es wird nicht berücksichtigt, was ich für die Familie getan habe. Meine Mutter sagte, sie hätte meinem Bruder das Land gegeben, weil er Kinder hat.

Medikamente und eine niemals endende Qual

Ob ich wache oder schlafe, in jedem Moment werde ich von meiner Vergangenheit verfolgt. Ich träume von Selbstmord, springe von Hochhäusern oder werde von großen Hunden angegriffen. Ich leide unter chronischer Schlaflosigkeit. Falls ich schlafen kann, dann schrecke ich aus furchtbaren und immer wiederkehrenden Alpträumen hoch. In meinen Nickerchen am Nachmittag spreche ich im Schlaf über meine Vergangenheit. Noch in Schweden begann ich schlafzuwandeln. Während langer Märsche in tiefster Nacht wurde ich von der Polizei aufgegriffen, die mich nach Hause brachte.

Mein Bewusstsein kann ich nicht von meiner Vergangenheit befreien. Jeden Tag nehme ich eine Unmenge Psychopharmaka und anderer Medikamente zu mir, um den Tag zu überstehen. Das ist kein Leben. Ich fühle mich wie ein Zombie. Neben unzähligen anderen Tabletten nehme ich Haldol, das Halluzinationen und Wahnvorstellungen behandeln soll. Auf der Packungsbeilage kann man lesen, dass Haldol »psychotisches Verhalten und Halluzinationen« auslösen kann. In anderen Worten: Haldol verursacht genau die Reaktionen, die es behandeln soll. Der Katalog von Nebenwirkungen all meiner Medikamente ist endlos. Allein auf der Haldolwebseite sind über hundert Nebenwirkungen aufgelistet. Andere Psychopharmaka sind genauso riskant, wenn nicht sogar gefährlich. Wenn man sich mit den Nebenwirkungen, die meine Medikamente auslösen, und unter denen ich zu leiden habe, näher beschäftigt, überlegt man sich mehrmals, ob man die Tabletten überhaupt noch schlucken will. Hier nur einige Beispiele: Schlaflosigkeit, Lethargie, Panikanfälle, Halluzinationen, Selbstverstümmelung, Zittern der Hände, innere Unruhe, Paranoia, plötzliche Stimmungsschwankungen, Alpträume und Flashbacks, plötzlicher Zorn, rasche Gewichtszunahme etc. etc.

Oktober 2003 – Mein erster Job

In meinem ersten Job in Pattaya arbeitete ich in einem englischen Restaurant. Ich erklärte mich einverstanden, bei einem 8-Stunden-Tag an sechs Tagen pro Woche für 4.500 Baht – 95 Euro – zuzüglich Trinkgeld zu arbeiten. In der ersten Woche erhöhte der Besitzer meine Arbeitszeit auf zehn Stunden täglich, eine weitere Woche später auf zwölf Stunden. Er bot mir 17,50 Baht pro Überstunde. Ich musste länger und länger arbeiten. Als ich es ablehnte, weiterhin längere Arbeitszeiten in Kauf zu nehmen, wurde ich prompt gefeuert. Für meinen letzten Arbeitstag bekam ich kein Geld.

Verabredungen mit Andy

Zu etwa derselben Zeit, ich war nun seit über einem Monat in Pattaya, hielt ich Ausschau nach einem neuen Freund. Seit Johans Abreise nach Spanien mehrere Monate zuvor war ich allein. Ich hoffte, ein neuer Mann könnte mich über Johan hinwegtrösten, und meldete mich bei einer Heiratsagentur. Die Mitarbeiter ignorierten die Angaben, die ich über meinen »Wunschpartner« angegeben hatte, wie Größe, Alter, Haarfarbe, Religion, Hobbys etc. Stattdessen verkuppelten sie mich mit Andy, einem neunundvierzigjährigen, schlaksigen Briten von zwei Metern, der seine Schulausbildung irgendwann in der neunten Klasse abgebrochen haben musste. Er stand jedem Gesprächsthema ablehnend gegenüber, es sei denn, es ging um das Anstreichen von Häusern. Er konnte nicht mit Menschen umgehen, denn er begann mit jedem Streit. Auch wusste er nicht, was »gutes Benehmen« bedeutete. Hinzu kam, dass Andy sich nicht richtig verständlich machen konnte. Nicht, weil er stotterte, sondern wegen einer Lernbehinderung. Aus diesen Gründen konnte er weder neue Freundschaften schließen noch eine Frau für sich finden. Dennoch willigte ich ein, mit ihm auszugehen.

Sextouristen kommen hauptsächlich nach Thailand, weil sie unfähig sind, eine funktionierende Beziehung mit einer Frau in der Heimat aufzubauen. Von thailändischen Mädchen fühlen sie sich weder unter Druck gesetzt noch eingeschüchtert. Dass Andy noch nicht einmal fähig war, eine Frau aus ärmlichen Verhältnissen zu finden, ohne vorher eine Heiratsagentur zu konsultieren, spricht Bände von seiner Angst vor dem anderen Geschlecht. Seine Unzulänglichkeit und sein mangelndes Selbstbewusstsein fielen jedem sofort auf, mit dem er in Berührung kam. Anstatt mir über Johan hinwegzuhelfen, vermisste ich ihn noch viel mehr.

Als ich mit Andy ausging, trat ich eine neue Stelle als Kellnerin im »Chantilly's Restaurant« in Jomtien Beach an, einem Touristenort südlich von Pattaya. Ich mochte meine Arbeit. Das Umfeld war weit gehobener als in den Etablissements, in denen ich vorher gearbeitet hatte.

Nachts kam Andy ins »Chantilly's«, um mich zu treffen, auch wenn ich ihn nicht darum gebeten hatte. Als problematisch stellte sich die Tatsache dar, dass Andy um diese Uhrzeit üblicherweise bereits getrunken hatte und ausfallend wurde, was mir sehr peinlich war und meinen Job gefährdete. Als ich wegen Krankheit zwei

Tage frei nehmen musste, nutzte das mein Arbeitgeber aus und meinte, ich solle nicht mehr wiederkommen. Ich glaube, der wahre Grund ist, dass Andy eine Plage war, meine Zeit in Anspruch nahm, und ich mich nicht den Gästen widmen konnte. Andy hatte mich meinen Job gekostet!

Wieder ein neuer Job

Diesmal arbeitete ich an der Kasse eines kleinen Ladens, der Pizzas zum Mitnehmen verkaufte. Die Arbeit war in Ordnung, aber ich kam nicht mit den Angestellten zurecht, insbesondere mit einer Köchin und ihrem Freund, dem Pizzakurier. Er und seine Kurierkumpel fragten ständig nach Benzingeld aus der Kasse – bis zu 100 Baht am Tag, obwohl ich genau wusste, dass sie bestenfalls 20 Baht benötigten. Ich weigerte mich, ihnen Geld zu geben, darüber wurden sie wütend. Die Köchin beschimpfte mich, weil ich ihrem Freund, Dom, kein Geld geben wollte. Die Situation eskalierte, ein Gewaltausbruch drohte. Dom legte es nur darauf an, sich einzumischen. Ich hasste es, zur Arbeit zu gehen, denn die ständigen Streitereien konnte ich nicht mehr ertragen. Mir war klar, dass ich kündigen musste. Dem Ladenbesitzer sagte ich, dass seine Angestellten ihn betrogen. Seine Antwort überraschte mich. Er sagte, er würde das tolerieren, denn sein Geschäft liefe gut.

Fünf Tage nach meiner Kündigung war ich immer noch wütend darüber, dass Dom mich bedroht hatte. Ich werde niemals eine Beleidigung, in welcher Form auch immer, von einem thailändischen Mann dulden. Und ich wollte es Dom heimzahlen! Ich rief in dem Laden an. Meine Nachfolgerin meldete sich. Sie kannte meine Stimme nicht, die anderen nicht meine Adresse. Ich bestellte eine Pizza und wartete auf Dom, der sie liefern sollte. Ich stand im Halbdunkel im hinteren Teil meines Apartments. Dom würde hereinkommen, und dann wollte ich ihm mit einem Messer eine Lektion erteilen. Ich konnte mir nicht vorstellen, dass ein Gericht in Thailand eine Frau verurteilen würde, die sich in ihrem Apartment verteidigte. Dave, dem ich von meinem Plan erzählt hatte, war wenig begeistert und versuchte, mich zu beruhigen. Aber ich hörte nicht auf ihn. Als der Pizzakurier kam, fing David ihn am Eingang des Gebäudes ab, um zu verhindern, dass ich eine Dummheit beging. Es war ohnehin der falsche Pizzakurier. Buddha hat Dave und den falschen Kurier geschickt, um mich vor mir selbst zu schützen.

Und noch ein neuer Job

Es dauerte nicht lange, da begann ich als Kassiererin in der »Golden Gate Bar and Grill«. Eines Tages kam mein vorheriger Arbeitgeber (der mit dem Pizzaladen) in die Bar und bemerkte mich. Er fragte, wie es mir ginge und wie der neue Job sei. Er sagte mir, er hätte das Pizzageschäft so lange geschlossen, bis er neue Mitarbeiter finden könne. Die Diebstähle seiner Leute seien letztlich zu weit gegangen. Ich fragte mich, wie weit »zu weit« ist, bis ein Geschäftsinhaber Konsequenzen gegenüber seinen Mitarbeitern zieht. Und dann entließ er sie nicht oder schaltete die Polizei ein, sondern schloss den Laden? Der Grund war natürlich der, dass der Mann ein Farang war und im Grunde das Geschäft gar nicht führen durfte. Er kann in Thailand eines besitzen, aber es ist ihm nicht gestattet, in seinem eigenen Geschäft zu arbeiten.

Der nächste Job

Andy war der schwierigste Mann, den ich je kennengelernt habe. Ich hatte meinen Job im »Chantilly's« verloren, weil er immer betrunken in das Restaurant gekommen war. Nun verlor ich meinen Job in der »Golden Gate Bar«, weil er beinahe mit dem Besitzer eine Schlägerei angefangen hätte. Ich ging mit dem Messer dazwischen und schnitt mich dabei versehentlich selbst. Die Wunde musste im Krankenhaus genäht werden. Danach ging ich zur Polizei. Mein Arbeitgeber wurde dazu gezwungen, die Kosten der medizinischen Versorgung zu übernehmen, außerdem musste er mir Schmerzensgeld bezahlen. Darüber war er äußerst ungehalten, denn im Grunde seien Andy und ich schuld gewesen. Stimmt! Und trotzdem hatte er keine Wahl, er musste zahlen. Wieder ein Farang, der sein Geschäft vom Tresen aus leitete – in Thailand verboten!

Andy mag schwierig sein, doch ich werde sein größter Alptraum werden! Obwohl er mir den »Hof macht«, erwartet er von mir, dass ich von unseren Restaurantrechnungen und allen entstehenden Kosten bei gemeinsamen Unternehmungen 50 % übernehme. Es gibt viele Gründe, weshalb ich weiterhin mit ihm ausgehe. Ich denke, er löst in mir eine Art Helfersyndrom aus. Ich sehe in ihm jemanden, dem es noch schlechter geht als mir selbst. Viele, die wie ich in der Sexindustrie gearbeitet haben, neigen dazu, Hilfestellung zu geben, immerhin haben wir schon unsere Familien gerettet. Von einer weniger wohlwollenden Perspektive aus betrachtet, gibt mir diese Beziehung enorme persönliche Kraft. Ich fühle, dass Andy ein Mann ist, den ich kontrollieren kann. Ich kann alles machen, was ich will. Mich gehen lassen, so sehr ich will, ihn schlecht behandeln, wenn mir danach ist. Er wird trotzdem immer da sein. Er braucht mich, denn er weiß, dass es sonst niemanden gibt, der ihm hilft. Er braucht diese Beziehung nötiger als ich.

Um brutal ehrlich zu sein: Ich bin 23 Jahre alt, drei Jahre älter als die durchschnittlich 20 Jahre alten GoGo-Tänzerinnen. Ich habe über sieben Kilo zugenommen – eine Menge, wenn man nur 1,45 m groß ist. Ich rauche eine Schachtel pro Tag und nehme zahllose Psychopharmaka. Ich bin nicht mehr die sexy Schönheit wie noch vor einem Jahr. Ich will unbedingt jemanden haben, der mich liebt. Andy muss mich lieben, denn er kann mit meinem schlechten Benehmen und meinen Wutausbrüchen umgehen. Wir sind wie füreinander geschaffen.

Andererseits, wer sonst würde mich wollen? Am wichtigsten ist aber, dass »britisches Visum« auf Andys Stirn geschrieben steht, und zwar in Fettdruck.

Beach

Als ich vor Kurzem den Bürgersteig entlangging, sah ich einen weiblichen Welpen, nicht mehr als ein paar Monate alt. Sie erlebte gerade einen Glücksmoment, denn sie fand ein Stück Huhn auf dem Gehweg. Während sie dabei war, ihre kleinen Zähne in das Stück Fleisch zu versenken, um ihren offensichtlich riesigen Hunger zu stillen, wurde es von einem größeren Hund gestohlen. In diesem Moment sah ich keinen Welpen, sondern ein machtloses kleines Mädchen. Ich sah in ihr mich selbst, mit 13 Jahren mutterseelenallein in Bangkok. Ich ging langsam auf sie zu, beugte mich über sie, öffnete meine Hände, um sie hochzuheben. Überraschenderweise rannte sie nicht weg. Sie reagierte erfreut auf ein wenig Liebe und Aufmerksamkeit. Sie leckte mein Gesicht und machte dabei niedliche Geräusche. Ich nahm sie mit nach Hause und nannte sie »Beach«.

Beach lernte die unterschiedlichen Geräusche, die die Motorräder verursachen, zu unterscheiden, und konnte meines daher schon von Weitem hören. Dann rannte sie zur Tür, um mich zu begrüßen. Sie war aufgeregt, wenn ich zurückkam. Nicht, dass sie auf Thunfisch, Hühnchen oder Rindfleisch wartete, sie wollte einfach nur geknuddelt und mit meiner Liebe überschüttet werden.

Einige Monate später, als ich von der Arbeit nach Hause kam, war Beach krank. Sofort brachte ich sie zum Tierarzt. Er gab ihr eine Spritze, aber es war zu spät. Sie starb in meinen Armen auf dem Sozius von Daves Motorrad, als er uns zurück in unser Apartment fuhr.

Beach war nicht mein Kind, aber nahe daran. Nun war sie für immer weg. Ich würde sie niemals mehr mit dem Schwanz wedeln sehen oder ihre Wärme spüren. Sie war das einzige Lebewesen, das mich geliebt hatte, ohne etwas dafür zu verlangen. Abgesehen von meinem Vater natürlich. An diesem Punkt meines Lebens war sie das Einzige, was ich wirklich liebte. Dave und ich begruben sie in der Nähe meines Apartmenthauses auf einem unbebauten Grundstück an einem Teich.

Januar 2004 – Zu viele Pillen, wieder einmal

Eines Morgens gegen 7 Uhr wurde ich nach einer Nacht mit zu vielen Schlaftabletten und zu wenig Schlaf wach. Die Pillen benebelten mich regelrecht. Ich hätte auf die Dosierung achten sollen, aber ich hatte eine nach der anderen genommen, bis ich endlich einschlief. Als ich auf dem Weg zur Küche war, fiel ich auf meinen Glastisch, der zerbrach. Ich wusste nicht, was ich tun sollte, also rief ich Dave an. Die Uhrzeit kümmerte mich nicht weiter, überhaupt war ich zur Zeit wenig um andere besorgt, wenn ich etwas brauchte. Dave kam sofort. Er sah all das Blut in meinem Zimmer und auf dem Laken. Er wollte mich ins Krankenhaus bringen, aber ich weigerte mich. Er leistete Erste Hilfe, indem er Verbände an meinem Kopf und meinen Hände anlegte. Die Wunden verheilten gut, Narben sind nicht zurückgeblieben. Glücklicherweise leistete er gute Arbeit. Ich bin immer noch hübsch!

Februar 2004

Gedanken an Johan. Die sehr ungesunde und zerstörerische Beziehung zu Andy lässt mich immer öfter an Johan denken. Er hat sich mir gegenüber immer wundervoll verhalten und mein schlechtes und kindliches Benehmen toleriert. Ich habe mich um seine Gefühle nicht in dem Maße gekümmert, wie er es verdient hätte. Vielleicht habe ich nichts Besseres verdient als diese Beziehung mit Andy.

An Johan

Ein Alptraum ist wahr geworden
Gestern habe ich Dich verloren
Ich habe schöne Erinnerungen an Dich
Ich kann diese Erinnerungen nicht vergessen

Ich weiß, ich kann nicht mehr bei Dir sein
Du weißt nicht, wie weh mir das tut
Ich möchte, dass Du weißt, dass ich Dich
immer brauchen werde
Ich weiß, es ist zu spät
Ich verstehe das
Ich wünschte, alles wäre so, wie es mal war
Ich will, dass Du weißt, dass Du immer in meinem Herzen bist
Das Meer und der Himmel sind so weit auseinander,
wie wir es sind
Ich weiß nicht, wann wir uns wiedersehen
Aber ich werde sicherstellen, dass es passiert
Jetzt kann ich nur Himmel und Sterne darum bitten,
Deine Freunde zu sein
Wenn Du traurig bist
Und auf Dich aufzupassen, wenn ich nicht da bin
Von jemandem, der Dich nicht vergessen kann.

Gay und Jak

Jak kannte ich bereits eine Weile, als sie mit ihrer Freundin Gay bei mir einzog. Gay hatte einige Ideen, was sie in Pattaya machen wollte – jedenfalls nicht einen normalen Job annehmen. Zum Glück – auch wenn sie es nicht wusste – erfüllte sie nicht die physischen Voraussetzungen, um in meinem Beruf viel Geld zu verdienen. Sie war voller Energie, die sie einsetzte, um einen ausländischen Freund zu finden. Da sie sehr klein und ziemlich mollig war, fand sie keinen. Aber sie fand einen Job in einem Supermarkt. Wie Jak hatte sie einen Realschulabschluss. Sie war 23, Jak 28. Der Supermarkt wollte Jak wegen ihres Alters nicht einstellen. Mit 28 war sie schon »zu alt«. Jak sah sich weiter nach einer Beschäftigung um. Sie fand einen weit besseren Job in einem Billard-Salon. Um eine angemessene Anstellung zu erhalten, muss man meist nicht nur einen Realschulabschluss oder das Abitur vorweisen können, sondern auch noch unter 25 Jahre alt sein. Viele Stellenanzeigen nennen ein Höchstalter.

Jak

Manchmal denke ich an Jak, die fünf Jahre älter ist als ich, und ebenso aus dem Isan stammt. Nach ihrem Schulabschluss begann sie als Fünfzehnjährige in einer Schuhfabrik zu arbeiten. Drei Jahre später folgte eine Anstellung in einer Textilfabrik. Sonntags, an ihrem einzigen freien Tag, und auch nach Feierabend, ging sie zur Schule, um ihr Abitur nachzumachen. Sie wechselte oft ihre Jobs, in denen sie aber selten mehr als 150 Baht pro Tag verdienen konnte. Schließlich entschied sie sich, mit ihrer Freundin Gay nach Pattaya zu kommen.

Jak arbeitet jetzt als Kellnerin in einem australischen Billard-Salon. Sie verdient 5.000 Baht im Monat bei einer 6-Tage-Woche und einem 8-Stunden-Tag. Hinzu kommen zwischen 2.000 bis 3.000 Baht an Trinkgeldern. Das ist ein wirklich gutes Einkommen für ein Mädchen, das nicht in der Sexindustrie arbeitet. Nachteilig war nur, dass sie 30 Tage hintereinander arbeiten musste, bis sie ihren ersten freien Tag nehmen konnte.

Ich schreibe über Jak, weil ich ihr Leben mit meinem vergleiche, auch wenn wir ein paar Jahre auseinander sind. Sie stammt aus ärmlichen Verhältnissen, hat aber das Glück, dass beide Eltern noch leben. Ein weiterer Unterschied ist, dass ihre Mutter in ihrem ganzen Leben der Hauptenährer der Familie war. Jak ist 1,47 m, wiegt 39 kg und ist hübsch. Sie war nie in Europa, überhaupt ist sie nie gereist, außer einmal nach Singapur, wo sie zwei Wochen als Küchenhilfe gearbeitet hat. Sie hat wenig Erfahrung mit der Welt oder mit Männern. Sie scheint nie etwas zu brauchen, denn sie will nicht sehr viel. Immer scheint sie fröhlich zu sein, auf jeden Fall ist sie zufrieden. Sie hat Freunde, die sie wirklich mögen, ihre Beziehungen dauern lange. Jak ist gesund, sowohl geistig als auch körperlich. Sie braucht keine Psychopharmaka und keine Schlaftabletten oder irgendwelche anderen Tabletten, um emotional stabil zu bleiben. Sie führt das »normale« Leben einer jungen Frau, die nicht in der Sexindustrie arbeitet oder gearbeitet hat. Ein Leben, von dem ich wünschte, es wäre meines.

Jak machte einmal einen Fehler, als sie meiner Schwester Ying sagte: »Du siehst blendend aus und könntest viel Geld verdienen, wenn du in einem GoGo arbeiten würdest.« Jak weiß nichts von meiner Vergangenheit. Sie wusste auch nicht, dass ich in dem Geschäft gearbeitet habe, um sicherzustellen, dass meine Schwester genau dies nicht tun musste. Zwei Monate lang sprach ich nicht mehr mit Jak. Sie fand nie heraus, weshalb.

Aus welchem Grund entwickeln zwei Schwestern, die im gleichen Haus großgeworden sind und von denselben Erwachsenen erzogen wurden, völlig verschiedene Charaktere und Lebensstile? Kindheitserinnerungen, so verschieden wie Tag und Nacht, können kaum als Erklärung herhalten. So bleibt es mir ein Rätsel, weshalb Jak und ihre Schwester Yen so ungleich sind. Yen war GoGo-Tänzerin. Sie arbeitet aber nicht mehr, weil sie nicht mehr muss. Sie lebt vom Geld, das ihr Farangs überweisen. Ein Engländer, der im Oman arbeitet, und ein Amerikaner. Warum schlagen zwei Mädchen, die aus der gleichen Familie stammen, zwei derartig unterschiedliche Wege ein?

SECHZEHNTES KAPITEL

VERIRRTE EHE

> »*Der Mann ist ein Reisfeld, die Frau ist der Reis.*« Sprichwort aus Thailand

März 2004: Heirat mit Andy

Andy und ich heirateten in Pattaya am 6. März 2004. Fast sofort beantragten wir mein Visum, aber es sollte drei Monate bis Anfang Juni dauern, bis ich in die britische Botschaft zu einem Gespräch bestellt wurde.

Mai: Andy und ich in Pattaya

Andy und ich sind erst zwei Monate verheiratet, und es läuft zwischen uns schlechter als sonst. Letztens bat ich ihn, mir Wasser aus der Küche zu holen. Ich hätte selbst aufstehen und es mir holen können, aber ich war es gewohnt, ihn einfach um etwas zu bitten, wenn ich etwas wollte. Im Grunde testete ich ihn nur, um herauszufinden, wie weit ich gehen konnte, bis er genug hatte. Das dauerte nicht lange. Er kam mit einer Flasche Wasser zurück und schüttete sie über meinem Kopf aus. Ich war wütend und sagte ihm, ich wolle mich scheiden lassen. Aufgebracht stürmte ich aus dem Apartment und übernachtete bei einer Freundin. Ich hoffte, Andy auf diese Weise unter Druck setzen zu können, damit alles weiterging, wie ich es wollte. Wenn nicht, würde er solo nach England zurückkehren. Bei seiner Rückkehr würden ihm auch 600 Euro fehlen und etwas Goldschmuck, den er meiner Mutter als Brautpreis für mich gegeben hatte. Mein Wutausbruch schüchterte ihn ein, und er rief fast sofort an, um sich zu entschuldigen. Ich kam am nächsten Abend in sein Apartment zurück, vollkommen befriedigt darüber, dass ich sowohl Andy als auch unsere Beziehung im Griff hatte.

Juni

Gestern habe ich zu Andy gesagt, er sei kein guter Vater und kümmere sich nicht um seine Kinder. Schließlich sei er mit seinem Ersparten jetzt in Thailand, anstatt es für seine Kinder auszugeben. Er war wütend! Er sagte, wenn ich glaubte, er hätte sich nicht um seine Kinder gekümmert, dann sollte ich seine Ex-Frau und seine Ex-Freundin anrufen, die beide in England lebten. Daraufhin nahm ich sein Handy und warf es quer durchs Zimmer. Es prallte gegen die Wand und zerbrach. Ich glaubte mich im Recht, und das war alles, was zählte. Ob ich recht hatte oder nicht, war ohne Belang. Wichtig war, was ich glaubte. Es stellte sich heraus, dass ich im Unrecht war, aber ich entschuldigte mich nicht.

Bei den meisten Mädchen, die die Sexindustrie überstanden haben, kennen die Wutanfälle keine Grenzen. Wir haben in unseren jungen Jahren so viel Zorn unterdrückt, dass wir uns wie ein Raubtier gebärden, das jahrelang in einem Käfig eingesperrt war. Wir suchen regelrecht Situationen, in denen wir austeilen können, insbesondere dann, wenn wir nichts zu verlieren haben. Ich habe nie geglaubt, dass es ein großer Verlust gewesen wäre, wenn ich Andy verloren hätte. Ich glaube aber auch, dass ich ihn nie verlieren würde, und auch nicht das anstehende Visum, da er mich nie verlassen würde.

Bewerbungsgespräch für ein Visum

Mein erstes Gespräch in der britischen Botschaft wurde von einer hochgebildeten Engländerin geführt, die nicht nur anspruchsvolles Englisch sprach, sondern auch mit starkem britischen Akzent. Ich habe Englisch nicht gelernt, indem ich BBC geguckt, sondern weil ich mit zumeist amerikanischen Männern gesprochen habe. Sie waren weder Briten noch gebildet. Da ich Schwierigkeiten hatte, sie zu verstehen, fragte ich nach einer Thai, die das Gespräch führen sollte. Ich hoffte, dass wir ein persönlicheres Gespräch haben könnten, das auf unserer gemeinsamen Sprache und Kultur beruhte.

Mein Wunsch wurde sofort erfüllt. Ich glaubte mich nun auf der sicheren Seite, und hoffte, meine Fähigkeit, Menschen auf freundliche Weise zu überzeugen, einsetzen zu können. Als die neue Diplomatin erschien, bemerkte ich, dass ich mehr bekommen hatte, als ich ursprünglich wollte. Sie war ebenso gebildet wie die britische Dame. Und sie war es gewohnt, mit Bargirls wie mir zu reden, die, um ein Visum für Großbritannien zu erhalten, ahnungslose und leichtgläubige Engländer heiraten, die eine Frau haben wollen, die halb so alt ist wie sie selbst. Die Frau sprach in gebildetem Thai mit mir, so, als hätte ich einen Hochschulabschluss. Sie hätte wissen müssen, dass es für mich schwierig war, ihren rechtlichen Ausführungen zu folgen. Das war ihre Art, mir zu zeigen, wer ich war und wohin ich gehörte. Sie musste sich auch im Klaren darüber gewesen sein, dass sie es mir und allen Bargirls schwer machte, ein Visum für England zu erhalten. Wer ich wirklich war oder was ich alles konnte, wollte sie nicht wissen.

Ich war klug, sicherlich, aber meine Ausbildung war dafür geeignet, auf der Straße zu überleben, nicht um ein Botschaftsgespräch zu bestehen, in dem ich meine Gesprächspartner täuschte. Ich hätte einiges sagen können, aber ich konnte Thai nicht auf demselben Niveau sprechen wie mein Gegenüber. Ich hatte nur sechs Jahre Schule absolviert. Ich saß da und fragte mich, ob sie nicht Leute aus dem Isan hätten, die dort arbeiteten. Das Visum erhielt ich nicht. Zwei Wochen später sollte ich noch einmal vorsprechen. Mit einer aktuellen Lohnbescheinigung von Andy. Er war arbeitslos, ihm war jedoch ein Job von seinem früheren Arbeitgeber angeboten worden. Andy meldete sich bei der Firma, die ihm das Angebot in schriftlicher Form zufaxte.

Juli

Mitte Juli gingen wir mit den verlangten Dokumenten wieder zur britischen Botschaft. Dort wurde uns gesagt, es sei nötig, dass Andy sofort nach England fliege, um seine Kontoauszüge an die Botschaft zu faxen. Bevor ein Visum ausgestellt werden konnte, musste seine finanzielle Situation geprüft werden. Aus England schickte er mir alle nötigen Papiere. Zwei Wochen später erschien ich erneut in der Botschaft, ein Gang, von dem ich annahm, dass er das kontinuierliche Bergab in meinem Leben endlich aufhalten würde. Mit meinen Unterlagen standen Dave und ich zwei Stunden vor der Botschaft in einer Schlange. Als wir endlich zum Schalter kamen, wurden die Unterlagen alle anerkannt. Nach einem kurzen Gespräch wurde mir das Visum ausgestellt. Andy und ich konnten Pläne für meine Reise nach England machen!

Wem gehört das Gold überhaupt?

Kurz bevor ich nach England ging, besuchte ich meinen Bruder in Bangkok. Das Erste, was mir auffiel, war der Goldschmuck, den er trug. Ich hatte ihn meiner Mutter nach meiner Ankunft aus Schweden elf Monate zuvor mitgebracht. Meine Mutter hat meinem Bruder immer ungeniert Dinge gegeben, die eigentlich für sie bestimmt waren. Außer den 6 Euro, die sie mir im Alter von 13 Jahren gab, als sie mich wegschickte, habe ich nie etwas von ihr bekommen. Was ist nur los mit mir, dass ich ihr immer noch Geld oder Gold gebe, dass ich ihr erlaube, mich zu manipulieren und einzuschüchtern? Ach ja, ich bin die älteste Tochter einer Familie aus dem Isan. Ich bin eine Tochter des Isan, ich bin ein Produkt meiner Kultur.

Meine Mutter – nichts hat sich geändert!

Bevor ich nach England abreiste, kam meine Familie ein letztes Mal nach Pattaya, um mich zu besuchen. Meine Mutter bettelte mich wieder einmal um Geld an. Sie wollte, dass ich die Busfahrkarten für sie und ihre Enkelkinder (die Kinder meines Bruders) von Ubon nach Pattaya bezahle. Als sie bei mir waren, schlug mein zwei Jahre alter Neffe ständig seine vierjährige Schwester. Sein gemeines und aggressives Verhalten wurde sowohl von meiner Mutter als auch von meinem Bruder geduldet. Kein Wunder, dass die Mehrheit der Männer in Thailand keinen Respekt vor Frauen hat, wenn sie so aufwachsen. Ich war die Einzige, die etwas darüber zu meinem Neffen sagte. Er wird nie wieder seine Schwester schlagen, jedenfalls nicht, wenn ich dabei bin. Meine Mutter kümmerte sich um meinen Neffen, als sei er ein Baby, meine Nichte dagegen muss alleine baden und sich selbst anziehen.

Schliesslich ab nach England

In diesem Moment weiß ich nicht, was die Zukunft für mich bereithält. Werde ich einen normalen Job bekommen und ein normales englisches Leben führen? Werde ich 5 Euro pro Stunde an der Kasse eines Ladens oder als Pflegerin in einer Seniorenresidenz verdienen? Oder werde ich wieder tanzen? Ich weiß nur, dass Andy mein Weg aus Thailand heraus ist. Und aus dem Leben als Bargirl. In England gibt es Clubs, in denen man angezogen vor Männern tanzt. Das wäre eine tolle Sache. Fürs Strippen gäbe es zwar mehr Geld, aber Andy würde niemals erlauben, dass ich das wieder täte. In England angezogen zu tanzen, wird auf jeden Fall besser bezahlt, als in Thailand an der Kasse zu sitzen. Alles wird besser bezahlt als Arbeit in Thailand.

Ende Juli

Wieder einmal verließ ich Pattaya, um in Europa ein neues Leben zu beginnen. Diesmal in einem englischsprachigen Land. Dave und Jak brachten mich mit dem Taxi zum Flughafen. Ich betete für meinen Vater und meine Familie, bestieg das Flugzeug und bereitete mich auf das neue Leben in England vor. Zumindest war das ein Land, dessen Sprache ich bereits sprach. Nicht so wie die Schweiz, so wie Deutschland, Spanien oder Schweden.

England

Es dauerte keine zwei Wochen, da bekam ich einen Putzjob im Stoke-on-Trent College. Die Bezahlung lag bei 7,25 Euro/Stunde Vollzeit. Diese Arbeit ermöglichte es mir, ein wenig Geld zu sparen, so wie ich es mit Andy vereinbart hatte. Wir waren übereingekommen, dass ich die Lebensmittel und er alles andere zahlte. Es war zwar nicht das große Geld, wie ich es als Tänzerin in Schweden verdient hatte, aber für den Moment war es genug. Langsam, aber sicher gelänge es mir, mein Leben hier zu verbessern.

Ich konnte kein Konto eröffnen, weil ich keinen Mietvertrag, keine Strom- oder Wasserrechnung auf meinen Namen vorweisen konnte. Aus diesem Grunde wurde mein Gehalt auf Andys Konto überwiesen. Es stellte sich sehr schnell heraus, dass »Lebensmittel«, für deren Bezahlung ich verantwortlich war, alles sein konnte, was auf einem Markt erhältlich ist. Andy musste monatlich Bankkredite und Kreditkartenrechnungen bezahlen. Er informierte mich darüber, dass wir etwas mehr als das »Essensgeld« brauchten, um diese Schulden auszugleichen. Er gab mir ein minimales Taschengeld, damit ich während der Arbeit etwas essen und eine Tasse Kaffee trinken konnte. Andy sagte, den Rest brauchte er für die Abzahlung des Fernsehers und des Autos, die Miete etc. Das war mit Sicherheit nicht unsere Abmachung gewesen, und ich war nicht gerade glücklich über diesen Wandel.

Die Irrwege einer klinisch-depressiven Schizophrenen – mit und ohne Medikamente

Mail an Dave, August: *Hallo Dave, wie geht es dir? Ich fühle mich, als ob ich mich umbringen müsste. Ich habe noch nie jemanden getroffen, der wie Andy ist. Ich vermisse Johan sehr. Mit meinem Ex-Freund Tony, den ich aus meinen früheren Tagen in Pattaya kenne, telefoniere ich fast jeden Tag. Andy gibt mir 3 Pfund pro Tag. Das ist nicht genug, um thailändisches Essen zu kaufen. Bananen sind alles, was ich mir leisten kann. Tony hat mir gesagt, im Fall des Falles könne ich bei ihm bleiben ...*

Manchmal konnte Andy seine Arbeit nicht unterbrechen, um mich zum Arzt zu bringen. Also musste ich alleine gehen. Wie dem auch sei, ich mag meinen Job sehr, ich fühle mich gut dabei. Aber wenn ich bezahlt werde, muss ich Andy weitere 20 Pfund pro Woche abtreten. Ich musste Männern früher kein Geld geben. Manchmal weiß ich nicht, was ich mit ihm machen soll.

September

Abgesehen davon, dass ich von meinem kleinen Gehalt mehr zahle, als ich dachte, bin ich auch noch Andys Köchin und Putzfrau. Wenn ich nach 21 Uhr nach Hause komme, herrscht Chaos, sein Geschirr steht in der Spüle, er sitzt vor dem Fernseher. Dann fragt er, was ich zum Abendessen koche. Bei dieser Art von Benehmen und der Veränderung seines Wesens nach unserer Rückkehr nach England ist mein Bedarf gedeckt. Ich habe ihm gesagt, dass ich gehen will. Das Letzte, was ein Mann will, ist, dass Sex, Köchin,

Putzfrau und – am wichtigsten – das zusätzliche Einkommen aus der Tür herausspazieren. Er sagte mir immer und immer wieder, wie viel Geld es ihn gekostet hätte, mich nach England zu bringen. Das Visum und das Ticket haben etwa 800 Euro gekostet, aber er beschwert sich darüber, dass er noch andere Ausgaben für mich getätigt hat, als wir in Thailand zusammen gewohnt haben. Kein Witz! Ich bin doch nicht umsonst zu haben. Was denkt er sich eigentlich?

2. Oktober

Ich habe meine Medikamente nicht genommen. In meinem Zustand glaube ich, dass Andy zu viel rumjammert. Ich konnte es einfach nicht mehr hören und habe eine Weinflasche gegen den Fernseher geworfen, aber er ging nicht kaputt. Andy rief daraufhin die Polizei und gab zu Protokoll, ich sei gewalttätig, und hätte ihn vor zwei Wochen tätlich angegriffen. Das stimmt, aber er hat auch zugeschlagen. »Sie hat mich zuletzt geschlagen«, sagte er den Bobbys. Die Beamten nahmen das Protokoll auf und baten mich, ein andermal vorbeizukommen, um mit ihnen zu reden. Ich konnte ihren Blick sehen und ahnen, was sie dachten. »Sie ist 1,45 m und er 2 m, und er hat uns angerufen?«

Nach ein paar Tagen, an denen ich ihm den Sex verweigerte, schickte er mich zum Schlafen in das zweite Schlafzimmer. Dort gab es keine Matratze oder Bettdecke. Ich hatte bloß ein Kopfkissen und konnte mich nur mit einem Handtuch zudecken. Einige Tage ging es so. Währenddessen verbot er mir, »seinen« Fernseher, »seine« Stereoanlage und alles andere, was »sein« war, zu benutzen. Ich bleibe nie und nimmer bei einem Mann, der mir eine Bettdecke zum Wärmen verweigert. Das bringt das Fass zum Überlaufen!

5. Oktober

Andy gab mir 375 Euro, damit ich ausziehen und mein eigenes Apartment finden konnte. Mit dem Geld in der Hand änderte ich meine Meinung. Ich wollte in seinem Haus bleiben, das Geld behalten, und er sollte alle Rechnungen bezahlen. Wenn ich das Haus verlassen hätte, wäre ich wieder einmal mittellos gewesen, abgesehen von den 375 Euro, die mich vom Leben auf der Straße trennten. Das war bis zu meinem nächsten Lohn nicht genug für ein Apartment, die Kaution und Lebensmittel. Ich wollte in »unserem« Haus bleiben. Für ein paar Tage blieb ich auch, bis der Zustand unserer Beziehung das unmöglich machte. Ich wusste, dass ich mich nach einer anderen Bleibe umsehen musste, auch wenn das bedeutete, zweimal pro Tag nur Nudeln zu essen.

Andy schrieb Dave von dem Niedergang unserer Beziehung, weil er wohl hoffte, dass Dave mich an mein Versprechen erinnern würde. Sowohl Andy als auch ich haben Dave aus England regelmäßig angerufen oder SMS geschickt. Seit meiner Ankunft in England gab es Probleme mit unserer Beziehung. Auch wenn ich mir eine funktionierende Beziehung wünschte: bitte nicht mit Andy. Glücklicherweise bestand noch die Einladung von Tony aus London.

Auszug

In den wenigen Stunden, die ich zwischen meiner Arbeit am Morgen, Englischschule am Nachmittag und erneuter Arbeit am Abend hatte, fand ich eine Studentenbude für 60 Euro in der Woche. Jeder Bewohner hatte ein eigenes Zimmer, aber das Beste daran war, dass das Zimmer mir allein gehört!

Ich habe meine Medikamente nicht genommen, und ich denke, ich verliere den Verstand. Ich glaube, ich habe einen von Andys Freunden im Radio gehört. Er sprach von einer Thai, die ihren englischen Ehemann verlassen hat, und nun die Visabestimmungen verletzt. Ich habe Angst, dass Andy Leute schickt, die mich fertig machen. Ich schicke SMS an Dave, er sagt, ich solle meine Medikamente nehmen. Er erinnert mich daran, dass ich kein Radio habe. Er macht sich Sorgen, ich könne nicht mehr klar denken. Die Dinge, die ich ihm erzähle, können gar nicht passiert sein. Er sagt, ich halluziniere immer mehr.

Andy ruft mich dauernd an. Er kommt in mein Zimmer und sucht mich – zumindest glaube ich, dass er das tut. Ich habe ihm oft genug gesagt, dass ich nicht zu ihm zurückgehe. Ich kehre lieber in das ärmliche Thailand zurück, als noch eine Minute länger mit ihm verbringen zu müssen.

Ich dachte immer, dass die Männer, die ich in den Bars traf, miese Typen gewesen sind. Doch diejenigen, die sich bei Heiratsagenturen melden, sind noch schlimmer. Sie sind wie die Männer in den Bars, geben jedoch vor, anders zu sein. Die Schweizer, Deutschen, Spanier, Schweden und Engländer, die ich in Europa getroffen habe, sind in nichts mit den Männern aus diesen Ländern zu vergleichen, die Pattaya auf ihren Sexreisen »beehren«. Pattaya zieht die niedrigste Form der Spezies Mann aus dem Westen an, die ich je getroffen habe. Thailändische Bargirls bekommen einen falschen Eindruck von Männern, während die Männer im Gegenzug einen falschen Eindruck von Thaimädchen bekommen. Die Männer glauben, sie wären alle unaufrichtige Bargirls. Wir glauben, sie sind alle alt, fett, betrunken, verwahrlost und mental zurückgeblieben oder körperlich behindert. Wir glauben auch, dass sie nicht zu den Klügsten gehören, die auf Erden wandeln. Sie als »durchschnittlich« zu bezeichnen, wäre ein Kompliment. Einige von ihnen sind physisch derartig beeinträchtigt, dass sie nicht für sich selbst sorgen können. Sie suchen eine Krankenpflegerin in Gestalt einer thailändischen Frau. Und was emotionale Störungen betreffen, so ist Andy ein Paradebeispiel.

Tag für Tag mache ich mir Sorgen, ich könnte von Beamten der Einwanderungsbehörde geweckt werden, die an meine Tür klopfen, weil ich gegen die Visabestimmungen verstoßen habe. Auch wenn es mich sehr beunruhigt und ich deshalb manchmal nicht schlafen kann, mache ich mir lieber weiterhin Sorgen, als zu Andy zurückzukehren. Meine Freunde in Pattaya hatten mich gewarnt, dass er nicht der richtige Mann für mich sei und ich mich woanders umsehen solle. Doch ich hatte Mitleid mit ihm. Außerdem hat er mir zu dem britischen Visum verholfen. Er wusste, was ich wollte, und dass ich viel auf mich nehmen würde, es zu bekommen.

8. November

Drei Wochen im Harplands Hospital. Ich hatte im Stoke-on-Trent College drei Monate lang geputzt, als ich meine Medikamente absetzte. Mehrere Wochen vergingen, ich hatte Halluzinationen. Bei jeder Psychose sind Wahnvorstellungen so real, als ob sie die Wirklichkeit wären. Ein Arbeitskollege rief das Krankenhaus an, ich wurde abgeholt und stationär aufgenommen. Das ließ ich bereitwillig mit mir geschehen.

15. November

Ich bin seit etwa einer Woche im Krankenhaus. Andy rief an. Er will mit mir reden, weil er in einer Notlage ist. Er bat Dave um Hilfe, die Krankenakten aus Schweden zu besorgen, damit die englischen Ärzte mir helfen können. Dave hat sich bereit erklärt, als Mittelsmann zu fungieren, doch er würde Andy niemals persönliche Daten über mich herausgeben, selbst wenn er in ihrem Besitz wäre. Andy schickt Dave drei oder vier SMS pro Tag, in denen er die Probleme beschreibt, die ich verursache. Zu Andy sagte ich gestern, ich wolle zu ihm zurückgehen. Als er mich daraufhin im Krankenhaus besuchte, meinte ich, dass ich nie wieder mit ihm zusammenleben wolle. Dann schlug ich sogar nach ihm.

Andy informierte Dave darüber, dass ein vom Staat gestellter Anwalt mit mir an einer Verhandlung teilnehmen würde. In dieser Sitzung sollte herausgefunden werden, ob ich am Montag aus dem Krankenhaus entlassen werden kann oder nicht. Mein Anwalt führte aus, dass Andy nach meinen Aussagen mir gegenüber gewalttätig geworden sei. Aber ich habe dem Anwalt nicht gesagt, dass ich Situationen schuf, um Andys Zorn heraufzubeschwören. Ich kann ein richtiges Miststück sein, wenn ich meine Medikamente nicht bekomme. Aber sogar dann, wenn ich sie genommen habe. Die Psychiater haben die Psychopharmaka nun abgesetzt und verschreiben nur noch Schlafmittel.

18. NOVEMBER

Ich lag über eine Woche im Krankenhaus, als der Sozialarbeiter mit Andy telefonierte. Er fragte nach seinen finanziellen Verhältnissen und ob Landbesitz in Thailand vorhanden sei. In seinem Zwang, sich für etwas Besseres auszugeben, bejahte Andy die Frage. Später ging ihm auf, dass diese Lüge dazu führen könnte, dass das Krankenhaus Rechnungen an ihn schickte, weil man glaubte, er könne für meine Behandlung bezahlen. Zu diesem Zeitpunkt hatte ich noch nicht genug Krankenversicherungsbeiträge bezahlt, so dass der Staat die Kosten meiner medizinischen Versorgung nicht übernahm.

22. NOVEMBER

Im Krankenhaus gab es eine Sitzung, in deren Verlauf entschieden werden sollte, was weiter mit mir und Andy und mir geschehen solle. Die Psychiater und Sozialarbeiter führten mit uns getrennte Gespräche. Mein Anwalt fragte Andy, ob er mir finanziell unter die Arme greifen könne. Er sagte, er könne das nicht. Weiterhin meinte er aber, er wäre mehr als bereit, mit mir wieder zusammen zu sein und für Miete und Rechnungen aufzukommen, wenn ich denn die Lebensmittel bezahlte. Andy erzählte den Ärzten von Dave, der für mich immer wie ein Vater gewesen sei. Er sagte, Dave habe mir in der Vergangenheit immer wieder geholfen, und auch, dass ich Geld auf einem thailändischen Konto hätte und darauf mit einer EC-Karte zugreifen könne. Mein Anwalt fragte, ob Andy die Scheidung eingereicht hätte. Nein, er wollte abwarten, wie ich mich wegen unserer Beziehung entscheiden würde. Er machte sich Gedanken, ob meine stationäre Aufnahme im Krankenhaus mit meiner Aufenthaltsgenehmigung in Verbindung gebracht werden könnte. Er glaubte, ich hätte diese Situation selbst verschuldet. Das stimmte. Er sorgte sich, dass er derjenige sei, der mich mittels Bezahlung herausholen musste.

26. November

Letzte Nacht habe ich Andy wieder angerufen und gesagt, ich wolle ihn sehen. Er kam her, aber er ließ einen Sicherheitsabstand zwischen uns. Dieses Mal war ich netter zu ihm. Ich sagte ihm, dass ich ihn nicht liebe, aber gern hätte. Ich weinte viel. In der psychiatrischen Abteilung eines Krankenhauses in England zu liegen, erinnerte mich doch sehr an meine Erfahrung in Schweden, auch wenn ich augenblicklich keine Psychopharmaka nehmen muss.

28. November

Heute wurde ich aus dem Krankenhaus in Andys »Fürsorge« entlassen.

29. November

Ich bin aus dem Krankenhaus raus. Mit den neuen Medikamenten fühle ich mich besser. Ich vermisse meine Freunde in Thailand. Dave und Jak bat ich, nach England zu kommen, doch mein Vorschlag stieß auf taube Ohren. Beide haben daran keinerlei Interesse. England ist ein gutes Land. Spaß macht es nicht, aber der Staat hat mir, was das Gesundheitssystem betrifft, sehr geholfen. Es stehen mir sogar staatliche Zahlungen wegen Arbeitsunfähigkeit zu. Ich kann auch kostenlos am Englischunterricht teilnehmen, und ich bin noch nicht einmal englische Staatsbürgerin. Ein Ausländer müsste in Thailand auf solche Hilfsmaßnahmen lange warten.

31. Dezember: Zuhause mit Andy

Ich wohne nun seit einem Monat bei Andy. Als ich mein monatliches Krankengeld von 600 Euro erhielt, benötigte Andy 330 Euro, um Rechnungen zu bezahlen. Vieles sind im Grunde Schulden, die Andy vor meiner Ankunft in England gemacht hat. Ich bin in derselben Situation, in der ich war, bevor ich auszog. Ich gab ihm die halbe Miete, denn er bat darum. Wenn ich ihm das Geld nicht gegeben hätte, dann hätte er mich angeschrien. Ich hasse es, ihm Geld zu geben, aber ich möchte unbedingt in England leben. Allein kann ich nicht bleiben, weil es mir nicht gut geht. Ich habe hier kein Zuhause, keine Familie, ich weiß nicht, wohin ich gehen soll. Meine Schwestern schreiben nicht und rufen auch nicht an. Ich weiß nicht, was ich mit meinem Leben anfangen werde. Ich würde gehen, wenn ich jemanden in England hätte, der sich um mich kümmerte. Ich könnte zu Tony gehen, er bietet immer wieder seine Hilfe an. Aber ich habe Angst, mein Visum zu verlieren und damit die Chance, niemals nach Thailand zurückkehren zu müssen.

1. Januar 2005

Nach nur vier Wochen in Andys Haus überlege ich erneut, auszuziehen und ein eigenes Zimmer zu nehmen. Außerdem habe ich mich mit einem anderen Mann verabredet, Andy hat eine andere Frau getroffen.

3. Januar

Es hat nicht lange gedauert, bis mir klar wurde, dass ich ihn nicht verlassen kann. Ich habe zu starke Schmerzen – emotional und auch physisch. In England geben Männern ihren Freundinnen kein Geld. Es ist nicht so wie in Thailand. Sie kaufen ihren Freundinnen noch nicht einmal Zigaretten oder – wie in meinem Fall – ihren Ehefrauen! Ich habe zwei Männer getroffen. Beide waren sie gleich. Englische Männer sind sehr nett, aber sie bezahlen für nichts, außer das Essen beim ersten Rendezvous. Ich könnte einen neuen Mann finden, aber ich habe von den Versuchen die Nase voll. Nach allem, was ich durchgemacht habe, glaube ich, dass ich vielleicht besser mein ganzes Leben lang verheiratet bleibe.

4. Januar

Gestern hat Andy seinen Job als Fahrer für eine Baufirma verloren, aber heute hat er ihn zurückbekommen. Diese kurze Unterbrechung in seiner Anstellung und die Unsicherheit unserer finanziellen Situation lässt mich depressiver als sonst sein. Ich fühlte mich am heutigen Nachmittag schrecklich. Ich vermisse Johan sehr viel mehr, wenn es mir schlecht geht, denn er hat immer versucht, mich aufzumuntern. Ich wollte, dass Dave ihn fragt, ob Johan sich bei mir melden möchte. Wenn er mich anriefe, würde ich wahrscheinlich weinen, aber wenn er nicht länger mein Freund sein wollte, dann würde ich noch mehr weinen. Ich liebe ihn immer noch. Ich zeige Johans Foto all meinen Freundinnen in dem College, in dem ich arbeite. Ich vermisse ihn jeden Tag und jede Nacht. Als ich bei der Arbeit weinte, sagte eine meiner Freundinnen, sie glaube, dass er mich immer noch liebe. Ich würde das auch zu gerne glauben! Ich frage mich, ob er nach mir fragt, wenn Dave ihm eine E-Mail schickt. Ob er eine Freundin hat? Und gleichzeitig tut mir Andy leid. Ich hätte Schweden nie verlassen und Andy nie treffen sollen!

5. Januar

Es tut mir so leid, dass ich Dave und Johan so viel Mühe gemacht habe und ich eine solche Belastung für sie war. Ich weiß, Männer wie sie werde ich nicht noch einmal treffen. Sie haben mir immer geholfen, damit ich meiner Familie helfen konnte. Das werde ich nie vergessen. Ich wünschte, ich könnte mich um mich selbst kümmern, und um meine Schwestern, aber ich habe weder genug Geld noch die psychische oder physische Kraft. Vielleicht werde ich in der Zukunft wieder fähig sein, meinen Schwestern zu helfen. Andy hat um staatliche Unterstützung nachgesucht, damit er mich einige Zeit versorgen kann. Er versucht aus dem gleichen Grund, für uns eine Sozialwohnung zu bekommen. Andy kennt sich mit staatlicher Hilfe aus. Hoffentlich hat er bald Erfolg.

Vor einer Weile meinte Andy, es sei in Ordnung, wenn ich wieder tanzte. Davor hatte er mir gesagt, in der Stadt gäbe es keine Stripclubs. Ich möchte immer noch in einem Club auftreten. Eine attraktive 1,45 m große Thai kann in England viel Geld verdienen.

Andy ist nicht sehr glücklich über unsere Beziehung. Er ist gestresst und verärgert über die ganze Situation. Er hat genug von mir und will sein eigenes Leben führen. Aber er ist in einem Dilemma. Er möchte alles richtig machen. Er will, dass ich in England bleiben kann und trotzdem geschieden werden. Mein Visum ist der schwierige Teil.

8. Januar

Andy rief Dave an, um 750 Euro zu leihen. Er will einen Gutachter bezahlen, um eine Hypothek für das Haus zu erhalten. Andy hat versprochen, das Geld zurückzuzahlen, sobald das Geld der Hypothek einträfe. Andy denkt sich nichts dabei, alle um alles zu bitten. Er denkt, er ist dazu »berechtigt«. Immer streckt er die Hand aus.

12. Januar

Andy hat noch einmal Dave wegen eines Kredites angerufen. Und er hat seinen Job verloren – schon wieder. Er braucht das Geld nun nicht mehr für einen Gutachter, er muss Rechnungen bezahlen, die überfällig sind.

13. Januar

Zweimal habe ich heute Dave angerufen, um mit ihm meine Rückkehr nach Thailand zu besprechen. Ihn und Jak habe ich eine halbe Stunde zugejammert. England habe ich satt, ich habe keine Freunde hier. Alles hat nicht so funktioniert, wie ich wollte. Dave fragte ich, ob er bereit wäre, für mich in Ubon ein kleines Geschäft zu eröffnen, oder eines für Jak und mich in Pattaya. Ich fühle mich derartig dreckig, dass ich bereit bin, England für ein kleines Geschäft in meinem Heimatdorf einzutauschen. Es muss mir ausgesprochen schlecht gehen. Nie hätte ich gedacht, dass ich England oder irgendein anderes europäisches Land verlassen würde, um nach Thailand zu gehen. Dave und Jak versuchten mich zu überreden, in England zu bleiben. Dave meinte ebenfalls, ich solle vielleicht wieder tanzen, das würde mir gut tun. Er meinte auch, ich solle wieder ins Krankenhaus gehen, wenn ich mich derartig depressiv fühlte. Ich antwortete ihm, dass ich gestern bereits da war und der Arzt meinte: »Sie haben nur einen schlechten Tag und werden sich morgen oder übermorgen besser fühlen.« Der Arzt hatte unrecht! Ich frage mich, was er jetzt sagen würde. Ich bin voller Sorge und kann meine Einsamkeit einfach nicht überwinden. Ich fühle mich leer. Die Schmerzen halte ich nicht mehr aus!

Später am gleichen Tag

Andy rief Dave an. Er schrie: »Lon liegt auf dem Boden! Sie hat eine Überdosis genommen. Der Krankenwagen ist unterwegs!«

14. Januar

Sie konnten mir nicht den Magen auspumpen, da das nur eine bestimmte Zeit nach Einnahme der Tabletten geht. Ich habe eine Menge von den Dingern genommen. Die Ärzte machten sich Sorgen, meine Nieren und mein Herz wären womöglich in Mitleidenschaft gezogen worden. Aber ich bin robust. Mein Blutdruck liegt bei 84, ich hänge am Tropf, damit er wieder normale Werte erreicht.

Ich wachte auf und fühlte mich weitaus besser. Mein Blutdruck ist normal. Die Ärzte warten auf die Ergebnisse der Bluttests. Ich log Andy letzte Nacht an – wieder einmal. Ich sagte ihm, dass Dave mir 1.000 Euro geben wolle, damit ich nach Thailand zurückkehren und ein Geschäft eröffnen könne. Ich möchte Andy eifersüchtig machen. Ich möchte, dass er mir mehr von meinem Geld lässt und nicht um so viel bittet.

Es ist fast 19 Uhr. Ich darf das Krankenhaus verlassen. Blutdruck und Herzfrequenz haben sich normalisiert. Ich fahre mit Andy nach Hause. Es geht mir besser.

17. Januar

Ich rief Dave an, um ihm zu sagen, dass ich einen Mann kennengelernt habe, der mit Ying in Kontakt treten wollte, als er ihr Bild sah. Ich möchte, dass Dave eine E-Mail-Adresse für Ying einrichtet, so dass sich der Mann mit ihr in Verbindung setzen kann. Ich versuche immer noch, das Leben meiner Schwestern zu verbessern, in diesem Fall wollte ich für Ying einen ausländischen Freund finden – einen möglichen Ehemann. Ich vermisse meine Familie sehr, ich brauche sie.

22. Januar

Ich habe Dave eine SMS geschickt, in der ich ihn bat, mit Andy zu sprechen, und ihm zu sagen, er solle sich mehr um mich kümmern. Ich bin krank und kann nichts für mich tun. Ich brauche jemanden, der die ganze Zeit für mich da ist. Im Moment soll das Andy sein.

23. Januar

Ich fühle mich etwas besser heute, aber ich vermisse Dave und Jak. Jeden Tag lerne ich Andy besser kennen und verstehen. Ich kann ihn akzeptieren und mit ihm leben – im Moment!

26. Januar

Ich liebe Andy. Ich liebe ihn, weil er mir so leid tut. Ich verstehe nicht, weshalb er von vielen Leuten schlecht behandelt wird. Er weiß doch gar nicht, wie er jemanden verletzen soll. Ich will mit ihm mein ganzes Leben zusammenbleiben. Ich weiß, er ist kein schlechter Mensch. Nur versteht er nicht, wie die Dinge liegen, und ich selbst kann nichts regeln. Doch alles, was er tut, macht er gut.

27. Januar

Andy vergibt mir immer wieder. Er braucht jemanden. Das ist alles, was er will. Ich fühle genauso, und deshalb liebe ich ihn. Ich will wahre Liebe, das ist, was ich suche. Nun glaube ich, dass ich sie gefunden habe. Ich weiß, weshalb andere ihn nicht mögen, aber ich bin mit ihm nun eine lange Zeit zusammen. Was sehe ich? Ich sehe mich selbst, wenn ich ihn anschaue. Er ist jemand, den niemand liebt. Ich kann ihn nicht verlassen, denn er wäre verzweifelt. Und ich würde mich schlecht fühlen, wenn ich ihn verletzte.

5. Februar

Andy weiß, dass Dave unsere Beziehung noch nie gutgeheißen hat. Daher versandte Andy eine Mail, in der er die Vorteile bezüglich meines Aufenthaltes in England beschrieb. »Auch wenn wir nicht viel Geld haben, so führt Lon hier im Vergleich zu Thailand ein besseres Leben, nicht zuletzt wegen der besseren medizinischen Versorgung. Wenn Lon im nächsten Jahr ihre unbegrenzte Aufenthaltsgenehmigung bekommt, hat sie wegen ihrer Krankheit Anspruch auf viel Geld. In einiger Zeit wird es ihr mit meiner Hilfe besser gehen, und ich sorge dafür, dass sie die medizinische Hilfe bekommt, die sie benötigt.« Die staatlichen Zuwendungen, die ich bekommen werde, können ihm auch weiterhelfen – und das haben sie ja schon.

9. März: Eheberatung

Wir gehen zu einer Eheberatung und versuchen, die Dinge ins Reine zu bringen. Unsere Beziehung ist wie eine Achterbahn. Sie ist sehr weit oben, wenn wir viel zu lachen haben, und ganz unten, wenn sie mich zu viel kostet. Die Lacher kommen nicht mehr so häufig vor.

11. März

Nun habe ich meine Ehe doch beendet. Andy wurde von mir für eine Weile nicht sehr gut behandelt. Meine Krankenschwester fand ein Frauenhaus für mich, in dem ich ein paar Tage bleiben kann. Sie glaubt, das wird meiner Ehe den Rest geben. Die Spannungen zwischen Andy und mir haben immer weiter zugenommen. Der wahre Grund unserer Konflikte ist mein Wunsch, alleine zu leben. Ich möchte ausgehen und andere Männer treffen, und das mache ich. Andy hat eine Liste mit Männernamen in meinem Portemonnaie gefunden.

Andy denkt jetzt, ohne mich hätte er ein schöneres Leben. Er glaubt, kein Mann will mit mir länger zusammen sein, weil ich jeden schlecht behandle. Er denkt auch, dass ich keinen Respekt vor mir selbst habe. Ich bin anderer Meinung.

17. März

Andy hat heute morgen einen Anwalt angerufen. Er tätigte den Anruf in meiner Gegenwart, um zu beweisen, wie ernst er es mit der Scheidung meint. Für nächste Woche hat er einen Termin, um ein erstes Beratungsgespräch über die weiteren Schritte zu führen. Er denkt, ich hätte ihn nur benutzt. Glücklich ist er bei dem Gedanken nicht. Kurz nach seinem Telefonat verließ ich schnell das Haus. Eine Freundin hat mich abgeholt. Wir werden auch einen Anwalt aufsuchen, um zu sehen, wie die Dinge für mich stehen. Andy hat genug von mir – wieder einmal.

19. März

Ich spiele ein Spiel mit Andy. Ich habe so getan, als wolle ich mich mit ihm versöhnen, und habe ihn überredet, unserer Beziehung noch einmal eine Chance zu geben. Ich habe sogar vorgegeben, dass ich seine Kinder mag – ha! Ich habe geschauspielert, seit ich 14 bin – das hier war eine leichte Rolle. Er hat sich so gefreut. Er glaubt jetzt, Dave beweisen zu können, dass er unrecht hat und Andy und ich alles ins Reine bringen können. Er wollte, dass Dave Glückwünsche für unsere »Wiedervereinigung« überbringt. Dave glaubte zum einen nicht, dass das zwischen Andy und mir funktioniert, und zum anderen interessierte es ihn überhaupt nicht. Sofort schickte ich Dave eine SMS, in der ich mitteilte, die Lage sei alles andere als großartig. Ich sagte ihm, ich sei nur für den Augenblick ruhig, um mein Leben mit Andy bequemer zu gestalten. Ferner, dass ich nach wie vor versuchen wolle, einen Weg zu finden, ohne Andy in England zu leben. Da ist immer noch die Frage des Visums. Mein Visum ist alles, was mich interessiert. Es hilft nicht nur mir persönlich, sondern auch meinen Schwestern, wenn ich sie endlich herholen kann.

21. März

Heute war ein großartiger Tag! Ich bekomme 93 Euro pro Monat. Die Arbeitsunfähigkeitsbeihilfe, die Andy beantragt hat, wurde nun bewilligt.

24. März

Vielleicht hätte ich nicht so nett zu Andy sein sollen, denn es kostet mich wieder Geld. Er will 165 Euro von mir, weil ich immer noch bei ihm bin. Er fragt immer nur nach Geld, Geld, Geld – im Grunde so wie ich. Ich kann das verstehen. Dave sagt mir, ich soll mir keine Sorgen um das Visum machen. England wird mich nicht hinauswerfen. Aber ich mache mir trotzdem Sorgen. Ich will nicht zurück nach Thailand – niemals!

Heute habe ich mich in einem Hotel beworben. Ich müsste 48 Stunden pro Woche arbeiten. Allerdings glaube ich nicht, dass ich die Arbeit bekommen werde. Daher werde ich mich weiter umsehen. Ich brauche Andy immer noch, damit er mir zeigt, wie die Dinge hier laufen. Glücklicherweise lerne ich schnell! Wenn ich in England bleiben will, muss ich wissen, wie man hier überlebt. Auch möchte ich, dass meine Schwestern herkommen und ein gutes Leben haben. Jeder bringt seine Familien her, und diese Chance will ich nicht ungenutzt lassen, also muss ich vorsichtig sein. Das ist mein Traum. Ich liebe meine Schwestern. Ich will Andy wirklich verlassen. Wenn ich langsam vorgehe, werde ich das durchziehen – und ich werde meine Schwestern mitnehmen. Wirklich!

27. März

Ich bat Dave darum, mir einige meiner Sachen aus Thailand zu schicken. Kleidung ist hier sehr teuer. Außerdem gibt es nicht so hübsche Sachen wie in Thailand. Dort kann man immer noch am besten shoppen und ohne Schwierigkeiten meine kleine Konfektionsgröße finden.

Dave drängte mich, eine Sozialarbeiterin in Stoke-on-Trent zu konsultieren, damit einige Probleme gelöst werden könnten. Außerdem sollte ich mich nach meinem Aufenthaltsrecht erkundigen. Da ich nicht wusste, wer sie ist oder wie sie mir helfen könnte, habe ich das sein gelassen. Ich habe hier mit vier Thaimädchen gesprochen, und sie haben mir alle das Gleiche erzählt. Wenn ich nicht mit Andy zusammen bin, muss ich das Land verlassen. Aber wenn ich in England ein Kind habe, dann können sie mich nicht ausweisen, und ich würde sogar Sozialhilfe bekommen. Thailändische Frauen haben mir erzählt, dass Engländer ihren Frauen kein Geld geben. Ich brauche daher eine Vollzeitarbeit, und dann würde ich mich um mein Visum kümmern. Irgendwann muss ich auch eine eigene Wohnung suchen, allerdings ist jetzt noch nicht die Zeit dafür gekommen.

28. März

Ich habe einen Job bekommen. Ich arbeite jetzt als Telefonistin und an der Rezeption. So froh war ich schon seit vielen Monaten nicht mehr. Das ist die beste Anstellung, die ich je in meinem Leben gehabt habe. Das Gehalt von 7,50 Euro in der Stunde ist genug, um für Ying ein Visum zu beantragen, und sie zu versorgen. Aber es wird eng. Alles, was ich immer wollte, war, das Leben meiner Familie zu verbessern, insbesondere das meiner Schwestern. Jetzt, da ich Europa kenne, weiß ich, dass dies der Platz ist, an dem meine Schwestern und ich ein Leben in Würde führen können.

1. April

Heute wurde mir gesagt, dass mein schriftliches Englisch nicht gut genug ist, um an der Rezeption zu arbeiten. Ich wurde versetzt und arbeite jetzt als Barkeeper. Mit diesem Wechsel bin ich mehr als zufrieden. Ich trage nun eine kleine schwarze Uniform mit weißem Hemd und einer Krawatte. Ich sehe großartig aus, und finde die Arbeit schön. Sie passt mir persönlich besser, weil ich ein geselliger Mensch bin. Zwei Wochen Training und ich bin ein richtiger Barkeeper.

Der Tanzclub, in dem ich mich kürzlich beworben hatte, rief an. Sie wollen, dass ich dort tanze. So schnell wie möglich. Ich denke, ich werde dort zwei oder drei Nächte pro Woche arbeiten. Nun werde ich fähig sein, nicht nur genug Geld zu sparen, sondern auch einen Einkommensnachweis zu führen, damit ich Yings Visum beantragen kann. Dann kommt sie endlich aus Thailand raus. Das durch die Medikamenteneinnahme bedingte Übergewicht habe ich verloren. Ich wiege jetzt nur noch 39,5 kg, was bedeutet, dass ich wieder meine alten Sachen anziehen kann. Ich werde Dave und Jak bitten, mir einige Tanzkostüme zu schicken, damit ich anfangen kann. In Thailand kostet ein Kostüm 4 Euro, in England dagegen über 30 Euro.

15. April

Die neuen Tanzkostüme, die Dave und Jak mir geschickt haben, sind immer noch in der Tasche ...

Juni – Ein neuer Job, eine neue Wohnung und ...

Die Auseinandersetzungen, die ich mit Andy hatte, wurden unerträglich. Ständig streiten wir! Er hat mich in einem anderen Zimmer einquartiert und weigert sich, für meine Lebensmittel zu zahlen oder mir sonst irgendwie zu helfen. Glücklicherweise arbeite ich und kann mich um mich selbst kümmern. Ich habe einen neuen Job in einem »Fish 'n' Chips«-Geschäft, das einer Chinesin gehört. Das Hotel konnte mich als Barkeeper nicht genügend Stunden beschäftigen. Auch wenn ich den Job liebte, musste ich kündigen. Ich brauche mein eigenes Zuhause.

Die folgende Woche

Meine neue Arbeitgeberin hat mir ein Zimmer in ihrem Haus angeboten. In der thailändischen Botschaft wurde mir gesagt, dass ich, da ich bald ein Jahr in England bin, ein unbefristetes Visum beantragen könne. Ich verlasse Andy endgültig. Nun habe ich einen Job, etwas Geld und ein eigenes Zimmer. Ich werde ein neues Visum bekommen, das sich auf meine Anstellung und nicht auf meine Heirat stützt. Ich habe es geschafft! Ich wusste, ich könnte, ich würde dieses Mal in Europa Erfolg haben! Gleich packe ich meine Koffer, denn ich kann nicht warten! Andy wird gemischte Gefühle haben, wenn ich ihn verlasse, aber vor allem wird er erleichtert sein.

*Ying, 19 Jahre,
und ich, 23 Jahre.*

SIEBZEHNTES KAPITEL

Ein Jahrzehnt nach meinem Einstieg in die Sexindustrie

Sai

Dass meine Stiefschwester Sai kurz nach ihrer Geburt von ihrer Mutter abgewiesen wurde und erst viele Jahre später davon erfuhr, übte einen starken Einfluss auf ihre Charakterentwicklung aus. Als sie später auch noch auf recht unsanfte Weise herausfand, dass ihre achtzehnjährige Schwester als Prostituierte arbeitete, war sie mehr als traurig. Dieses Wissen in Verbindung mit der Abweisung als Baby zerstörte ihre Selbstachtung. Ihr Leid ist in Gestalt ihrer Tätowierungen zu sehen, die ihren gesamten Rücken bedecken, sowie an ihrem Zungenpiercing – für mich Zeichen ihres asozialen Verhaltens. Ihre Wut hat sie schon zur Schau gestellt, als sie gegen alle Regeln verstieß, Yabah nahm, die Schule aufgab und schwanger wurde. Und dennoch hat ihr diese ohnmächtige Wut dabei geholfen, mich besser zu verstehen als Ying, meine »richtige« Schwester, das je tun könnte.

Im Moment kümmert sich die neunzehnjährige Sai nicht um ihr Kind. Sie hat es ihrer Mutter (meiner Tante) gegeben. Weshalb gibt eine junge Frau ihr Baby einer Frau, die nicht nur gezeigt hat, dass sie keine gute Mutter ist, sondern auch versucht hat, ihre Tochter umzubringen? Ich glaube, sie weiß nicht, wie sie ihr eigenes Kind lieben kann oder soll, und sie ist auch nicht bereit, es zu lernen. Sie dachte, sie könnte ihre Mutter dazu zwingen, dieses Baby zu lieben. Eine Liebe, die Sai von ihrer Mutter nie erhalten hat. Auf der anderen Seite ist Sais Mutter nur bereit, sich um das Kind zu kümmern, weil Sai ihr jeden Monat Geld schickt. Sai gefällt es nicht, wenn ich meiner Nichte Geschenke kaufe. Sie verweigert anderen sogar, ihr Kind zu knuddeln. Sie hasst die Tatsache, dass sie in der gleichen Situation ist wie ihre Mutter vor 19 Jahren. Sai wollte das Kind nicht, ihre Mutter wollte auch kein Kind.

Sai hat kürzlich ihren Job in einer Krabbenfabrik verloren, weil ihr Freund sie ständig dort besuchte. Er hatte zuvor seine Arbeit in derselben Fabrik verloren, weil er sich wiederholt Anweisungen widersetzt hatte. Sai wohnte in einem kleinen Zimmer und wollte unbedingt eine Arbeit finden. Also tat sie, was viele fortschrittliche und arbeitsame Mädchen an ihrer Stelle tun würden: Sie fälschte ein Hochschuldiplom. Diese Fähigkeit hat sie im Jugendgefängnis gelernt, als sie wegen Drogenmissbrauchs einsaß. Ihr Kampf ums Überleben hat sich nicht wesentlich von meinem unterschieden, den ich zehn Jahre zuvor geführt hatte. Sie ging den einzigen Weg, den sie kannte. Ich bin stolz auf das, was sie getan hat.

Da sie ihr Diplom gefälscht hat, konnte sie einen gut bezahlten Job bekommen. Sie verdient jetzt ein Grundgehalt von 5.500 Baht im Monat für einen 8-Stunden-Tag bei einer 6-Tage-Woche. Wenn sie Überstunden macht, kann sie bis zu 10.000 Baht – 200 Euro – im Monat verdienen. Hinzu kommen eine Krankenversicherung und vier freie Tage sowie Mittagessen in der Firmenkantine. Solche Leistungen des Arbeitgebers bekommen nur wenige Mädchen in Thailand, und Sai ist nur Nutznießerin, weil sie Urkundenfälschung begangen hat. Wenn wir immer alles richtig machen und die Regeln befolgen, kommen wir häufig nicht weit. Wir Mädchen aus dem Isan müssen eine Alternative finden, wenn wir auf ein Ziel zusteuern und etwas erreichen wollen.

Ying

Ying hat das Abitur gemacht! Sie ist die Erste in unserer Familie, die überhaupt einen Schulabschluss vorweisen kann. Nur eine extrem geringe Anzahl von Mädchen aus dem Isan macht das Abitur. Die Pläne, die ich für die Schulausbildung meiner Schwester mit 13 Jahren gemacht habe, sind Wirklichkeit geworden. Mein Verständnis und mein Umgang mit der thailändischen Wirtschaft sind wohl besser als die der thailändischen Wirtschaftsminister. Ich war fähig, meine Familie aus bitterer Armut herauszuholen, in die wir alle hineingeboren wurden – und es gelang mir allein! Auch wenn ich nicht viel von meinem Verdienst sparen konnte, so habe ich meinen Schwestern ein schlimmes Schicksal erspart. Niemand wird je zu mir sagen: »Deine Schwester ist eine Hure!« Ich tat, was ich tun musste, und ich hatte Erfolg.

Meine Schwestern haben beide mehrere Monate mit ihren Freunden zusammengelebt. Nachdem sie nicht nur verbal angegriffen wurden, verließen sie sie. Sie zogen zusammen, ihre beiden Ex-Freunde ebenfalls. Ich half Ying dabei, Pläne für die Fachhochschule zu machen. Meine Mutter war gegen Yings weiteren Schulbesuch, denn dieser bedeutet, dass sie kein Geld von einer etwaigen Anstellung erhält – und der nächste Abschluss wäre mindestens vier Jahre weit entfernt.

Kurz bevor ich nach England ging, habe ich Ying besucht. Sie bat, ich solle auch weiterhin denselben Betrag nach Hause schicken, den ich überwies, als ich noch als Bargirl und GoGo gearbeitet hatte. Sie war in dem Glauben aufgewachsen, dass es in meiner Verantwortung lag, ihre Mutter und sie zu unterstützen. Sie glaubte allen Ernstes, mir sei die Tätigkeit als Bargirl und Tänzerin in Fleisch und Blut übergegangen und daher weit mehr als nur ein Job. Sie meinte, ich sei es ihr schuldig, weiterhin ihren Lebensunterhalt zu finanzieren.

Dave bezahlt nun ihre Hochschule, er gab ihr auch ein Motorrad. Übrigens dasselbe, das er mir gegeben hatte, als ich aus Schweden kam. Ob sie jemals verstehen wird, wie viel Glück sie hatte oder ob sie jemals Dankbarkeit zeigen wird, bleibt abzuwarten. Das Hauptaugenmerk ihres momentanen Lebens ist darauf gerichtet, eine Fassade aufzubauen und niemanden wissen zu lassen, dass sie ein Mädchen aus dem Isan ist und aus ärmlichen Verhältnissen stammt. Sie macht das hauptsächlich, indem sie eine makellose persönliche Erscheinung zur Schau trägt.

Kein Ausweg

Wenn ich über meine sieben Jahre in der Sexindustrie nachdenke, dann kann ich es vor Schmerzen oft kaum aushalten. Ich will nicht Teil meiner Vergangenheit sein. Ich möchte unbedingt meine Erinnerungen von meinem Bewusstsein abtrennen, mein Bewusstsein von meinem Körper, dem Körper, den ich so viele Jahre für so wenig Geld verkauft habe. Aber es gibt keinen Ausweg. Mein Leben ist ausgesprochen schwierig, seitdem ich es geändert habe. Ich lebe in ständiger Angst, dass mich alle nur täuschen wollen, so wie

ich in meiner Jugend ständig getäuscht wurde, und so, wie ich die vielen Männer getäuscht habe.

Meine Paranoia ist eine Bewusstseinsstörung, unter der viele Bargirls leiden. Wir leiden für jeden Baht, den wir nach Hause schicken, um unsere Familien zu unterstützen. Dafür ernten wir wenig Ansehen, viel öfter nur Undankbarkeit. Wir werden von unseren Familien verraten, ebenso von der Gesellschaft im Allgemeinen. Wir glauben, und das stimmt, dass uns niemand liebt oder gern hat. Der Wert für unsere Familien bemisst sich nach dem Geld, das wir nach Hause schicken, und der Wert, den wir für unser Land darstellen, nach der Anzahl der Touristen, die unseretwegen nach Thailand kommen.

Wir sind krank. Mental und physisch. So sehr ich auch gesund werden und ein glückliches Leben führen will, so sehr glaube ich irgendwo tief unten in den Abgründen meiner Seele, dass ich kein Glück verdiene. Von den vielen Bargirls, die aufgehört haben, in diesem Job zu arbeiten, gibt es nur wenige, die glücklich geworden sind. Wir sind kaum erfolgreich in unserem Leben.

Ich bin eines der Mädchen, die Glück hatten, weil sie ins Ausland übersiedeln konnten. Ich werde für mein Talent und mein Aussehen weitaus besser bezahlt – und diese Arbeit beinhaltet kein erniedrigendes Rumgemache in einem schmierigen Hotelzimmer. Das bedeutet aber nicht, dass es einfach war. Es ist ein täglicher Kampf, in einem anderen Land mit anderer Kultur mit neuem Beruf zu leben. Ich wurde immer wieder enttäuscht, wenn ich mich auf Jobs gefreut habe, die aus dem Nichts auftauchten und dann ebenso schnell wieder verloren waren. Jeden Tag muss ich mir sagen, ich bin ein wertvoller Mensch, der über besondere Gaben verfügt. Ich bin stark und weitaus mehr als früher gewillt, den täglichen Kampf zu bestehen.

Wenn mich jemand fragt, was ich von meiner Zukunft erwarte, dann sage ich, ich wäre gerne ein Vorbild für andere Mädchen. Ich möchte sie wissen lassen, dass es ein Leben nach der Sexindustrie

Ying (Mitte) mit Freundinnen ihrer Abschlussklasse

gibt. Man muss nur einen einmaligen »Sinneswandel« durchmachen. Sie brauchen nur jemanden, der ihnen sagt, dass es das Risiko wert ist. Sie müssen daran erinnert werden, dass sie – nur weil sie da sind – bereits wertvoll sind. Dieser Glaube steht im Gegensatz zur Kultur des Isan und wird daher nicht mit der Muttermilch weitergegeben. Jedes Mädchen muss für sich selbst herausfinden, dass es in Wahrheit nicht ihren Körper verkaufen muss, um ihrer Familie zu beweisen, wie wertvoll es ist.

Wer könnte diesen jungen Mädchen besser helfen als ich? Wer könnte besser verstehen, was für ein Leben sie führen? Nur jemand, der den gleichen Weg gegangen ist und das gleiche Schicksal erlitten hat.

Es war eine lange Reise von meinem armen Dorf in Ubon zur europäischen Kultur. Ich habe in der Schweiz, in Schweden, Deutschland und England gewohnt. Ich habe auch einen Alptraum durchlebt, der 24 Jahre gedauert hat. Jetzt werde ich meine Träume wahrmachen. Inzwischen weiß ich, was es bedeutet, wenn man einfach, weil man ein Mensch ist, als wertvoll angesehen wird. Ich möchte, dass auch andere Mädchen aus dem Isan die Bedeutung dieser Worte erfahren. Ich habe in zehn Jahren so viel erlebt wie andere in ihrem ganzen Leben. Trotzdem habe ich noch viel zu tun und muss auch noch viel lernen. Aber das ist in Ordnung, denn ich habe noch ein langes Leben vor mir. Ich bin erst 24!

GLOSSAR

BAR-FINE (BAR-AUSLÖSE): Die Summe, die vom Kunden an die Bar gezahlt wird – meist 300 bis 500 Baht, ca. 6 bis 10 Euro –, um das Mädchen für »kurze Zeit« oder die Nacht mitzunehmen.

BANGKOK POST: englischsprachige Zeitung in Thailand

BARGIRL (BARMÄDCHEN): Eine Prostituierte, die in einer Bar arbeitet, wo sie Männer trifft.

BRAUTPREIS: Die Summe, die am Hochzeitstag an die Eltern der Braut gezahlt wird.

FARANG: Dieses Wort, das »Franken« bedeutet, ist möglicherweise aus dem Persischen entlehnt. Frankreich gehörte zu den ersten europäischen Nationen, die im 17. Jahrhundert Verbindungen zu Thailand aufnahmen. Alle Leute aus dem Westen, egal ob Europäer, Amerikaner und Australier, werden als Farang bezeichnet.

FREISCHAFFENDE: Eine Prostituierte, die nicht in einer Bar oder einem GoGo angestellt ist und stattdessen Männer in Singlebars, Discotheken, Kaufhäusern, auf der Straße, am Strand oder sonstwo trifft.

GESICHT MACHEN: Der Grad, den Worte oder Taten in Bezug auf das Konfuzianische Prinzip von Sprache und Verhalten gegenüber Mitgliedern der sozialen Gruppe bestimmen. Diese Sprache bzw. dieses Verhalten entscheidet den Rang innerhalb der Gruppe. Der Rang bedeutet »Gesicht« – oder einfacher gesagt, das Zollen von Respekt.

GOGO: Ein Stripclub, in dem die Tänzerinnen ihre Kleidung und/oder Bikinis ablegen – oder auch nicht.

GOGO-GIRL: Ein Mädchen, das als Tänzerin/Stripperin in einem GoGo arbeitet.

ISAN: Nordost-Thailand bzw. die Sprache des Nordostens – auch bekannt als Laotisch oder einfach Lao.

KAREN: Ein Volk, stammt ursprünglich aus Burma (Myanmar), doch flohen viele Angehörige und ließen sich in den Bergen in Thailands Norden und Westen sowie Laos nieder. Dieser größte Bergstamm Thailands mit etwa 350.000 Menschen teilt sich in Untergruppen, die Animisten, Buddhisten oder Christen sind.

LAP-DANCE: Eine Form des Striptease, bei der direkt vor, bisweilen auf dem Schoß des Gastes »getanzt« wird.

MAMA-SAN: Puffmutter, auch in Bars oder GoGo-Clubs.

MIA NOI: Nebenfrau

NGOs: Non-Governmental Organization, private Hilfsorganisationen.

PATPONG: Ein Rotlichtbezirk in Bangkok voller GoGo-Clubs und Bars für Sextouristen.

PATTAYA: Ein thailändischer Badeort und zugleich die Welthauptstadt des käuflichen Sex.

SHORT-TIME (KURZE ZEIT): Quickie. Eine Prostituierte geht mit einem Mann für etwa eine Stunde weg.

SOI: Straße

TAT: Tourism Authority of Thailand, das Fremdenverkehrsamt Thailands.

THE NATION: englischsprachige Zeitung in Thailand

WESTEN: Europa, Vereinigte Staaten, Australien, Neuseeland – überall dort, wo die Farangs herkommen.

WIR: Bargirls und GoGo-Tänzerinnen in Südostasien.

YABAH: Ein in Thailand beliebtes Amphetamin.

Der Wechselkurs zwischen dem Baht und dem Euro unterlag zeitweise starken Schwankungen. Als Mittelkurs wird in diesem Buch durchgehend mit dem Kurs 1 Euro = 50 Baht umgerechnet.

QUELLEN

1. thaivisa.com
2. thaivisa.com
3. Bangkok Post 12.05.2003
4. CATW Fact Book (Coalition Against Trafficking in Women), Asia Pacific Newsletter, Band 1.2, Winter 1998
5. Bangkok Post 13.05.2003
6. The Nation 15.05.2004
7. Bangkok Post 14.05. – 19.05.2003
8. The Nation 10.05.2004
9. Bangkok Post 29.07.2003
10. Bangkok Post 12.05.2003
11. Bangkok Post 23.06.2003
12. Bangkok Post 29.06.2003
13. Bangkok Post 29.07.2003
14. Dr. Chutikul, Saisuree, Thailands Ministerin für Frauen und Kinder
15. Ehrlich, Richard: »Gesundheitsbeamte sprechen davon, dass 1 Mio. Thais täglich mit 26.000 HIV-infizierten Prostituierten Verkehr haben«, 1993
16. Stickman.com, Bangkok
17. Ehrlich, Richard. »Gesundheitsbeamte sprechen davon ...«, aaO
18. Thailändisches Rotes Kreuz
19. Thailändisches Rotes Kreuz
20. Son, Johanna, »Changing Attitudes: Key to Ending Child Sex Trade,« InterPress Service, 23.01.1995
21. US Außenministerium 2002
22. ECPAT Intl. (End Child Prostitution in Asian Tourism), www.hrw.org/about/projects/traffcamp/intro.html
23. Thaisex/Chulalongkorn University
24. CATW Fact Book, aaO
25. Bangkok Post 08.05.2005
26. Brown, Louise, Sex Slaves, Virgo Press 2000
27. Bangkok Post 27.05.2003
28. ABC (Australian Broadcasting Corporation) 05.07.2003
29. Brown, Louise, Sex Slaves, aaO
30. Brown, Louise, Sex Slaves, aaO
31. Johnson, Tim, »Child Trafficking On Rise Due to Weak Laws,« Kyodo News Intl., 09.03.2000
32. Jones, Arthur, »Global Slave Trade Prospers,« National Catholic Reporter, 25.05.2001
33. Son, Joanna, »Changing Attitudes«, aaO
34. Guardian Angel, Jubilee @ St. Johns UK
35. Bangkok Post 12.05.2003
36. Bangkok Post 05.06.2003

Internationale Organisationen

Bitte wenden Sie sich direkt an die Organisationen, wenn Sie spenden wollen.

CAPTIVE DAUGHTERS
Captive Daughters hat sich zum Ziel gesetzt, Menschenhandel, insbesondere von Frauen und Kindern, zu unterbinden.
3500 Overland Avenue #110-108, Los Angeles, CA, USA 90034-5696, Tel: (001) 310 669-4400, Fax: (001) 310 815-9197
E-Mail: captivedaughters@earthink.net
www.captivedaughters.org

CHILD WISE (ECPAT)
Die australische Abteilung von ECPAT arbeitet in Australien und anderen Ländern, um die sexuelle Ausbeutung und den Missbrauch von Kindern zu unterbinden.
www.childwise.net

COALITION AGAINST TRAFFICKING IN WOMEN (CATW)
Eine NGO, die Menschenrechte von Frauen fördert, indem sie sexuelle Ausbeutung bekämpft. www.catwinternational.org

END CHILD PROSTITUTION, CHILD PORNOGRAPHY AND TRAFFICKING OF CHILDREN FOR SEXUAL PURPOSES/END CHILD PROSTITUTION IN ASIAN TOURISM (ECPAT)
Ein Netzwerk von Organisationen und Personen, die zusammenarbeiten, um die kommerzielle sexuelle Ausbeutung von Kindern zu verhindern. www.ecpat.com

FONDAZIONE UMANITARIA ARCOBALENO
FUA ist eine NGO, die Projekte in Entwicklung, Schulbildung und Gesundheit unterstützt. Entwicklung: Den Kindern wird die Chance gegeben, sich aus der Armut zu befreien und normal aufzuwachsen. Schulbildung: Kindern werden eine gute Schulausbildung und ein intellektueller Hintergrund gegeben. Gesundheit: Es wird präventive und, wenn nötig, kurative Hilfe angeboten. Man ist momentan in drei asiatischen Ländern vor Ort: Nepal, Indien und Thailand. Via Clemente Maraini 22, 6900 Lugano, Schweiz, Tel: (0041) 79-211-9324 Schweiz (0066) 7-106-4468 Thailand www.fondarco.ch

POLARIS PROJECT – Combat Human Trafficking
Eine multikulturelle Basisorganisation, die Menschenhandel und moderne Sklaverei bekämpft. www.polarisproject.org

PROTECTION PROJECT
Das Schaffen von internationalen Rahmenbedingungen, um Menschenhandel, insbesondere von Frauen und Kindern, zu unterbinden. 1717 Massachusetts Avenue, Washington DC 20036, USA.
www.protectionproject.org

STOP DEMAND
Vision: Eine Welt ohne sexuelle Gewalt und sexuellen Missbrauch. *Mission:* Eine Welt ohne jedwede Form von sexueller Gewalt gegen und sexuellen Missbrauchs von Kindern. www.stopdemand.com

THE CODE
Verhaltensregeln für den Schutz der Kinder vor sexuellem Missbrauch im Tourismus. www.thecode.org

Frauen- und Kinderhilfsorganisationen in Thailand und Südostasien

Bitte wenden Sie sich direkt an die Organisationen, wenn Sie spenden wollen.

EMPOWER FOUNDATION: Unterstützt Frauen in der Sexindustrie. 57/60 Tivanond Road, Nontburi, 11000, Thailand. Tel: (0066) 2-526-8311, (0066) 2-968-8021, (0066) 2-968-8022, Fax: (0066) 2-526-3294, E-Mail: empower@cm.ksc.co.th, empower@cm-sun.cm.ksc.co.th

FOUNDATION FOR WOMEN
35/267 Charansanitwongse Road 62, Soi Wat Paorohit, Bangkoknoi, Bangkok, 10700, Thailand oder P.O. Box 47, Bangkoknoi, Bangkok, 10700, Thailand, Tel: (0066) 2-433 5149, Fax: (0066) 2-434 6774, E-Mail: FFW@mozart.inet.co.th

FRIENDS-INTERNATIONAL
Seit 1994 arbeitet Friends-International mit Straßenkindern, um kreative Projekte zu entwickeln, die Kinder unterstützen, damit sie unabhängige Mitglieder der Gesellschaft werden. 9A, Street 178, Phnom Penh, Cambodia, Tel: (00855) 23 986 601, E-Mail: info@friends-international.org, www.friends-international.org / www.childsafe-cambodia.org

GLOBAL ALLIANCE AGAINST TRAFFIC IN WOMEN (GAATW)
Eine internationale Allianz, die Aktionen gegen den Menschenhandel von Frauen koordiniert: GAATW bietet Training, Forschung, Organisation und veröffentlicht Handbücher. 191 Sivalai Condominium, Issaraphap Road, Soi 33, Bangkok Yai, Bangkok, 10600, Thailand oder P.O. Box 1281, Bangkok Post Office, Bangkok, 10500, Thailand, Tel: (0066) 2 864-1427/28 Fax: (0066) 2 864-1637, E-Mail: gaatw@mozart.inet.co.th, www.gaatw.net

LAWYER'S COUNCIL OF THAILAND
7/89 Mansion 10, Rajdamnoen Avenue, Pranakorn District, Bangkok, 10200, Thailand, Tel: (0066) 2 629-1430, Fax: (0066) 2 282-9907-8, E-Mail: legalaid@lawyerscouncil.or.th, lawyerscouncil.or.th

MITH SAMLANH
#215, Street 13, Phnom Penh, Cambodia Tel: (00855) 23 426 748, E-Mail: friends@everyday.com.kh, www.streetfriends.org

MLOP TAPANG
7, Makara St., Sihanoukville, Cambodia Tel: (00855) 12 587 407, E-Mail: info@mloptapang.org, www.mloptapang.org

NATIONAL COUNCIL OF WOMEN
Clearinghouse and Information Centre, Bangkok, 10200, Thailand

PAVENA FOUNDATION
Website gegen Kindesmissbrauch. Pavena Foundation for Children and Women, 1047 51 Pon Luang Complex, SoiAmporn Phan 12, Moo 7, Phaholythin Road, Klong Tanon, BangKhen, Bangkok 10220, Tel: (0066) 972-5489-90, E-Mail: help@pavena.thai.com, www.pavena.thai.com

PEUAN MIT
Phai Nam Road, Vientiane Capital, Laos Tel: (00856) 21 261 389, E-Mail: peuanmit@etllao.com

WOMEN'S EDUCATION FOR ADVANCEMENT AND EMPOWERMENT (WEAVE)
Chiang Mai University, P.O. Box 58, Chiang Mai 50202 Thailand, Tel/Fax: (0066) 53-278-945 oder (0066) 53-260-193

GOODWILL GROUP FOUNDATION
2nd Floor Ruam Rudee Bldg. III, 51/2 Soi Ruam Rudee, Ploenchit Road, Lumpini, Phatumwan, Bangkok, Tel: (0066) 2 253-8493, (0066) 2 255-4176

Goodwill Group ist eine private thailändische Stiftung, die im Dezember 2000 als Englischschule für benachteiligte Frauen gegründet wurde. Das Angebot wurde inzwischen auf die Bereiche Computerschulung und Arbeitsvermittlung erweitert. Die Aufgabe der Goodwill Group ist es, die Lebensqualität junger thailändischer Frauen durch Schulung und Berufsberatung zu verbessern.

Die Stiftung ist Schule und Stellenvermittlung in einem, ihr Programm hilft Frauen, ihre Zukunft mit dem Blick auf eine Anstellung zu planen. Goodwill Group ist nicht nur ein Schulungszentrum, sondern auch eine Gemeinschaft. Junge Frauen kommen dorthin, um sich von den Lehrern und anderen beraten zu lassen.

Goodwill Group lädt ein, deren Webseite www.goodwillbangkok.com zu besuchen und den Newsletter zu abonnieren.

Die Stiftung braucht dringend Gelder, und freut sich über jede Spende, egal wie klein. Dank der Hilfe vieler unbezahlter Freiwilliger kann mit einem kleinen Budget gearbeitet werden, aber es werden immer noch Mittel zur Deckung der Betriebskosten benötigt.

Die Bankverbindung lautet: Thai Farmer's Bank, Filiale Wireless Road, Bangkok, Thailand. Empfänger: Goodwill Group Foundation, Konto: 7092-308418, SWIFT: KASITHBK

DIE AUTOREN

JULIA MANZANARES hat in den letzten 18 Jahren als Lehrerin auf den Gebieten Englisch für Ausländer und Interkulturelle Kommunikation sowie als Übungsleiterin für Lehrer gearbeitet, davon zwölf Jahre in Asien, Südostasien und dem Nahen Osten. Sie hat einen Magister in Psychologie/Dramatherapie der California State University, Los Angeles, und besitzt einen Abschluss in TESOL (Teachers of English to Speakers of Other Languages) und Neuro-Linguistik.

DEREK KENT verfügt über einen Hochschulabschluss der U.C.L.A., und ist seit 15 Jahren als Englischlehrer für Ausländer im Nahen Osten und Thailand tätig. Er bietet diverse Weiterbildungs- und Berufsvorbereitungskurse an, ferner ist er an der Gründung einer Einrichtung zur Unterstützung benachteiligter junger Mädchen in Thailand beteiligt.

DER ÜBERSETZER

LOUIS ANSCHEL, Jahrgang 1964, arbeitete als Lehrer in Berlin, bevor er sich seiner schriftstellerischen Laufbahn widmete. Er verfasst Filmkritiken, übersetzt regelmäßig Bücher und ist als Autor tätig. Zu seinen Werken gehören u. a. »Geldgier«, »Joys Geheimnis« und »Abgerechnet wird zum Schluß«.

DANKSAGUNG DER AUTOREN

Wir danken Miss Kusuma Mintakhin Bekenn, Redakteurin der Bangkok Post, für ihre Großzügigkeit und Hilfe sowie die Genehmigung, einige Fotos aus dem Archiv der Zeitung zu publizieren.

Wir haben uns Mühe gegeben, alle Quellen anzugeben, die bei der Entstehung dieses Buches behilflich waren. Wenn wir jemanden übergangen haben, so geschah dies unabsichtlich. Wir korrigieren dies gern in einer Nachauflage. Bitte schreiben Sie uns unter only13info@yahoo.com.

IMPRESSUM
Julia Manzanares & Derek Kent
ICH WAR ERST 13
Die wahre Geschichte von Lon
ISBN 978-3-89602-798-6
Genehmigte Lizenzausgabe
Schwarzkopf & Schwarzkopf Verlag
GmbH, Berlin 2007

Übersetzung aus dem Amerikanischen:
Louis Anschel | l.anschel@web.de
Lektorat: Linn Schumacher
Covergestaltung: Frank Wonneberg

Titel der Originalausgabe: Only 13
Text und Fotos © Julia Manzanares und
Derek Kent, 2006
Web: www.only13.net
E-Mail: only13info@yahoo.com

Alle Rechte vorbehalten. Dieses Werk ist urheberrechtlich geschützt. Jede Verwendung, die über den Rahmen des Zitatrechtes bei vollständiger Quellenangabe hinausgeht, ist honorarpflichtig und bedarf der schriftlichen Genehmigung des Verlages.

KATALOG
Wir senden Ihnen gern unseren
kostenlosen Katalog:
Schwarzkopf & Schwarzkopf
Verlag GmbH
Kastanienallee 32, 10435 Berlin
Telefon: 030 – 44 33 63 00
Fax: 030 – 44 33 63 044

INTERNET | E-MAIL
www.schwarzkopf-schwarzkopf.de
info@schwarzkopf-schwarzkopf.de